21 世纪高职高专教材·财经管理系列

统 计 基 础

(第 2 版修订本)

主　编　袁淑清　郎晓瑛　乔正明
副主编　刘啸尘　李海勋
主　审　包忠明

清华大学出版社
北京交通大学出版社
·北京·

内 容 简 介

本书共10章，分别为统计学概述、统计资料搜集、统计资料整理、统计资料的表示方法、综合指标、时间数列、统计指数、抽样推断、相关分析与回归分析、统计综合分析。各章配有学习目标、课堂练习与活动、案例分析、本章知识结构、能力训练题等板块。本书体现了高职高专教育的特点，符合高职高专教育培养高技能人才目标的要求，为学生学习统计知识、掌握统计技能、适应统计工作提供全面而系统的统计基础知识。

本书可作为高职高专经济管理类专业学生的教材，也可作为相关从业人士学习或培训的参考教材。

本书封面贴有清华大学出版社防伪标签，无标签者不得销售。
版权所有，侵权必究。侵权举报电话：010-62782989　13501256678　13801310933

图书在版编目（CIP）数据

统计基础/袁淑清，郎晓瑛，乔正明主编．—2版．—北京：北京交通大学出版社：清华大学出版社，2017.6（2025.2修订）

（21世纪高职高专教材·财经管理系列）

ISBN 978-7-5121-3203-0

Ⅰ.①统…　Ⅱ.①袁…　②郎…　③乔…　Ⅲ.①统计学-高等职业教育-教材　Ⅳ.①C8

中国版本图书馆CIP数据核字（2017）第112925号

统计基础
TONGJI JICHU

责任编辑：黎　丹
出版发行：清 华 大 学 出 版 社　邮编：100084　电话：010-62776969　http://www.tup.com.cn
　　　　　北京交通大学出版社　邮编：100044　电话：010-51686414　http://www.bjtup.com.cn
印　刷　者：北京虎彩文化传播有限公司
经　　销：全国新华书店
开　　本：185 mm×230 mm　　印张：18.25　　字数：409千字
版　　次：2017年6月第2版　2024年2月第1次修订　2025年2月第6次印刷
书　　号：ISBN 978-7-5121-3203-0/C·191
定　　价：49.00元

本书如有质量问题，请向北京交通大学出版社质监组反映。对您的意见和批评，我们表示欢迎和感谢。
投诉电话：010-51686043，51686008；传真：010-62225406；E-mail：press@bjtu.edu.cn。

第1版前言

统计基础是经济、管理类各专业必修的专业基础课程之一，在经济、管理类专业课程体系中占有重要的地位。通过该课程的学习，可以使学生在掌握必备的统计理论和方法的基础上，提高学生的技能和分析能力，培养学生统计岗位需要的素质。

本书体现了高职高专教育的特点，在知识体系上，按照统计工作的过程来编写，脉络和条理非常清晰；在结构设计上，按照"理论知识够用，实践技能扎实"的原则来编写；在教材内容上，尽量减少过多的理论说明，在理论知识介绍不影响知识完整性的前提下，着重阐述各种统计方法的具体应用，以达到培养学生技能的目的。

本书在编写上体现了"概念准确、重点突出、层次分明、内容具体、精讲细练"，并且设有学习目标、知识网络图、复习思考题、课堂练习与活动、案例分析和实训模拟练习题等内容，有利于教师教学操作和提高教学效果。

本书共10章，分别为统计学概述、统计资料搜集、统计资料整理、统计资料的表示方法、综合指标分析法、时间数列分析法、统计指数分析法、抽样推断分析法、相关与回归分析法、统计综合分析。

本书的具体分工如下：由袁淑清教授负责整体框架设计、统稿和总纂，其中郎晓瑛编写第1章、第2章、第3章和第10章；刘啸尘编写第5章；袁淑清编写第4章、第6章、第7章、第8章和第9章；何彦副教授担任主审；苏宗敏和左武荣为本书的编写提供了大量的帮助。

本书配有教学课件和相关的教学资源，有需要的读者可以从网站http://press.bjtu.edu.cn下载或与cbsld@jg.bjtu.edu.cn联系。在本书的编写过程中，参阅了许多相关的教材和专著，吸收和使用了有关教材和专著的成果，在此表示诚挚的谢意。

由于时间和水平的限制，书中难免有一些不足之处，恳请读者多提宝贵意见。

编者
2011年4月

第2版前言

统计基础是经济管理类专业必修的专业基础课程之一,在经济管理类专业课程体系中占有重要的地位。通过该课程的学习,可以使学生在掌握必备统计理论和方法的基础上,提高统计技能和统计分析能力,培养学生统计岗位需要的素质。

本书自2011年6月出版以来,先后被全国多所高职院校使用,受到广大师生的欢迎与好评。修订后的教材具有以下特色。

一是编写思路上,本书体现了高职高专教育的特点,在知识体系上,按照统计工作的过程来编写,脉络和条理非常清晰;在结构设计上,按照"理论知识够用,实践技能扎实"的原则来编写。

二是编写内容上,本书尽量减少过多的理论说明,按照理论够用的原则,着重阐述各种统计方法的具体应用,以达到培养学生技能的目的,体现了高职高专教育的生产、建设、服务、管理等一线的实践要求。

三是编写结构上,本书体现了"概念准确、重点突出、层次分明、内容具体、精讲细练",并且配有学习目标、课堂练习与活动、案例分析、本章知识结构、能力训练题,有利于教师教学操作和提高教学效果。

本书由袁淑清教授负责整体框架设计和统稿,并编写第6,7,8,9章,郎晓瑛编写第1,2,3章和第10章;刘啸尘编写第5章;李海勋编写第4章;乔正明编写各章后的能力训练题。最后,包忠明教授对全书进行了审阅。

本书配有教学课件和相关的教学资源,有需要的读者可以从网站http://www.bjtup.com.cn下载或者与cbsld@jg.bjtu.edu.cn联系。

在本书编写的过程中,参阅了许多相关的教材和专著,吸收和使用了有关教材和专著的成果,在此表示诚挚的谢意。由于时间和水平的限制,书中会有一些不足之处,恳请读者多提宝贵意见。

编者

2017年4月

目 录

第1章 统计学概述 ··· (1)
  1.1 统计学的研究对象和方法 ·· (1)
  1.2 统计工作的内容和职能 ··· (9)
  1.3 统计学中的几个基本概念 ··· (14)
  案例分析 ·· (20)
  本章知识结构 ·· (21)
  能力训练题 ··· (21)

第2章 统计资料搜集 ·· (25)
  2.1 统计调查的意义和种类 ··· (25)
  2.2 统计调查方案的设计 ·· (28)
  2.3 统计调查的组织形式 ·· (34)
  2.4 统计调查问卷的设计 ·· (40)
  案例分析 ·· (51)
  本章知识结构 ·· (52)
  能力训练题 ··· (52)

第3章 统计资料整理 ·· (57)
  3.1 统计资料整理概述 ··· (57)
  3.2 统计分组 ·· (59)
  3.3 分布数列 ·· (71)
  3.4 统计汇总 ·· (82)
  案例分析 ·· (85)
  本章知识结构 ·· (86)
  能力训练题 ··· (86)

I

第 4 章 统计资料的表示方法 (90)
4.1 统计表 (90)
4.2 统计图 (94)
案例分析 (101)
本章知识结构 (102)
能力训练题 (102)

第 5 章 综合指标 (105)
5.1 总量指标 (105)
5.2 相对指标 (108)
5.3 平均指标 (117)
5.4 标志变异指标 (134)
案例分析 (145)
本章知识结构 (146)
能力训练题 (146)

第 6 章 时间数列 (152)
6.1 时间数列的编制 (152)
6.2 时间数列的水平分析 (155)
6.3 时间数列的速度分析 (165)
6.4 时间数列的趋势分析 (171)
案例分析 (179)
本章知识结构 (180)
能力训练题 (181)

第 7 章 统计指数 (185)
7.1 统计指数概述 (185)
7.2 总指数的编制 (189)
7.3 指数体系与因素分析 (196)
案例分析 (204)
本章知识结构 (205)
能力训练题 (205)

第 8 章 抽样推断 (210)
8.1 抽样推断概述 (210)

8.2 抽样误差 ·· (215)
8.3 总体指标的推断 ·· (220)
8.4 样本容量的确定 ·· (222)
8.5 抽样的组织方式 ·· (224)
案例分析 ·· (228)
本章知识结构 ··· (229)
能力训练题 ·· (229)

第9章 相关分析与回归分析 ·· (234)
9.1 相关关系概述 ·· (234)
9.2 相关分析 ··· (238)
9.3 回归分析 ··· (244)
案例分析 ·· (247)
本章知识结构 ··· (250)
能力训练题 ·· (250)

第10章 统计综合分析 ·· (254)
10.1 统计综合分析概述 ·· (254)
10.2 统计分析报告 ·· (263)
案例分析 ·· (274)
本章知识结构 ··· (276)
能力训练题 ·· (276)

附录A 正态分布概率表 ·· (279)
参考文献 ·· (282)

第1章

统计学概述

> **学习目标**
>
> 本章是对统计学的全面概述。通过本章的学习,可以认识统计学的研究对象和特点,熟练掌握统计工作的环节及研究方法,理解并会运用统计学的一些基本概念,从而为以后各章的学习奠定基础。

1.1 统计学的研究对象和方法

1.1.1 统计学的产生和发展

1. 统计学的创立和发展

德国的斯勒兹曾说过:"统计是动态的历史,历史是静态的统计。"可见统计学的产生与发展是和生产的发展、社会的进步紧密相连的。

1)统计学的创立时期

统计学的萌芽是在欧洲。17世纪中叶至18世纪中叶是统计学的创立时期。在这一时期,统计学理论初步形成了一定的学术派别,主要有国势学派和政治算术学派。

(1)国势学派

国势学派又称记述学派,产生于17世纪的德国。由于该学派主要以文字记述国家的显著事项,故称记述学派。其主要代表人物是海尔曼·康令和阿亨华尔。康令第一个在德国黑尔姆斯太特大学以"国势学"为题讲授政治活动家应具备的知识。阿亨华尔在哥廷根大学开设"国势学"课程,其主要著作是《近代欧洲各国国势学纲要》,书中讲述了"一国或多数国家的显著事项",主要用对比分析的方法研究了国家组织、领土、人口、资源财富和国情国力,比较了各国实力的强弱,为德国的君主政体服务。因为在外文中"国势"与"统计"词义相通,后来被正式命名为"统计学"。该学派在进行国势比较分析中,偏重事物性质的解释,而不注重数量对比和数量计算,为统计学的发展奠定了经济理论基础。但随着资本主义市场经济的发展,对事物量的计算和分析越来越重要,该学派后来发生了分裂,分化为图表学派和比较学派。

(2) 政治算术学派

政治算术学派产生于19世纪中叶的英国,创始人是威廉·配第(1623—1687年),其代表作是他于1676年完成的《政治算术》。这里的"政治"是指政治经济学,"算术"是指统计方法。在这本书中,他利用实际资料,运用数字、重量和尺度等统计方法对英国、法国和荷兰三国的国情、国力作了系统的数量对比分析,从而为统计学的形成和发展奠定了方法论基础。因此,马克思说:"威廉·配第——政治经济学之父,在某种程度上也是统计学的创始人。"

政治算术学派的另一个代表人物是约翰·格朗特(1620—1674年)。他以1604年伦敦教会每周发表一次的"死亡公报"为研究资料,在1662年发表了《关于死亡公报的自然和政治观察》的论著。书中分析了60年来伦敦居民死亡的原因及人口变动的关系,首次提出通过大量观察,发现新生儿性别比例具有稳定性等人口规律,且第一次编制了"生命表",对死亡率与人口寿命作了分析,从而引起了普遍关注。他的研究表明了统计学作为国家管理工具的重要作用。

2) 统计学的发展时期

18世纪末至19世纪末是统计学的发展时期。在这个时期,各种学派的学术观点已经形成,并且形成了两个主要学派,即数理统计学派和社会统计学派。

(1) 数理统计学派

在18世纪,概率理论日益成熟,为统计学的发展奠定了基础。19世纪中叶,人们把概率论引进统计学从而形成了数理学派。其奠基人是比利时的阿道夫·凯特勒(1796—1874年),其主要著作有:《论人类》《概率论书简》《社会制度》和《社会物理学》等。他主张用研究自然科学的方法研究社会现象,正式把古典概率论引进统计学,使统计学进入了一个新的发展阶段。由于历史的局限性,凯特勒在研究过程中混淆了自然现象和本质区别,对犯罪、道德等社会问题,用研究自然现象的观点和方法作出了一些机械的、庸俗化的解释。但是,他把概率论引入统计学,使统计学在"政治算术"所建立的"算术"方法的基础上,在准确化道路上大大前进了一步,为数理统计学的形成与发展奠定了基础。

(2) 社会统计学派

社会统计学派产生于19世纪后半叶,创始人是德国经济学家、统计学家克尼斯(1821—1889年),主要代表人物有恩格尔(1821—1896年)、梅尔(1841—1925年)等人。他们融合了国势学派与政治算术学派的观点,沿着凯特勒的"基本统计理论"向前发展,但在学科性质上认为统计学是一门社会科学,是研究社会现象变动原因和规律性的实质性科学，以此同数理统计学派通用方法相对立。社会统计学派在研究对象上认为统计学是研究体而不是个别现象，而且认为由于社会现象的复杂性和整体性，必须对总体进行大量观察和分析，研究其内在联系，才能揭示现象的内在规律。这是社会统计学派的"实质性科学"的显著特点。

社会经济的发展，要求统计学提供更多的统计方法；社会科学本身也不断地向细分化和定量化发展，也要求统计学能提供更有效的调查整理、分析资料的方法。因此，社会统计学派也开始重视方法论的研究，出现了向实质性方法论转化的趋势。但是，社会统计学派仍然强调在统计研究中必须以事物的质为前提和认识事物质的重要性，这同数理统计学派的计量不计质的方法论性质是有本质区别的。

2．迅速发展的统计学

20世纪以来，科学技术迅猛发展，社会发生了巨大变化，统计学进入了快速发展时期，归纳起来有以下几个方面。

（1）由记述统计向推断统计发展

记述统计是对所搜集的大量数据资料进行加工整理、综合概括，通过图示、列表和数字，如编制次数分布表、绘制直方图、计算各种特征数等对资料进行分析和描述。而推断统计，则是在搜集、整理的样本数据的基础上，对有关总体作出推断。其特点是根据带随机性的观测样本数据及问题的条件和假定（模型），对未知事物作出的以概率形式表述的推断。目前，西方国家所指的科学统计方法，主要是就推断统计来说的。

（2）由社会、经济统计向多分支学科发展

在20世纪以前，统计学的领域主要是人口统计、生命统计、社会统计和经济统计。随着社会、经济和科学技术的发展，到今天，统计的范畴已覆盖了社会生活的一切领域，几乎无所不包，成为通用的方法论科学。

（3）统计预测和决策科学的发展

传统的统计是对已经发生和正在发生的事物进行统计，提供统计资料和数据。20世纪30年代以来，特别是第二次世界大战以来，由于经济、社会、军事等方面的客观需要，统计预测和统计决策科学有了很大发展，使统计走出了传统的领域而被赋予新的意义和使命。

（4）信息论、控制论、系统论与统计学的相互渗透和结合，使统计科学进一步得到发展和完善

信息论、控制论、系统论在许多基本概念、基本思想、基本方法等方面有着共同之处，三者从不同角度、侧面提出了解决共同问题的方法和原则。"三论"的创立和发展，彻底改变了世界的科学图景和科学家的思维方式，也使统计科学和统计工作从中吸取了营养，拓宽了视野，丰富了内容，出现了新的发展趋势。

(5) 计算机技术和一系列新技术、新方法在统计领域不断得到开发和应用

近几十年来，计算机技术不断发展，使统计数据的搜集、整理、分析、存储、传递、印制等过程日益现代化，提高了统计工作的效能。计算机技术的发展，扩大了传统的和先进的统计技术的应用领域，使统计科学和统计工作发生了革命性的变化。如今，计算机科学已经成为统计科学不可分割的组成部分。随着科学技术的发展，统计理论和实践深度与广度也在不断发展。

(6) 统计在现代化管理和社会生活中的地位日益重要

随着社会、经济和科学技术的发展，统计在现代化国家管理和企业管理中的地位，在社会生活中的地位，越来越重要。英国统计学家哈斯利特说："统计方法的应用是这样普遍，在我们的生活和习惯中，统计的影响是这样巨大，以致统计的重要性无论怎样强调也不过分。"甚至有的科学还把我们的时代叫做"统计时代"。显然，20世纪统计科学的发展及其未来，已经被赋予了划时代的意义。

3. 今天的统计学

在科学技术飞速发展的今天，统计学广泛吸收和融合相关学科的新理论，不断开发、应用新技术和新方法，深化和丰富了统计学传统领域的理论与方法，并拓展了新的领域。今天的统计学已表现出强有力的生命力。在我国，社会主义市场经济体制的逐步建立对统计学提出了更多、更高的要求，统计学的潜在功能将得到更充分、更圆满的开拓。

(1) 对系统性及系统复杂性的认识为统计学的未来发展增加了新的思路

由于社会实践广度和深度的迅速发展及科学技术的高度发展，人们对客观世界的系统性及系统的复杂性认识也更加全面和深入。随着科学融合趋势的兴起，统计学的研究触角已经向新的领域延伸，兴起了探索性数据的统计方法的研究，研究的领域也向复杂客观现象扩展。21世纪统计学研究的重点由确定性现象和随机现象转移到复杂现象，如模糊现象、突变现象及混沌现象等新的领域。可以这样说，复杂现象的研究给统计学开辟了新的研究领域。

(2) 定性与定量相结合的综合集成法为统计分析方法的发展提供了新的思想

定性与定量相结合的综合集成方法是钱学森教授于1990年提出的。这一方法的实质就是将科学理论、经验知识和专家判断相结合，提出经验性的假设，再用经验数据和资料及模型对它的确定性进行检测，经过定量计算及反复对比，最后形成结论。它是研究复杂系统的有效手段，而且在问题的研究过程中处处渗透着统计思想，为统计分析方法的发展提供了新的思维方式。

(3) 统计科学与其他科学渗透将为统计学的应用开辟新的领域

现代科学发展出现了整体化趋势，各门学科不断融合，形成了一个相互联系的统一整体。由于事物之间具有相互联系性，各学科之间研究方法的渗透和转移已成为现代科学发展的趋势。许多学科取得的新进展为其他学科发展提供了全新的发展机遇。模糊

论、突变论及其他新的边缘学科的出现为统计学的进一步发展提供了新的科学方法和思想。将一些尖端科学成果引入统计学，使统计学与其交互发展成为未来统计学发展的趋势，统计学也将会有一个令人振奋的前景。今天已经有一些先驱者开始将控制论、信息论、系统论及图论、混沌理论、模糊理论等方法和理论引入统计学，这些新的理论和方法的渗透必将对统计学的发展产生深远的影响。

统计学产生于应用，在应用过程中发展壮大。随着经济社会的发展、各学科相互融合趋势的发展和计算机技术的迅速发展，统计理论与分析方法也将不断发展，并在所有领域展现它的生命力和重要作用。

阅读材料

统计学的分支学科

理论统计学：统计调查分析理论、统计核算理论、统计监督理论、统计预测理论、统计逻辑学、统计法学、描述统计学、推断统计学。

经济统计学：宏观经济统计学、微观经济统计学、管理统计学、科学技术统计学、农村经济调查。

社会统计学：教育统计学、文化与体育统计学、卫生统计学、司法统计学、社会福利与社会保障统计学、生活质量统计学、人口统计学。

环境与生态统计学：自然资源统计学、环境统计学、生态平衡统计学。

国际统计学：国际标准分类统计学、国际核算体系与方法论体系、国际比较统计学。

其他：生物统计学、商务统计学、工程统计学、心理统计学、化学统计学、档案统计学、社会经济统计学、水文统计学、数理统计学、统计语言学、统计物理学、化学统计学。

资料来源：中国期刊网。

1.1.2 统计的含义

统计是对大量社会经济现象的数量方面进行搜集、整理和分析的认识活动。其含义一般有三种，即统计工作、统计资料、统计学。

（1）统计工作

统计工作即统计实践，是指在统计理论指导下，利用各种科学的统计方法，对社会经济现象的数量方面进行搜集、整理和分析的工作过程的总称。例如，要了解我国人口状况，统计部门首先要编制调查表，设计调查项目，然后派调查人员逐户进行调查，再对调查结果进行汇总、分析，最后得出我国人口的各种总量指标及反映人口发展变化的指标等，这一系列的活动就是统计工作。

(2) 统计资料

统计资料即统计信息，是指统计工作过程中所取得的各项数字资料及与之相关的其他资料的总称。其表现形式有统计表、统计图、统计年鉴、统计公告及相关的统计数字信息的载体等。例如，某商业企业某年月销售额（单位：万元）为10，60，40，80，130，70，90，140，180…；某市某年国民生产总值2011.77亿元，比上一年增长9.8%；班级学生人数为120人，女生占30%，男女生的比例为2.33∶1等。这些数据经常会在报纸、杂志上刊登。随着信息技术的发展与网络的普及，统计资料的公布不再仅仅是纸质资料了，大量电子版的数据可以方便地从各国官方统计网站上获得，而且大部分都是免费的。

(3) 统计学

统计学即统计理论，它是一门阐述统计的性质、任务及如何搜集、整理、分析统计资料的基本理论与方法的科学。统计学为我们的决策提供了"量"方面的依据。即哪些是所需要搜集的资料，应该怎样搜集所需要的资料，对所搜集的数字资料应该进行怎样的整理才能反映资料的真实特征，用什么样的方法对数字资料进行深入分析才能反映现象发展变化的规律性，解决这些问题的方法都是由统计学提供的。《不列颠百科全书》对统计学的定义为："统计学是关于搜集和分析数据的科学和艺术。"这里提到的"艺术"并不是说统计学属于音乐、美术一类的艺术范畴，而是指统计方法的应用具有技巧性、技术性，它展现数据时往往让我们能享受美感。

统计是由统计工作、统计资料、统计学三种含义所构成的统一体。这三种含义又是相互联系的，也就是说，统计工作是在统计理论指导下的具体实践，统计资料是统计工作的结果，统计理论是统计实践及其结果的总结，因此统计一词是统计工作、统计资料、统计学的总称。

1.1.3 统计学的研究对象

社会经济统计学的研究对象是社会经济现象的数量方面，包括数量特征和数量关系。例如，对我国人口状况进行研究，人口规模的大小、人口数量的变化、人民的生活状况、人口构成情况、劳动力的就业情况、人口的平均寿命有何变化等，这些都是反映社会经济现象的数量方面的因素。

社会经济现象的数量方面涉及的内容很广泛。例如，人口数量和劳动资源，社会财富和自然资源，社会生产和建设，商品的交换和流通，国民收入分配和国家财政收入，金融、信贷、保险事业，城乡人民物质、文化、政治生活，科学技术进步与发展等。这些都是国民经济和社会发展的总体情况，是社会经济现象的基本数量特征和数量关系，它构成了我们对社会的基本认识。在当今社会，经济越发展，就越需要加强统计，越需要发挥统计的作用。

研究社会经济现象数量方面，具体地说就是用科学的方法搜集、整理、分析国民经济和社会发展的实际数据，并通过统计所特有的统计指标和指标体系，表明所研究现象的规模、水平、速度、比例和效益等，以具体反映社会经济发展规律在一定时间、地点条件下的作用。例如，据2010年人口普查资料记载：我国总人口为1 370 536 875人，大陆人口为1 339 724 852人，其中男性占51.27%，女性占48.73%；全国土地面积约960万平方公里，其中约33%为山地，26%为高原，19%为盆地，12%为平原，10%为丘陵。这些数据显示了我国地广人多的基本情况。

社会经济统计学的研究对象具有以下特点。

(1) 总体性

社会经济统计学是从整体出发，研究大量社会现象总体的数量关系，即统计要对总体中各单位普遍存在的事实进行大量的观察和综合分析，得出反映现象总体的数量特征。例如，要研究城市居民的消费水平，目的不在于了解个别居民的消费状况，而是要反映全市、各区、各部门居民消费水平的数量特征。

社会经济现象是复杂的，总体各单位所处的条件不同，其表现具有特殊性、多样性，但总体现象是相对稳定的，能够表现某种共同的倾向，并有规律可循，所以社会经济现象总体的数量特征，可以反映社会经济现象的规律性在具体时间、地点条件下的表现，有助于我们认识客观现象的本质。

(2) 差异性

统计学研究同类现象总体的数量特征，它的前提是总体各单位的特征表现存在差异，而这种差异是由多种复杂原因引起的。例如，如果要研究某地区的人口总数、居民文化结构、住户平均生活消费水平等情况，则该地区居民人口多少、文化程度高低、住户的生活消费水平升降等要有差异，这样才有研究的意义。如果不存在这些差异，也就不需要做统计了。

(3) 具体性

社会经济统计学所要研究的是社会经济现象的具体数量，不是抽象的量，这是统计学与数学的重要区别。数学所研究的量是抽象的数量关系和空间形式，统计学研究的是具体事物在一定时间、地点、条件下的数量表现，它总是和研究的质密切结合在一起的。但是，社会经济统计学毕竟是研究社会经济现象的数量关系，所以它要在许多方面使用数学方法，也必须遵守数学原则。

(4) 社会性

社会经济统计学研究的对象是社会经济现象的数量方面，而社会经济现象的数量总是反映人们社会生产生活的条件、过程和结果，是人类有意识的社会活动的产物。所有的统计数字总是与人们的利益有关，反映着人与人之间的相互关系。统计研究就是通过数量特征和数量关系反映物质资料的分配关系、交换关系和占有关系，以及其他社会关系的特点和实质。例如，从生产发展中看国家、集体和个人的关系，从商品流通中看产、供、销的关系等。

课堂练习与活动

1. 有人认为统计学的研究对象是统计工作，而统计工作的研究对象才是社会经济现象的数量方面，你的看法如何？

2. 根据某省各个工业企业的职工人数、企业规模、设备状况、产值、利润等数量特征进行研究，反映了统计学研究对象的哪一个特点？

1.1.4 统计学的研究方法

社会经济统计学在以马克思主义政治经济学和唯物辩证法为研究指导的同时，还有自己独特的研究方法，其基本方法有以下几种。

(1) 大量观察法

大量观察法是指对社会经济现象中全部或大部分单位进行观察的方法。统计研究要运用大量观察法这是由研究对象的大量性和复杂性所决定的。大量的复杂的社会经济现象是在诸多因素的错综作用下形成的，总体各单位的特征及数量表现有很大的差别，不能任意抽取个别或少数单位进行观察。在统计研究中，有时也搜集个别典型事物的资料，但对典型的观察还是为了说明大量的事物，离开对大量事物的研究，典型就失去了意义。

(2) 统计分组法

统计分组法是指根据事物内在的性质和统计研究任务的要求，将总体各单位按照某种标志划分为若干个组成部分的一种研究方法。例如，对经济按经济类型分类、对工人按技术等级分类等。

统计分组法是研究总体内部差异的重要方法，通过分组可以研究总体中不同类型的性质及它们的分布情况。它在统计研究中的应用是非常广泛的，是统计分析的基础。

(3) 综合指标法

综合指标法是指运用各种统计综合指标来反映和研究社会经济现象总体的一般数量特征和数量关系的研究方法。它概括地描述了总体各单位数量分布的综合数量特征和变动趋势。在统计分析中广泛运用各种综合指标来研究总体内部的各种数量关系，揭露矛盾，发现问题，进一步寻找解决问题的方法。

综合指标和统计分组是密切联系、相互依存的。统计分组如果没有相应的统计指标来反映现象的规模水平，就不能揭示现象总体的数量特征；而综合指标如果没有科学的统计分组，就无法划分事物变化的数量界限，掩盖现象的矛盾，成为笼统的指标。所以，综合指标法和统计分组法总是结合起来应用的。

课堂练习与活动

统计调查过程中采用的大量观察法,是指必须对研究对象的所有单位进行调查。这种说法正确吗?

1.1.5 统计学的分类

统计学是各类统计学科的总称。在统计学的应用过程中,形成了服务于不同领域的各种统计学分科,概括起来有三大分支:数理统计学、自然技术统计学和社会经济统计学。

数理统计学是在概率论的基础上,发展了回归和相关、假设检验、χ^2 分布等理论,研究随机事件的数量规律与抽象的数量现象的学科。它的基本原理可以在自然现象和社会现象研究中得到广泛应用,从而形成了自然技术统计学和社会经济统计学。自然技术统计学是把数理统计学的基本原理应用于自然现象,如生物统计学等。社会经济统计学是把数理统计学的基本原理应用于社会经济领域,这是本书的研究范畴。

1.2 统计工作的内容和职能

1.2.1 统计工作的过程

社会经济统计工作是一项复杂的社会系统工程,具有高度的集中性和整体性。一项统计任务,通常是在统计机构统一组织领导下,由多个地区、部门、单位密切协作,互相配合,共同完成。一般统计工作全过程分为四个阶段:统计设计、统计调查、统计整理、统计分析。

(1)统计设计阶段

统计设计是统计工作的第一个阶段,它是根据统计的任务、目的和研究对象的性质、特点,对统计工作各方面和各个环节进行通盘考虑和安排。包括根据统计任务制定统计指标和指标体系,统计分组和分类设计;搜集资料与整理资料的方法、步骤;统计工作各个部门各个阶段的衔接与协调;统计力量的组织安排等。在实际工作中,由于统计设计已分散在调查、整理、分析中,所以就不单独介绍了。

(2)统计调查阶段

统计调查阶段是统计资料的搜集阶段,它是根据统计任务的要求,有计划、有组织地向调查单位搜集各种统计资料的阶段。这个阶段在统计研究中是定量认识的起点,也是进行统计整理和统计分析的基础。

(3) 统计整理阶段

统计整理阶段是对统计数字进行分类与汇总的阶段，包括审查资料、对资料进行分组、汇总、编制统计表，把统计调查所取得的数字综合成能够反映事物总体特征的资料。它是统计工作的中间环节，即统计整理既是统计调查的继续，又是统计分析的前提。

(4) 统计分析阶段

统计分析阶段是对经过整理的统计资料，采取各种统计分析方法，计算各种分析指标进行对比分析的阶段。这个阶段揭示被研究的社会经济现象的发展趋势和比例关系，阐明社会经济现象和过程的特征及规律性，并对所研究的问题作出科学的判断和结论。这个阶段属于理性认识阶段，是统计工作的决定性环节。

统计对社会事物的认识，是从统计设计（定性）开始的，经过统计调查和统计整理（定量），最后通过统计分析达到对客观现象的本质及其规律性的认识（定性）。这是一个不断循环的工作过程。在本书中，统计调查、统计整理、统计分析有专章论述。

1.2.2 统计的职能

马克思曾指出："对于统计，如果没有坚强的组织，尤其是如果没有总的领导，这项工作是无法完成的。"因此，统计要达到认识社会的目的，不仅需要科学的方法，而且需要强有力的组织、领导。

随着社会经济的发展、国家管理系统分工的完善，特别是社会经济信息对于国家决策、生产经营及社会生活各个方面都具有日益显著的作用，国家统计的职能也逐步扩大。现代国家管理系统，包括决策系统、执行系统、信息系统、咨询系统、监督系统五个组成部分。国家统计兼有信息、咨询、监督三种职能。

(1) 信息职能

统计的信息职能是指国家统计部门根据科学的统计指标体系和统计调查方法，灵敏、系统地采集、处理、传输、存储和提供大量的以数量描述为基本特征的社会经济信息。统计信息已成为人们了解社会和国家、进行宏观决策和管理必不可少的重要依据。

(2) 咨询职能

统计的咨询职能是指利用已经掌握的丰富的统计信息资源，运用科学的分析方法和先进的技术手段，深入开展综合分析和专题研究，为科学决策和管理提供各种可供选择的咨询建议与决策方案。咨询是统计的重要职能，统计咨询科学化是决策的期望。

(3) 监督职能

统计的监督职能是指根据统计调查和分析，及时、准确地从总体上反映经济、社会和科技的运行状态，并对其实行全面、系统的定量检查、监测和预警，以促使国民经济按照客观规律的要求，持续、稳定、协调的发展。

上述三种职能是相互联系、相辅相成的。统计信息职能是保证统计咨询和监督职能有效发挥的基础，统计咨询职能是统计信息职能的延续和深化；而统计监督职能则是在信息、咨询职能基础上的进一步拓展，并促进统计信息和咨询职能的优化。

1.2.3 统计工作的任务

统计的职能决定了统计工作的任务。《中华人民共和国统计法》第二条规定："统计的基本任务是对经济社会发展情况进行统计调查、统计分析，提供统计资料和统计咨询意见，实行统计监督。"与其相适应的具体任务是：调查、整理社会经济活动的各种数字资料；对社会经济活动过程及其结果进行主观与客观、横向与纵向、静态与动态的综合分析，提供信息产品；判断社会经济活动的运行状态，提出相应的咨询意见，监督社会经济活动的运行过程，为国民经济宏观调控、企业经营管理和科学研究提供客观依据。

1.2.4 统计工作的要求

为了完成统计工作的任务，统计工作必须做到"准确、公正、及时、方便"，这是做好统计工作的基本要求。

（1）准确

统计是一项严肃的科学工作，必须如实地反映情况。统计数字的准确性是统计工作的生命。如果统计数字不准确，就会使管理者在判断情况、研究政策、安排计划、指导业务时失去可靠的依据，并使下属产生错觉，进而带来工作上的盲目、被动，给组织的经营活动造成损失。只有在统计数字准确的基础上进行科学分析，才能如实地反映客观情况，给出正确的分析报告。

（2）公正

统计工作绝不能受主观意志支配，确定指标概念要有理论依据，不能凭想象和个人需要而定。统计数据要尊重客观事实，不能在社会经济现象中选用有利数据，放弃不利数字。分析问题要有科学理论指导，不能采取欺骗的手段玩数字游戏，更不能为了某种目的去修改统计数据。统计工作者要敢于伸张正义，不受各种环境因素的干扰。

（3）及时

统计工作是一项时效性很强的工作，统计信息的时间价值在国民经济宏观调控和组织经营管理中特别重要。如果不能在规定的时间内搜集和报送统计资料，就会影响甚至贻误工作。"时间就是金钱"，在一定意义上也适用于统计工作。

（4）方便

统计信息是统计工作的产品，统计信息的价值在于运用。为统计信息的使用者提供方便的条件是统计工作不可忽视的一项基本要求。计算机具有高效传输和多方位服务的功能，应该充分利用这一现代化手段，构建统计信息网络，超越时空限制，随时提供统计信息，满足经营决策和日常管理等各方面的需要。

1.2.5 我国的统计组织和法制

1. 我国的统计组织

统计的组织必须贯彻集中统一的原则,在全国范围内建立集中统一的统计系统,执行统一的方针政策和统计调查计划,贯彻统一的统计制度和统计标准,使用统一的统计报表和数字管理制度,以及协调统计、会计、业务核算制度和核算标准及分工等。

我国集中统一的统计系统由各级政府部门的综合统计系统、各级业务部门的专业统计系统和基层单位的统计组织组成。

(1) 综合统计系统

各级政府部门的综合统计系统由国家统计局和地方各级统计机构所组成,是我国国家统计组织的主系统。国家统计局是负责组织领导各级和各部门统计机构开展统计工作,并承担全国性的基本统计任务。各级地方统计机构包括省(市、自治区)统计局,地区、自治州、省辖市统计局及县统计局。各级统计局是各级地方政府的组成部分,受各级地方政府和上级统计机构的双重领导,在统计业务上以上级统计机构的领导为主,各级统计机构负责组织在本地区内的统计工作。

国家综合统计系统还根据统计业务开展的需要,以统计局系统为主体,设置各种子系统,主要有城乡抽样调查队系统和企业抽样调查队系统,国家统计局设抽样调查总队,省(市、自治区)设省(市、自治区)调查队,县设县调查队等。专业普查系统,中央成立国家普查领导机构,地方分设省、市、县普查领导机构等。

(2) 专业统计系统

我国专业统计系统由中央及地方各级业务部门的统计机构所组成,是我国专业统计组织的子系统。国务院各业务部门(或直属的专业公司)设统计局或统计处,各省、市、自治区和各县业务部门根据工作需要设统计机构,各级业务部门统计机构在统计业务上受国家统计局或同级地方人民政府统计机构的指导,组织执行本部门的综合统计任务。

(3) 基层单位的统计组织

基层单位的统计组织包括乡镇统计组织或统计专业人员,企事业单位的统计组织或统计负责人。各省、自治区、直辖市或者市、县人民政府根据《中华人民共和国统计法》的规定及统计工作的需要设置乡镇统计员,建立健全乡镇统计信息网络。乡镇统计员和乡镇统计信息网络在统计业务上受县人民政府统计机构的领导,乡镇以下的行政政府统计工作,由村民委员会指定专人负责,他们在统计业务上受乡镇统计员的领导。企事业单位根据统计任务的需要设立统计机构或统计人员。企事业单位的统计机构或统计负责人在统计业务上受所在地人民政府统计机构或者乡镇统计员的指导,负责执行本单位的综合统计任务。

为了适应社会经济发展的需要,我国出现了民间统计组织,也可称为非官方统计组织,它是我国社会统计系统不可缺少的组成部分。目前,我国民间统计组织的类型主要有：
① 社会经济信息服务公司；
② 社会调查事务所、统计事务所；
③ 信息协会；
④ 统计信息咨询服务中心；
⑤ 行业协会；
⑥ 科研单位或大专院校设置的咨询服务部；
⑦ 工会、妇联、共青团等社会团体的统计活动组织。

2. **我国的统计法制**

统计立法就是将统计工作的性质、任务、管理体制、工作制度、机构设置、有关当事人的职责、权利、义务及奖惩等事项用法律的形式确定下来，对于稳定经济政策、巩固统计改革的成果、保障统计人员的权利、促进社会主义现代化建设事业都有重要的意义。

《中华人民共和国统计法》于 1984 年 1 月 1 日颁布施行，1987 年 2 月国家统计局又颁布了《中华人民共和国统计法实施细则》，对我国统计法的基本内容作了具体的规定；1996 年 5 月《中华人民共和国统计法》根据第八届全国人民代表大会常务委员会第十九次会议《关于修改〈中华人民共和国统计法〉的规定》修正，2009 年 6 月第十一届全国人民代表大会常务委员会第九次会议修订通过，自 2010 年 1 月 1 日起施行。这些法规使我国统计工作走上了法制的轨道，为科学有效地组织统计工作，保障统计资料的准确性、及时性，发挥统计在社会主义现代化建设中的服务和监督作用，提供了法律保证。

各级领导干部和统计人员应该认真执行统计法，全体公民应该自觉遵守统计法，做到有法必依、执法必严、违法必究，开创统计工作的新局面。

 课堂练习与活动

国家统计的职能是什么？它们之间有怎样的关系？

阅读材料

中华人民共和国统计法

1983 年 12 月 8 日第六届全国人民代表大会常务委员会第三次会议通过，根据 1996 年 5 月 15 日第八届全国人民代表大会常务委员会第十九次会议《关于修改〈中华人民共和国统计法〉的决定》修正，2009 年 6 月 27 日第十一届全国人民代表大会常务委员会第九次会议修订通过，自 2010 年 1 月 1 日起施行。

目　　录

　　第一章　总则
　　第二章　统计调查管理
　　第三章　统计资料的管理和公布
　　第四章　统计机构和统计人员
　　第五章　监督检查
　　第六章　法律责任
　　第七章　附则

资料来源：中国政府网。

1.3　统计学中的几个基本概念

1.3.1　统计总体与总体单位

1. 统计总体

统计总体是指客观存在的，在同一性质基础上结合起来的许多个别事物的整体，简称总体。例如，了解城镇居民生活状况，城镇的全体居民就构成了统计总体；了解工业企业的经营情况，全部工业企业就构成了统计总体。

根据总体包括的各个单位是否可以计数，统计总体可分为有限总体和无限总体。一个统计总体中所包括的单位数是有限的，这样的总体称为有限总体；反之，则称为无限总体。例如，工业企业数、机器设备数、人口数等属于有限总体；大量生产的某种小件产品属于无限总体。在社会经济现象中统计总体大多是有限的。对有限总体既可做全面调查，也可只调查其中的一小部分，如职工普查（全面）及职工抽查（小部分）。在统计调查中，对无限总体不能进行全面调查，只能调查其中一小部分单位，据以推断总体。

调查总体的一小部分单位时，往往要根据局部资料来推算全体。为了保证推算的准确性，必须使局部资料具有较高的代表性。提高这种代表性的一个重要方法就是使部资料尽量能多包括一些单位。因为所包括的单位数如果太少，就会出现偏高或偏低的偶然现象，降低了代表性；如果单位数增多，这种偶然偏差就趋于互相抵消，从而提高了代表性。例如，某市职工是一个总体，每个职工是一个总体单位，如果要了解该市职工工资的一般水平，只抽查少数几个职工是不行的，因为所抽查的那几个职工的工资可能偏高或偏低，不能代表全体。如果抽查足够多的职工求其平均工资，则偶然性的偏差就会大大减少，就可得出比较可靠的数据。作为总体，必须同时具备同质性、大量性、差异性三个基本特征，三者缺一不可。

（1）同质性

同质性是指构成总体的各个单位必须具有某种相同的性质。例如，我们要研究某省的工业企业的发展情况，某省的工业企业是一个总体，构成全省工业企业这个整体的是每一个工业企业，每个工业企业都具有相同的经济职能，即都是进行工业生产经营活动，向社会提供工业产品的。同质性是构成统计总体的前提。

（2）大量性

大量性是指构成总体的各个单位不是一个或几个，要有许多或者足够多。例如，研究全省的工业企业发展情况，就要研究全省所有的工业企业而不是一两个企业，只有对足够多的企业进行研究，才能消除偶然因素，显示出总体的本质和规律。大量性是统计研究的必要条件。

（3）差异性

差异性是指构成总体的各个单位在至少一方面性质相同外，在其他性质上是有差别的。正是由于它们之间的差异的存在，才使我们研究的问题有意义。例如，对于全省工业企业这个总体，可以根据每一工业企业的从业人员数、资金规模大小、技术力量强弱、设备状况、经济效益等差异来研究全省工业企业的各种数量特征，进而归纳出其发展情况。

上述三个特征必须同时存在，只有这样，才能形成统计总体，才能进行统计研究。

2. 总体单位

总体单位是指构成统计总体的个别单位，它是总体的基本单位，简称个体。例如，全国工业企业这一总体，每一个工业企业就是总体单位。随着研究目的的不同，总体单位可以是人、物，也可以是企业、机构、地域，甚至可以是状况、长度、时间等。例如，要研究全省的工业总产值，全省的工业企业是总体，每一个工业企业就是总体单位；要研究粮食的亩产量，那么播种面积（亩数）是总体，每亩面积就是总体单位。我国进行的人口普查，在一定的标准时间，凡在中国国土上经常居住（统计上称为常住人口）的中国人是总体，每一个中国人就是总体单位。

3. 统计总体与总体单位的关系

总体和总体单位并不是固定不变的，随着研究目的的不同，总体范围也随之发生变化。总体和总体单位是整体和个体的关系。总体是以总体单位为存在基础的构成要素，没有总体单位就没有总体，总体是各个总体单位的共性表现。但是，没有总体也无法确定总体单位。一般来说，要根据统计研究对象的范围来确定统计总体，进而确定总体单位。例如，研究全国工业企业的经营情况，所有的工业企业是总体，每一个工业企业是总体单位。如果研究对象的范围改变为研究其中一个工业企业的经营情况，则这个企业就由原来的总体单位变成了总体。

课堂练习与活动

1. 要研究某地区520家工业企业产品的生产经营情况,请指出研究的总体和总体单位,并说明理由。
2. 要了解100名学生的学习情况,请指出其总体和总体单位,并说明理由。

1.3.2 标志与指标

标志与指标是统计学中常用的概念。

1. 标志

标志是反映总体单位特征的名称。一个总体单位经常有许多特征,因此可以用许多不同的标志来表现。例如,人的性别、民族、年龄等都是标志。

标志表现是指每一个总体单位所表现的具体属性或数量特征。例如,人的性别、民族、年龄是标志,而女、汉、16岁就是标志表现。

1) 标志按其性质不同,可分为品质标志和数量标志两种

(1) 品质标志

品质标志表示总体单位的性质或属性特征,其表现只能是文字,不能是数量。例如,人的性别是品质标志,标志表现具体为男、女;企业的规模是品质标志,标志表现具体为大型、中型、小型;职业是品质标志,标志表现具体为工人、农民、医生、教师等。

(2) 数量标志

数量标志表示总体单位的数量特征,其表现是数值,又称为标志值。例如,人的年龄是数量标志,标志表现具体为10岁、20岁、30岁等。

从总体单位和标志的关系中可以看到一个重要现象,即总体单位是标志的承担者。

2) 标志按其表现是否相同,可分为不变标志和可变标志两种

(1) 不变标志

不变标志是指在总体中某一标志在所有单位的表现完全相同。例如,在女学生这个总体中,每个女学生的性别的具体表现全是"女","女"这个标志表现总是相同且永远不变的。

(2) 可变标志

可变标志是指在总体中某一标志在总体各单位的表现不完全相同。例如,全市居民的生活消费水平这个标志表现有可能相同,但绝大多数是不相同的,有差异的;在女学生这个总体中,每个女学生年龄的具体表现可以分别为10岁、12岁、13岁、15岁、16岁、18岁等。

2. 指标

指标即统计指标,是指综合反映总体数量特征的概念和具体数值,又称综合指标。

例如，2015 年我国国内生产总值为 676 708 亿元。一个完整的统计指标包括 5 个组成部分：一是时间，如 2015 年；二是地点或空间，如我国；三是指标名称，如国内生产总值；四是数值，如 676 708；五是计量单位，如亿元。

(1) 统计指标的特点

① 数量性。没有质的规定性不能称为统计指标，有了质的规定性而不能用数量来表示也不能称为统计指标。统计指标必须是用数字来表示的。

② 综合性。统计指标反映的是总体的量，它是许多个体现象的数量综合的结果。一个职工的工资不能称为统计指标，一个企业或一个地区的工资总额或平均工资才称为统计指标。

③ 具体性。统计指标是现象总体在一定时间、地点条件下的数量特征的具体表现，不存在脱离质的内容的统计指标。

(2) 统计指标的分类

统计指标按其所反映的数量特点的不同，可分为数量指标和质量指标两种。

① 数量指标。数量指标是指反映社会经济现象的总规模水平或工作总量的统计指标。例如，人口总数、职工总数、企业总数、社会总产值、国民生产总值、国民收入、商品流转额、工资总额等。由于它反映的是现象的总量，因此也称为总量指标，它是用绝对数来表示的。

② 质量指标。质量指标是指反映社会经济现象的相对水平或工作质量的统计指标。例如，平均工资、平均亩产量、人口密度、出生率、死亡率、工人出勤率、利润率等。质量指标都是用相对数或平均数来表示的，它是总量指标的派生指标。质量指标经常用来反映现象之间的内在联系和对比关系，以便更深刻地阐明现象发展的规律性。

统计指标按其表现形式不同，可分为总量指标、相对指标和平均指标三种。

① 总量指标。总量指标是指反映总体现象规模的统计指标，它表明总体现象发展的结果。例如，总人口数、国民生产总值等。

② 相对指标。相对指标是指两个有联系的统计指标相比较的结果，说明总体内部结构、比例、强度、密度等。例如，人口增长率、成本降低率等。

③ 平均指标。平均指标是指反映总体各单位某个数量标志一般水平的统计指标，例如，平均工资、平均成本等。

3. 标志与指标的区别与联系

(1) 区别

① 标志是说明总体单位特征的，而指标是说明总体特征的。

② 标志有不能用数值表示的品质标志和能用数值表示的数量标志，而指标都是用数值表示的。

(2) 联系

① 标志是指标的基础，有许多统计指标的数值是从总体单位的数量标志值汇总而来的。例如，一个煤炭公司的煤炭总产量是从所属各煤炭工业企业的产量汇总出来的。

② 指标与标志（数量标志）之间存在变换关系。由于研究的目的不同，原来的统计总体如果变成总体单位，则相对应的统计指标也就变成数量标志，反之亦然。例如，调查研究各分支煤炭工业企业的产量情况，分支企业就是总体指标，如果研究煤炭工业局的总产量情况，各分支公司就成了个体标志。

 课堂练习与活动

1. 选择下面你认为正确的答案。（　　）
   A. 全部成年人是研究的总体
   B. 成年人口总数是统计指标
   C. 成年人口就业率是统计标志
   D. 某人职业是教师是标志表现
   E. 反映每个人特征的职业是数量指标
2. 下列各项中，属于统计指标的有哪些？（　　）
   A. 2016 年全国人均国内生产总值
   B. 某台机床使用年限
   C. 某市年供水量
   D. 某地区原煤生产量
   E. 某学生平均成绩

1.3.3　变异与变量

1. 变异

变异是指可变标志在总体各个单位具体表现上的差异，包括质的变异和量的变异。例如，学生性别这一标志可以表现为男、女，这是质的变异，学生年龄这一标志可以表现为 15 岁、16 岁、17 岁等，这是量的变异。变异是统计的前提，没有变异就不需要统计。

2. 变量

变量是指可变的数量标志。例如，每个工业企业的人数、工资、工龄等。变量的具体数值表现称为变量值。例如，工业企业的平均工资表现为 1 500 元、1 800 元、2 200 元等。

变量按其变量值是否连续可分为连续型变量和离散型变量两种。

(1) 连续型变量

连续型变量的取值是连续不断的,相邻的两个数值之间可以无限分割,既可以用小数表示,也可以用整数表示。例如,身高、体重、粮食亩产量等。

(2) 离散型变量

离散型变量的取值都是以整数断开的,只能用整数表示,不能用小数表示。例如,学生数、企业数、机械设备台数等。

 课堂练习与活动

某机床厂要统计该厂自动机床的产量和产值,那么产量和产值分别属于连续型变量还是离散型变量?

1.3.4 指标体系

统计指标体系是指由若干个相互联系的统计指标组成的整体。在统计研究中,一个统计指标只能反映特定现象的一个侧面或一个侧面的某一特征,但任何客观现象都具有多个相互联系、彼此制约的方面和特征。例如,一个企业是由物资流、价值流、信息流等相互联系的多方面构成的整体。如果要全面、深入地反映客观事物,必须将各种相互联系的指标构成一个整体,用以反映所研究对象各方面的相互依存和制约关系,从而反映总体的面貌。

根据指标体系反映内容的范围及作用的不同,可有如下几种分类。

① 按指标体系反映内容的范围不同,可分为宏观指标体系和微观指标体系。

宏观指标体系是指反映全国范围社会经济现象数量特征和数量关系的指标体系。例如,我国国民经济核算体系中建立的指标体系。

微观指标体系是指反映基层单位运行和经营管理情况的指标体系。例如,反映一个工厂生产、销售指标所构成的指标体系。

② 按指标体系内容的不同,可分为国民经济指标体系、社会指标体系及科学技术指标体系。

国民经济指标体系是指反映整个社会生产、流通、分配、消费等社会再生产过程和条件的指标体系。

社会指标体系是指以人们物质文化生活为中心,反映社会状况的指标体系。例如,人口统计的指标体系、居民收入和消费的指标体系。

科学技术指标体系是指反映科学技术发展水平及变化等情况的指标体系。

③ 按指标体系作用的不同,可分为基本指标体系和专题指标体系。

基本指标体系是指反映社会经济基本情况的主要指标所构成的指标体系。例如,我国国民经济核算基本框架形成的指标体系。

专题指标体系是指反映某方面社会经济问题的指标体系。例如，能源指标体系、运输指标体系、教育指标体系。

> **案例分析**
>
> 某班有学生32人，共分四组，每组8人。我们选取第一组来了解该组统计学的学习情况。第一组的8人中按其性别分为3名男生、5名女生。这8人的统计学期末分数分别是：98、97、100、88、65、98、78、90，8人的总分数是714分，平均分数是89.25分。
>
> 要求：
> (1) 指出上述资料中的总体、总体单位。
> (2) 指出上述资料中的标志、指标、变异、变量。
> (3) 指出上述资料中的数量标志、标志值、品质标志、不变标志、可变标志。
> (4) 指出上述资料中哪些指标属于数量指标和质量指标。
>
> 分析：
> (1) 根据资料分析，研究的范围是第一组的8人，因为总体和总体单位是根据研究的范围确定的，所以总体就是第一组的8人，总体单位是第一组的每一个人。
> (2) 标志和指标是根据研究内容确定的，所以8人中每个人的统计分数是标志，8人的总分数714分、平均分数89.25分是指标；由于8人中每个人的分数这个标志是可变的，所以它们就是变异，8人中每个人的分数这个标志又是可变的数量标志，所以它们又是变量。
> (3) 数量标志是表示总体单位的数量特征，其表现是数值，称为标志值，所以上述资料中8人中每个人的统计学分数就是数量标志，它们的具体数值98、97、100、88、65、98、78、90，就是标志值，也叫变量值。品质标志表示总体单位的性质或属性特征，其表现只能是文字，所以上述资料中性别就是品质标志。在总体中，某一标志在所有单位的标志表现完全相同，称为不变标志。上述资料中的男生或女生在本组的表现是相同且永远不变的，属于不变标志。在总体中，某一标志在总体各单位的标志表现有可能不同，称为可变标志。上述资料中8人中每个人的统计学分数的具体数值98、97、100、88、65、98、78、90，是不相同的，所以属于可变标志。
> (4) 因为凡是反映社会经济现象的总规模水平或工作总量的统计指标称为数量指标，所以在上述资料中第一组8人的统计学总分数714分属于数量指标；因为凡是反映社会经济现象的相对水平或工作质量的统计指标称为质量指标，所以在上述资料中第一组8人的统计学平均分数89.25分属于质量指标。

本章知识结构

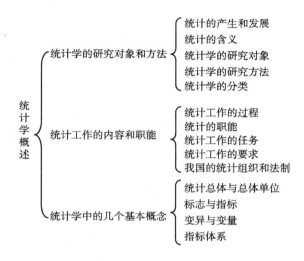

能力训练题

一、单项选择题

1. 某森林公园的一项研究试图确定哪些因素有利于成年松树长到18米以上。经估计，森林公园生长着25 000棵成年松树，该研究需要从中随机抽取250棵并丈量它们的高度后进行分析。该研究的总体是（　　）。
   A. 250棵成年松树
   B. 公园中25 000棵成年松树
   C. 所有高于18米的成年松树
   D. 森林公园中所有年龄的松树
2. 推断统计的主要功能是（　　）。
   A. 应用总体的信息描述样本
   B. 描述样本中包含的信息
   C. 描述总体中包含的信息
   D. 应用样本信息描述总体
3. 对高中生的一项抽样调查表明，85%的高中生愿意接受大学教育，这一叙述是（　　）的结果。
   A. 定性变量
   B. 试验
   C. 描述统计
   D. 推断统计

4. 某大学的一位研究人员希望估计该大学一年级新生在教科书上的花费，为此他观察了200名新生，发现他们每个学期平均在教科书上的花费是250元。该研究人员感兴趣的总体是（　　）。
   A. 该大学的所有学生　　　　　　　B. 所有的大学生
   C. 该大学所有的一年级新生　　　　D. 样本中的200名新生

5. 在下列叙述中，关于推断统计的描述是（　　）。
   A. 一个饼图描述了某医院治疗过的癌症类型，其中2%是肾癌，19%是乳腺癌
   B. 从一个果园中抽取36个橘子作为样本，用该样本的平均重量估计果园中橘子的平均重量
   C. 一个大型城市在元月份的平均汽油价格
   D. 反映大学生统计学成绩的直方图

6. 你询问了班上8位同学的经济学成绩，平均分数是65分。基于这种信息，你认为全班的经济学平均分数不超过70分。这个例子属于统计学的哪个分支？（　　）
   A. 参数统计　　　　　　　　　　　B. 描述统计
   C. 推断统计　　　　　　　　　　　D. 理论统计

7. 某手机厂商认为，如果流水线上组装的手机出现故障的比率每天不超过3%，则认为组装过程是令人满意的。为了检验某天生产的手机质量，厂商从当天生产的手机中随机抽取了30部进行检测。手机厂商感兴趣的总体是（　　）。
   A. 当天生产的全部手机　　　　　　B. 抽取的30部手机
   C. 3%有故障的手机　　　　　　　　D. 30部手机的检测结果

8. 最近发表的一份报告称，"由150辆新车组成的一个样本表明，外国新车的价格明显高于本国生产的新车"。这是一个（　　）的例子。
   A. 随机样本　　　　　　　　　　　B. 描述统计
   C. 总体　　　　　　　　　　　　　D. 统计推断

9. 一个研究者应用有关车祸的统计数据估计在车祸中死亡的人数，在这个例子中使用的统计属于（　　）。
   A. 推断统计　　　　　　　　　　　B. 描述统计
   C. 既是描述统计，又是推断统计　　D. 既不是描述统计，也不是推断统计

10. 为了估计全国高中生的平均身高，从20个城市选取了100所学校进行调查。在该项研究中，研究者感兴趣的变量是（　　）。
    A. 100所中学的学生数　　　　　　 B. 20个城市的中学数
    C. 全国高中生的身高　　　　　　　D. 全国的高中生数

11. 下列指标中属于质量指标的是（　　）。
    A. 社会总产值　　　　　　　　　　B. 产品合格率

C. 产品总成本　　　　　　　　D. 人口总数
12. 统计指标中数量指标的表现形式是（　　）。
   A. 绝对数　　　　　　　　　B. 相对数
   C. 平均数　　　　　　　　　D. 百分数
13. 下列各项中，不属于统计指标的有（　　）。
   A. 2016年全国人均国内生产总值　　B. 某台设备使用年限
   C. 某市全年生活用水量　　　　　　D. 某地区原煤生产量
14. 下列统计指标中，不属于质量指标的有（　　）。
   A. 出勤人数　　　　　　　　B. 单位产品成本
   C. 人口密度　　　　　　　　D. 合格品率

二、多项选择题

1. 统计学发展过程中经历的主要学派有（　　）。
   A. 政治算术学派　　　　　　B. 国势学派
   C. 数理统计学派　　　　　　D. 社会统计学派
2. 下列标志中属于品质标志的有（　　）。
   A. 企业的经济类型　　　　　B. 劳动生产率
   C. 企业所属的行业　　　　　D. 企业的负债总额
3. 下列指标中属于质量指标的有（　　）。
   A. 平均亩产　　　　　　　　B. 人均钢产量
   C. 国民生产总值　　　　　　D. 存货周转次数
4. "统计"一词的含义有（　　）。
   A. 统计研究　　　　　　　　B. 统计工作
   C. 统计资料　　　　　　　　D. 统计学

三、判断题

1. 现代统计学的核心是描述统计学。（　　）
2. 描述统计学是推断统计学的基础。（　　）
3. 统计指标可以分为数量指标和质量指标。（　　）
4. 所有标志都可以用数量表现。（　　）
5. 统计学是一门研究现象总体数量方面的方法论科学，所以它不关心也不考虑个别现象的数量特征。（　　）
6. 三个同学的成绩不同，因此存在三个变量。（　　）
7. 统计数字的具体性是统计学区别于数学的根本标志。（　　）
8. 一般而言，指标总是依附于总体的，而总体单位则是标志的直接承担者。（　　）
9. 统计研究中的变异是指总体单位质的差别。（　　）
10. 社会经济统计是在对质和量的联系中，观察和研究社会经济现象的数量方面。（　　）

11. 运用大量观察法，必须对研究对象的所有单位进行观察调查。（　）
12. 构成统计指标的前提是总体的同质性。（　）
13. 单位产品原材料消耗量是数量指标，其值大小与研究的范围大小有关。（　）
14. 质量指标是反映总体质的特征，因此可以用文字来表述。（　）

四、填空题

1. 统计指标与数量标志之间可以相互转化，这种转化与（　）和（　）之间的转化是联系在一起的。
2. 数量指标一般是用（　）形式来表现的；质量指标一般是用（　）和（　）形式表现的。

五、思考题

1. 如何理解统计的含义？它们之间构成哪些关系？
2. 社会经济统计学的研究对象是什么？
3. 社会经济统计学的研究对象在社会经济数量方面具有哪些特点？
4. 统计研究的基本方法有哪些？为什么要用大量观察法？
5. 统计工作过程包括哪几个阶段？统计具有哪些职能？
6. 试举例说明什么是统计总体和总体单位。
7. 如何理解总体和总体单位的关系？
8. 试举例说明什么是品质标志和数量标志。
9. 什么是统计指标？标志和指标有什么区别和联系？
10. 试举例说明什么是变异和变量。

第 2 章

统计资料搜集

> **学习目标**
>
> 统计资料搜集即统计调查,是统计工作过程的第二阶段。搜集的统计资料的质量状况将直接影响统计分析的结果,因此搜集统计资料必须要有一套科学的方式、方法。通过本章的学习,了解统计调查的意义和种类,掌握统计调查方案的内容和统计调查的组织形式及问卷设计的相关知识。

2.1 统计调查的意义和种类

2.1.1 统计调查的意义

1. 统计调查的概念

统计调查是指根据统计研究的目的和任务,运用各种科学的调查方法,有计划、有组织地搜集有关现象的资料,对客观事实进行登记,取得真实可靠的原始资料的工作过程。

调查活动是正确认识事物的基础,统计调查是调查活动的一种。统计调查区别于一般社会调查的主要特征是:统计调查是对社会经济现象总体中全部或足够多的单位进行调查,搜集大量以数字为主的信息资料,借以反映总体的数量特征。

统计调查是统计工作过程的第二阶段,是统计整理和统计分析的前提。统计调查在整个统计工作中担负着提供基础资料的任务,是一切统计资料的来源。

2. 统计调查的任务

统计调查的基本任务是:按照所确定的指标体系,通过具体的调查,取得反映社会经济现象总体全部或部分单位以数字资料为主体的信息。这些信息是总体各单位有关标志的标志表现,是尚待整理、进行系统化的原始资料,或有过初步整理,必须进一步系统化的次级资料。可以认为,搜集大量的、以数字资料为主体的信息是统计调查不同于一般社会调查的主要特征,统计调查围绕这一基本任务进行工作。

3. 统计调查的基本要求

为了保证统计工作的质量,统计调查必须达到准确性、及时性和完整性三个基本要求。统计调查的准确性、及时性和完整性是衡量统计调查工作质量的重要标志。

(1) 准确性

准确性是指调查资料客观地反映现象和过程本质的程度。统计调查资料的准确性绝不仅是一个技术性问题,而是涉及坚持统计制度和纪律,坚持实事求是,如实反映情况的原则问题。在我国,统计立法的核心就是保障统计资料的准确性、客观性和科学性。国家机关、社会团体、各种企事业单位和个体工商户,都要依照《统计法》和国家的规定,提供统计资料,不允许虚报、瞒报、拒报、迟报,不允许伪造、篡改。基层群众性组织和公民都有义务如实提供国家统计调查所需要的情况。统计工作人员一定要有对事业高度负责的精神,如实反映情况。坚决反对以违法的手段来破坏调查资料的准确性,要把维护统计资料的真实性作为自己的光荣职责。

(2) 及时性

及时性是指搜集资料完成的时间符合该项调查所规定的要求。统计资料的及时性也是一个全局的问题。一项统计工作任务的完成,都是由许多单位共同努力的结果,任何一个调查单位不按规定的时间提供资料,都会贻误整个统计工作的开展。因此,提高统计调查的及时性不是个别单位工作所能奏效的,各个调查单位必须增强全局观念,采取有效措施,遵守统计制度和纪律,才能做好这一项工作。

(3) 完整性

完整性是指调查单位不重复、不遗漏,调查项目的资料要搜集齐全。如果调查单位出现重复或遗漏,调查项目所需资料不全面,就不可能反映所研究对象的全貌和正确认识社会经济现象总体的特征,难以对社会经济现象的规律性作出正确的判断,甚至会得出错误的结论。

统计调查中,准确性、及时性和完整性是对统计调查工作的基本要求,是相互结合在一起的整体。准确性是统计调查工作的基础,要在准中求快、准中求全,但不能单纯求快、求全和绝对求准。在统计工作中要正确处理好三者的关系,避免出现片面性。

2.1.2 统计调查的种类

1. 按被研究总体的范围分类

(1) 全面调查

全面调查是指对被研究总体的所有单位全部进行调查。例如,要了解全国原油产量，就要对全国所有油田的原油产量进行调查登记；人口普查要对全国人口无一例外地进行调查；为掌握国有企业生产经营活动情况，所有国有企业都是调查的对象。普查和大多数全国统计报表，都属于全面调查。这种调查能掌握所有调查单位的全面情况，但它需要耗费较多的人力、物力和财力。全面调查只适用于有限总体，调查内容限于反映国情国力的重要统计指标。

（2）非全面调查

非全面调查是指对被研究现象总体的一部分单位进行调查。例如，为了研究城市居民家庭的生活水平，只对一定数量的住户进行调查；为了掌握进出口商品的质量，只需对一部分商品做检验；要了解乡镇企业经济效益状况及经营管理的新情况、新问题，不必对乡镇企业进行一一调查，只选择部分企业进行调查就可以了。这种调查，调查单位少，可以用较少的人力、财力和时间调查较多的内容，搜集到较深入、细致的情况和资料，但它未包括全面资料，因此常常需要与全面调查结合起来使用。非全面调查包括抽样调查、重点调查和典型调查等。

2. 按调查登记的时间是否连续分类

（1）连续调查

连续调查是指在调查中随着被研究现象数量上的变化而连续不断地进行登记的调查方式。例如，工厂的产品生产、原材料的投放、燃料和动力消耗、工人的出勤、劳动工时；农村播种、收获；人口的出生、死亡，必须在观察期内连续登记。可见，连续调查的资料说明现象的发展过程，体现现象在一段时间的总量。

（2）不连续调查

不连续调查是指间隔一段相当长的时间所进行的登记，如人口数量、固定资产原值、生产设备拥有量等。

3. 按搜集资料的方法分类

（1）直接调查

直接调查又称直接观察，是指由调查人员亲自到现场对调查单位直接查看、测量和计量。例如，在对农作物收获量进行调查时，调查人员到调查地块参加收割和计量；在研究工人劳动消耗量时，由调查者测定完成作业所需的时间；对于销售商品的质量，由调查者亲临商场，接触商品，辨认真假伪劣，等等。直接调查取得的资料，具有较高的准确性，但需要大量的人力、物力，因此应用上受到很大限制。

（2）凭证调查

凭证调查又称报告法，是指以各种原始凭证和核算凭证为调查资料来源，依据统一的表格形式和要求，按照隶属关系，逐级向有关部门提供资料的方法。我国现有的企事业单位所填写的统计报表就是这种方法。如果报告系统健全，原始记录和核算工作完整，凭证调查也可以取得比较准确的资料。

(3) 采访调查

采访调查是指通过指派调查员对被调查者询问、采访,提出所要了解的问题,借以搜集资料。这种方法由于是双方直接接触,且逐项询问,因而搜集的资料比较准确。典型资料的搜集、人口调查、一些专题性个案调查可采用这种方法。

(4) 问卷调查

问卷调查是指以问卷形式提问的调查方法。它是采取随机或有意识地选择若干调查单位,发出问卷,要求被调查者在规定时间内反馈信息,借以对调查对象总体作出估计。这种搜集资料的方法多用于主观指标的调查,以其问卷设计独特而著称。问卷调查被广泛运用于民意测验,了解人民群众对一些社会问题的看法。民意测验的问卷调查往往收不回或不能及时收回调查表。问卷调查形式也可运用于经济调查。例如,我国每年要进行四次企业景气调查,就是从全国企业中随机抽取 1 000 家不同行业、不同类型、不同规模的企业,采取问卷调查的形式,让企业对宏观环境和自身环境作出主观判断。问卷调查是国家统计调查制度的组成部分,被选取调查的企业都要及时回答调查表中的问题。

4. 按组织形式分类

(1) 统计报表

统计报表是指按照统一规定的表格形式,自上而下地统一布置、自下而上地逐级提供基本统计资料的一种调查方式。例如,工业生产、农业生产、财政和金融等业务统计报表等。统计报表是反映社会、经济、文化、科技等发展状况的基本统计指标。负责编制和报送统计报表的组织是常设的。

(2) 专门调查

专门调查是指为了研究某些专门问题而专门组织的调查。随着社会经济现象的不断变化,会不断产生新的问题,对社会经济情况进行专门调查,可以满足各级部门制定有关方针政策的需要。专门调查的组织机构往往都是临时设置的。

课堂练习与活动

全面调查和非全面调查是根据调查结果所取得的资料是否全面来划分的。这种说法对吗?为什么?

2.2 统计调查方案的设计

2.2.1 统计调查方案的概念

统计调查方案是统计调查前所制订的实施计划,是用来指导整个统计调查工作的纲领性文件，是统计设计在统计调查阶段的具体化，是调查工作有计划、有组织、有系统进行的保证。统计调查方案应该确定的内容有：调查目的与任务、调查对象与调查单位、调查项目与调查表、调查时间和调查时限、调查的组织实施计划。

统计调查对象多数是复杂的社会现象总体，为达到调查目的，必须对统计调查过程进行周密的考虑和安排，这包括恰当地确定调查对象、调查单位、调查内容和调查时间；科学地选择调查的方式和方法；严密细致地制订调查的组织计划等。调查对象是由许多调查单位组成的，统计调查是搜集每个调查单位标志表现的资料。因此，统计调查需要许多调查人员协同工作，有些大型统计调查甚至需要动员成千上万的调查人员协同工作。调查方案能保证调查人员统一步调，顺利完成任务。

2.2.2 制订调查方案的原则

（1）实用性原则

制订调查方案必须着眼于实际应用，只有实用性强的调查方案才能真正成为统计调查的行动纲领。

（2）时效性原则

统计调查多数是应用性调查，应用性调查是以解决社会问题、经济问题提出对策、办法或方案为目的的，这类调查具有很强的时效性。

（3）经济性原则

制订调查方案必须注意节约人力、物力、财力和时间，力争用最少的人力、物力、财力和时间，取得最大的调查效果。

（4）科学性原则

统计整理、统计分析和统计调查一样，也需要制订方案。从三个方案实施的顺序看，首先实施调查方案，然后是统计整理方案，最后是统计分析方案。但是从三个方案的制订看，首先制订统计分析方案，然后根据统计分析方案的要求制订统计整理方案，最后根据统计整理方案的要求制订统计调查方案。因此，统计分析方案和统计整理方案是制订统计调查方案的依据。

2.2.3 统计调查方案的内容

1. 确定调查目的和任务

确定调查目的是任何一项统计调查方案首先要解决的问题，也就是明确调查所要研究和解决的问题。任何社会经济现象和过程都可以根据人们的需要，从不同方面、不同角度来搜集材料。例如，对于农村经济情况既可以从农村生产方面来研究，也可以从农民消费方面来考虑，还可以从农产品生产成本、推广农业科技的经济效益等方面来研究。因此调查目的应尽可能规定得具体明确，突出中心，否则调查来的资料可能并不是需要的，而使需要了解的情况得不到充分的反映。

2. 确定调查对象和调查单位

有了明确的调查目的，随之就要确定调查对象和调查单位。调查对象是指在调查中需要研究的社会经济现象的总体。统计总体这一概念在统计调查阶段又称调查对象。调查对象由调查目的所决定。例如，人口普查，调查对象是所有具有中华人民共和国国籍并在中华人民共和国境内居住的人；要了解某企业产品质量状况，该企业的全部产品就是调查对象。

确定调查对象时，还必须确定两种单位，即调查单位和报告单位。调查单位是构成调查对象的个体，是所要调查的具体单位，也就是总体单位。它是调查对象的组成要素，即调查对象所包含的具体单位。报告单位也叫填报单位，是指填报调查项目的单位，也是调查对象的组成要素，它是提交调查资料的单位，一般是基层企事业组织。例如，每一个企业就是报告单位。有时报告单位可能是住户、职工、学生等。

调查单位与报告单位有时一致，有时不一致。例如，进行工业设备普查，报告单位是工业企业，调查单位是各种单台设备。又如，在普查某种果树的种植时，调查单位是每一株果树，而报告单位是农户或国有农场等农业生产单位。显然，这两种调查的调查单位与报告单位是不一致的。当我们调查国有工业企业产品产量、成本、利税的情况时，调查单位与报告单位又是一致的。

正确地确定调查单位具有重要的意义，它不仅能保证对被研究对象统计的完整性和准确性，而且关系到调查结果资料整理的正确性。在调查研究工厂生产情况时，如果对最普通的工厂概念都不清楚，就无法统计工厂的确切数字，更不可能对各工厂的产量等资料进行整理。

课堂练习与活动

某省现有高职院校52所，该省教育厅计划对现有52所高职院校进行教学评估，则调查对象、调查单位和填报单位分别是什么？

3. 确定调查项目

调查项目是调查中所要了解的具体内容，是所要反映的调查单位的特征（标志）。统计调查必须确定具体的调查项目。调查项目又称调查纲要，就是依附于调查单位的基本标志，它完全由调查的目的和调查对象的性质所决定，包括由品质标志和数量标志所构成的标志体系。通俗地说，调查项目就是一份在调查过程中应该获得答案的各种问题的清单。

制定调查项目是一件非常有意义的工作。调查项目制定的正确程度如何，决定了整个工作的成效。

调查项目的确定，必须以调查目的、任务为依据，同时考虑到国家管理、经济发展和科学研究对统计资料的需要。在拟定调查项目时要注意以下三个方面的问题。

第一，所选择的项目必须是能够取得确切资料的。对于不必要或者虽然需要但没有可能取得资料的项目，应该加以限制，以便获得虽然数量不多却可靠的资料。

第二，调查的每一个项目应该有确切的含义和统一的解释，以免调查人员或被调查者按照各自不同的理解进行回答，使调查结果无法汇总。

第三，各个调查项目之间尽可能做到互相联系、彼此衔接，以便从整体上了解现象的相互联系，也便于有关项目相互核对，提高调查资料的质量。还要注意现行的调查项目同过去同类调查项目之间的衔接，便于动态对比，研究现象的发展变化。

制定调查项目是件复杂的事情。制定者对调查对象及其特征应有非常深刻的认识，因此调查项目应该由熟悉被研究现象本质的调查人员共同制定，反复讨论，达成共识。只有这样，调查项目才能与实际相符，才能适应于客观情况的变化，经得起实践检验。

4. 设计调查表和填表说明

调查项目确定之后，就要进一步设计调查表。调查表是把已确定的调查项目按照一定的结构和顺序排列成的表格。把诸多的调查项目用最精练的语言在框格上表现出来，便于调查登记资料规范化、标准化。设计调查表时，项目要少而精，措辞不含糊，形式上还要让被调查者易填易答。一个项目繁杂的调查表会使被调查者难以负担，精神疲劳，产生错答、拒答或不完整、随意回答的情况。

1) 调查表的结构

调查表一般由表头、表体、表脚三部分组成。

(1) 表头

表头一般有三项内容：表名，即调查表的名称，要力求简明；报告单位的名称、地址及隶属关系、经济类型等；表号，指制表机关或备案机关的批准或备案文号。

(2) 表体

表体是调查表的主体部分，把所有调查项目合理地排列在表格里就形成表体。每个调查项目都由两部分组成：调查标志的名称和标志的具体表现。

(3) 表脚

表脚要注明调查者和填报人的姓名、填报时间等。

2) 调查表的形式

(1) 单一表

单一表是指每个调查单位填写一份，可以容纳较多的项目。一个问题的调查不限于只用一张表，可以视调查项目内容的多少，由若干张表组成。单一表适用于调查项目多、调查单位少的情况。表2-1就是一张单一表。

表 2-1　年末职工家庭就业人口调查表

姓　名	与户主关系	性　别	年　龄	工作单位	职　业

单一表的优点是可以容纳较多的调查项目，也便于进行调查以后的分组汇总，缺点是每份表只登记一个调查单位的资料，要耗费较多物力、财力。

(2) 一览表

一览表是把许多调查单位填列在一张表上。一览表在调查项目不多时较为简便，且便于合计和核对。但在项目很多的情况下，一览表并不适用，会使调查表的篇幅较大。表 2-2 是一张一览表。

表 2-2　身体发育状况调查表

检查序号	姓名	性别	出生日期	年龄	身高	体重	胸围	肺活量

一览表和单一表相比，可节约物力和财力，但是调查项目有限，不便于分组汇总。一般来说，如果调查内容较多可采用单一表，反之采用一览表。一般统计报表和自填问卷采用单一表的比较多。

3) 填表说明和指标解释

为了正确填写调查表，必须附有简明扼要的填表说明和指标解释。调查表设计以后，需要编写填表说明和指标解释。填表说明是用来提示填表时应该注意的事项。指标解释是一种习惯说法，确切地说是标志的解释，它说明每个调查标志的含义、范围和计算方法。填表说明和指标解释必须根据国家制定的统一标准，以保证统计调查中采用的指标含义、计算方法、分类目录和统计编码等方面的标准化，这是填报人员必须遵守的准则。

5. 确定调查时间和调查期限

统计调查应规定调查时间和调查时限。调查时间是调查资料所属的时间。如果所要调查的是时期现象，调查时间就是资料所反映的起讫日期；如果调查的是时点现象，调查时间就是规定的统一标准时间。调查时限是进行调查工作的时限，包括搜集资料和报送资料整个工作所需的时间。例如，企业 2016 年经济活动成果年报呈报时间规定在 2017 年的 1 月底，则调查时间为一年，调查时限为一个月。牲畜调查，按 1 月 1 日情况登记，持续 5 天，调查时间即为 1 月 1 日这个标准时间，调查时限为 5 天。

6. 确定调查的组织实施计划

确定调查的组织实施计划是调查工作顺利开展的保证。在调查方案中，必须研究确定调查的组织实施计划，使调查工作的进行有组织上、措施上的保证。组织实施计划包括明确调查机构、调查地点、调查方法等。其主要内容包括：调查的组织领导机构和调查人员的组成；调查的方式和方法；调查前的准备工作，如宣传教育、干部培训、文件印刷等；调查资料的报送办法；调查经费的预算开支；提供或者公布调查成果的时间及其他。

课堂练习与活动

我国第六次人口普查规定，2010年11月1日零时为普查登记的标准时点，要求2010年11月10日以前完成普查登记。请问，调查时间是多少？调查期限是多少？

阅读材料

城镇住户调查方案

为了全面了解城镇居民生活现状及变化情况，满足各级政府制定政策计划和进行宏观管理的需要，依照《中华人民共和国统计法》的规定，特制定《城镇住户调查方案》。本调查方案是国家统计报表制度的重要组成部分，是国家统计局对各级统计调查部门开展城镇住户调查工作的统一要求，各级统计调查部门应按照本制度的规定，认真组织实施，按时报送调查资料。

● 本调查方案的调查对象：户口在本地区的常住非农业户；户口在本地区的常住农业户；户口在外地，居住在本地区半年以上的非农业户；户口在外地，居住在本地区半年以上的农业户。包括单身户和一些具有固定住宅的流动人口。

● 本调查方案主要内容包括：城镇居民家庭成员基本情况、城镇居民家庭基本情况、城镇居民家庭现金收支、城镇居民家庭消费支出、城镇居民家庭非现金收入等。

● 本调查方案的数据汇总范围：规定的国家点调查市、县调查户资料；参加国家汇总的地方点调查市、县调查户资料。

● 本调查方案的数据上报要求：各调查市、县按要求将分户资料上报省级调查总队，省级调查总队对调查资料进行审核把关，确认无误后报给国家统计局城市司。上报时间详见报表目录。遇到法定节日长假，按国务院规定的放假天数顺延，周六、周日仍按期报送，不得延期。

本调查方案实行全国统一的统计分类标准和编码，各级统计调查部门必须严格执行。本调查方案由国家统计局负责解释。

资料来源：国家统计局网站。

2.3 统计调查的组织形式

统计调查的组织形式主要有统计报表和专门调查。专门调查包括普查、抽样调查、典型调查与重点调查等。

2.3.1 统计报表

1. 统计报表的概念

（1）统计报表的概念

统计报表制度是我国统计调查的一种重要组织形式，它是按照国家有关规定，自上而下统一布置、自下而上逐级按照统一要求提供基本统计资料的一种报告制度。统计报表以原始记录为依据，按照统一的指标和指标解释、资料分组的要求及报送时间和报送程序填报。

（2）统计报表的优点

① 在规定范围内的各单位必须按期填报，保证了统计资料的全面性和连续性。

② 由于调查内容、表式、时间都是统一规定的，保证了统计资料的统一性和及时性。

③ 由于定期报表制度要求各填报单位必须依据原始记录进行填报，使统计资料的来源和准确性有了可靠基础。

④ 统计报表由基层单位填报后，经所在地区、所属部门的统计机构逐级汇总整理，可以满足各级领导和有关部门掌握这些统计资料的需要。

（3）统计报表的缺点

① 在经济利益多元化的条件下，有的单位为了本单位的利益可能虚报或瞒报某些数字，影响统计资料的质量。

② 如果上级机关向基层单位布置统计报表过多，会增加基层负担，甚至造成某些混乱。

2. 统计报表的种类

① 统计报表按调查范围不同，可分为全面统计报表和非全面统计报表两种。全面统计报表是指在全面调查中使用的，要求调查对象的全部单位都要填报。非全面统计报表是在非全面调查中使用的，只要求调查对象中部分单位填报。

② 统计报表按填报周期的不同，可以分为日报、旬报、月报、季报、半年报和年报。统计报表的周期与其指标繁简有密切的联系。一般来说，周期短的报表，指标应力

求简明；周期长的报表，指标可以多一些，年报的指标比较详尽。另外，在报送时间方面，对周期短的报表，在及时性上要求高一些；对周期长的报表，如年报，在报送时间上要求宽松一些。

③ 统计报表按填报单位不同，可分为基层报表和综合报表。基层报表就是由基层单位填报的统计报表，反映了基层单位的各项活动情况。综合报表是由主管部门根据基层或下一层部门报表资料汇总填报的统计报表。

2.3.2 普查

(1) 普查的概念

普查是为某一特定目的而专门组织的一次性全面调查。它主要用于搜集某些不能够或不适宜用定期统计报表搜集的统计资料，以搞清重要的国情、国力或某项专门问题的全面情况。它一般用来调查属于一定时点的现象，如全国人口普查、全国工业普查、全国农业普查等。

(2) 普查的特点

① 普查一般需要规定统一的标准调查时间，以保证普查结果的准确性，避免数据重复或遗漏。

② 普查是一次性或周期性的调查。由于普查的规模较大（通常在全国范围内进行），涉及面广，需要耗费较多的人力、物力、财力和时间，因此一般间隔较长时间进行一次或间隔一定周期（如 5 年或 10 年）进行一次。

③ 普查比任何其他调查方式所取得的资料更全面、更系统，而且标准化程度比较高。

④ 普查的适用范围比较窄，只适用于最基本、最重要的全面情况的调查。

(3) 普查的组织形式

普查的组织形式基本上有两种：一是组织专门的普查机构，配备一定数量的普查人员，对调查单位直接登记；二是利用被调查单位的原始记录和核算资料，由调查单位发放一定的调查表格，由被调查单位填报。后一种情况也需配备专门人员对调查进行组织领导。

(4) 普查的原则

为了取得准确的统计资料，保证普查工作的顺利进行，应遵循以下原则。

① 规定统一的标准时间。

② 尽可能在短期内完成登记工作。

③ 应尽可能按一定的周期进行，以便在历史普查资料对比中研究现象发展变化的规律和趋势。

④ 统一规定调查项目。

> **阅读材料**

我国的普查资料

● 人口普查情况

第一次人口普查，1953年6月30日24时，仅调查四项内容，即姓名、性别、年龄和民族。

第二次人口普查，1964年6月30日24时，内容增至九项。

第三次人口普查，1982年7月1日零时。

第四次人口普查，1990年7月1日零时，内容有十五大项。

第五次人口普查，2000年11月1日零时。

第六次人口普查，2010年11月1日零时。

● 1977年全国职工人数普查。

● 1978年全国科技人员普查。

● 1993年全国首次第三产业普查。

● 1997年全国首次农业普查。

● 全国工业普查情况：1950年、1985年、1995年我国进行了三次全国工业普查；1996年、2001年我国进行了两次全国基本单位普查。

资料来源：根据百度词条整理。

2.3.3 抽样调查

1. 抽样调查的概念

抽样调查是一种非全面调查，它是按照随机原则从调查对象中抽取一部分单位作为样本进行观察，然后依据所获得的样本资料，对总体的数量特征作出具有一定可靠程度的估计和推算。抽样调查又称概率调查。例如，对某灯泡厂生产的10 000只灯泡进行耐用时间的检验。

2. 抽样调查的特点

① 按照随机原则选取调查单位。

② 抽样调查的目的在于根据部分单位的实际资料对总体的数量特征作出估计（即根据样本指标来推断总体指标）。

③ 抽样误差可以事先计算并且加以控制。

④ 它是运用概率估计的方法。

3. 抽样调查的优点

抽样调查的优点可以归纳为以下四个方面。

（1）经济性

由于抽样调查只从总体中抽取一部分单位进行调查，所以调查的工作量大大减轻，从而可以节省人力、财力、物力。

（2）实效性

抽样调查组织专业队伍，深入现场直接取样，减少了中间环节，并且调查单位少，提高了调查的实效性，可以满足领导决策和经济管理的需要。

（3）准确性

由于抽样调查一般是自上而下组织调查，直接派员深入实际，按照随机原则抽取样本并推断总体，可以减少人为因素的干扰，加之取样、推断方法科学，使调查结果比较准确可靠。

（4）灵活性

抽样调查组织方便灵活，调查项目可多可少，调查范围可大可小，既适用于专题研究，也适用于经常性调查。

4. 抽样调查的应用

抽样调查有广泛的应用范围，并在社会经济领域和科学实验中发挥了多方面的作用。

① 对于不可能或不必要进行全面调查的情况，抽样调查具有独特的作用。例如，产品的破坏性检验、农产品抽样调查、城市职工家计调查等。

② 对一些分散较广的小单位难以进行全面调查时，宜采用抽样调查。例如，对个体工商户经营情况的调查。

③ 抽样调查和全面调查相结合，可以验证、补充和修正全面调查的资料、数据。

④ 抽样方法可以用来检验总体特征的某些假设，判断假设的真伪，为行动决策提供依据。

2.3.4 典型调查

1. 典型调查的概念

典型调查是根据调查目的，在对总体进行全面分析的基础上，有意识地从中选择具有代表性的若干典型单位进行深入细致的调查。

2. 典型调查的特点

① 调查单位是调查者根据调查目的有意识地选择出来的。

② 需要深入实际进行调查研究，以便掌握与统计数字有关的生动具体情况。

③ 调查的着眼点在于解剖"麻雀"，掌握情况，不在于取得数量资料，基本属于定性调查研究。

④ 在某种场合也可以从数量上推断总体，但不能计算推断误差。

3. 典型单位的选择

典型调查的关键是选择典型单位,应根据具体调查目的选择典型单位。

① 如果是为了近似地估算总体的数值,可以在了解了总体大致情况的基础上,把总体分成若干类型,按照每一类型在总体中所占比例,选出若干典型单位。

② 如果是为了了解总体的一般数量表现,可以选择中等水平的典型单位进行调查。

③ 如果是为了研究成功的经验或失败的教训,则可以选择先进典型和后进典型,或选择上、中、下各类典型,进行比较,然后确定几个典型单位。

4. 典型调查的作用

典型调查的作用在于通过对典型单位的调查来描述或揭示所研究问题的本质,有利于做到定量分析与定性分析相结合,有利于总结经验,研究新生事物。

2.3.5 重点调查

1. 重点调查的概念

重点调查也是一种非全面调查,它是在所要调查的总体中选择一部分重点单位进行调查。所谓重点单位,是指单位数较少,但这些单位在某一调查的主要标志总量方面在总体中占有较大比重。例如,对我国 36 个大中城市的商品零售物价的变化进行调查,可以及时了解全国城市零售物价变动的基本趋势,这种调查就属于重点调查。

2. 重点调查的特点

① 调查单位是由组织调查机构按一定标志确定的。

② 由于重点单位数目少,而且比较集中,调查工作便于组织。

③ 重点调查既可以用于一次性调查,也可用于经常性调查。

④ 由于重点单位与一般单位差异较大,重点单位调查资料不宜推算总体。

以上各种调查方法各有其特点和适应范围,为了更好地搜集统计资料,满足调查研究的需要,有必要根据不同的调查对象,灵活地运用各种调查方式。一般来讲,能用抽样调查可以满足需要的,就不要进行全面调查;一次性调查可以满足需要的就不需进行经常性调查。另外,在实际工作中要注意多种调查方法结合运用,形成统计调查方法体系,如将普查与抽样调查相结合、将统计报表与重点调查相结合等。

总之,在统计调查中要尽量发挥各种调查方式的优势,以灵活多样的方式取得所需要的各种统计资料。

2.3.6 统计调查误差及其防止

1. 统计调查误差的概念

统计调查误差是指调查结果所得的统计数字与调查总体实际数量表现的差别。例如,对某市的工业增加值进行调查的结果为 34 亿元,而该市工业增加值实际为 33 亿元,那么统计调查误差就是 1 亿元。

2. 统计调查误差的种类

统计调查误差根据误差产生的原因不同,可分为登记性误差和代表性误差两种。

(1) 登记性误差

登记性误差是指由于错误判断事实或者错误登记事实而发生的误差。它是在调查过程中各个环节上造成的误差,包括计算错误、记录错误、计量错误、抄录错误等。此误差在理论上讲是可以避免的。全面调查、非全面调查都存在登记性误差。

登记性误差又分为偶然性登记误差和系统性登记误差。

偶然性登记误差产生的原因很多,如调查人员精力不集中、技能低下所发生的遗忘、笔误、错填,或者是被调查者回答不当等。偶然性登记误差的特点是不具有倾向性,即在数量上不偏于某一方。此类误差既可能被夸大,也可能被缩小,在对大量调查资料进行整理时,通常会互相抵消。

系统性登记误差的特点是具有明显的倾向性、一贯性,在数量上偏向某一方,所以又称偏差。例如,使用没有校正好的测量工具而使数据连续偏大或偏小;因调查方案中的项目不明确造成调查资料的普遍夸大或缩小;或是有意歪曲事实,如虚报、瞒报等。系统性登记误差不管是有意或者无意,危害都比较大,因为它对整理综合结果的指标影响程度较大。

(2) 代表性误差

代表性误差是非全面调查所固有的,全面调查不存在这类误差。非全面调查由于只调查现象总体的一部分单位,并用这部分单位算出的指标来估计总体的指标,而这部分单位不能完全反映总体的性质,它同总体的实际指标会有一定差别,这就产生了误差。

代表性误差又分为系统性误差和抽样误差两种。系统性误差又称偏差,是从总体中抽取调查单位时违反随机原则而造成的误差。抽样误差是指偶然性的代表性误差,是指在抽样调查中,即使严格按照随机原则抽取调查单位也不可避免地造成误差,这是由抽中的不同随机样本造成的。

由于非全面调查中只有抽样调查能计算代表性误差,所以代表性误差又称抽样误差。

3. 统计调查误差的防止

为了取得准确的统计资料,必须采取各种措施,防止可能发生的登记性误差。为此要做好以下工作。

首先,要正确制订统计调查方案,包括明确调查对象的范围,说明调查项目的具体含义和计算方法,选定合理的调查方法,以使调查人员或填报人员有一个统一的标准。

其次,要切实抓好调查方案的实施工作。包括对统计人员的业务培训,提高统计人员的素质;搞好统计基础工作,建立健全原始记录、统计台账和内部报表等项制度,使统计资料的来源准确可靠;对调查资料加强审核,发现差错及时纠正。

为了防止代表性误差的产生,一般选用重点调查和典型调查。调查前应从多方面加以研究,并广泛征求有关方面意见,使选出的调查单位具有较高的代表性;如是抽样调查则应严格遵守随机原则,保证足够的样本容量,选择适当的抽样调查方式、方法,以控制误差的范围。

一般情况下,调查资料准确性检查的对象主要是登记性误差,采取的方法有逻辑检查和计算检查。

 课堂练习与活动

某地区对占该地区工业增加值三分之二的10个企业进行调查,这种调查采用的调查方式是什么?请说明理由。

2.4 统计调查问卷的设计

2.4.1 问卷的概念和类型

1. 问卷的概念

问卷又称调查表,它是一种以书面形式了解被调查对象的反应和看法,并以此获得资料和信息的载体。问卷是设计者按照一定的理论假设设计出来的,由一系列问题、调查项目、备选答案及说明组成。在采用个别口头询问法和问卷自填法进行的统计调查中也可以使用问卷。

2. 问卷的类型

由于调查者的研究目的、调查内容和调查方式不同,调查问卷有多种类型,如表2-3所示。

表2-3 问卷的类型

按问卷填写人分类	自填式问卷	自填式问卷由被调查者填写
	访问式问卷	访问式问卷由调查者根据被调查者回答填写
按问卷发放方式分类	面访问卷	面访问卷是由调查者按照事先设计好的调查问卷对被调查者提问,然后由调查者根据被调查者的回答填写答案
	电话访问问卷	电话访问问卷是通过电话来对被访问者进行调查访问,由调查者根据被访问者的回答填写问卷答案
	留置问卷	留置问卷是调查者将问卷发送给被调查者,被调查者填写答案后,再由调查者取回问卷
	邮寄问卷	邮寄问卷是调查者通过邮局向被调查者发送问卷,被调查者按规定填写答案后,再将问卷邮寄给调查者

续表

按问卷发放方式分类	报刊问卷	报刊问卷是将调查问卷刊登在报纸、杂志上，随报刊发行传递到被调查者手中，并希望报刊读者对问卷作出书面回答后在规定的时间内寄给调查者
	网上问卷	网上问卷是在互联网上发布问卷，通过互联网进行调查
按问卷出题方式分类	结构型问卷	结构型问卷由一定的题目数量和一定结构组成，问卷的题目和题目的顺序不得随意变动，而且大多数题目已经给定了答案，不得增加或删减
	无结构型问卷	无结构型问卷提出的问题未经过一定结构的设计和安排，调查人员可以增减一定的题目和问题
按问卷实现目的分类	主体问卷	主体问卷是围绕调查目的而展开的调查内容未经筛选的问卷。主体问卷的调查内容主要是根据主体问卷实现的
	过滤问卷	过滤问卷是指围绕合适的被调查者而设计的问卷。由于市场调查的调查对象是有针对性的，这就需要从总体中筛选合适的目标群体。为了达到这一目的而设计的问卷就是过滤问卷
按问卷用途分类	甄别问卷	甄别问卷是为了保证被调查者确实是调查产品的目标消费者而设计的问卷
	调查问卷	调查问卷是调查者进行问卷调查时专门采用的问卷。它是问卷调查最基本的方面，也是研究的主体形式
	回访问卷	回访问卷又称复核问卷，是指为了检查调查员是否按照访问要求进行调查而设计的一种监督形式问卷

阅读材料

甄 别 问 卷

甄别问卷是为了保证被调查者确实是调查产品的目标消费者而设计的问卷。它一般包括对个体自然状态变量的排除、对产品适用性的排除、对产品使用频率的排除、对产品评价有特殊影响状态的排除和对调查拒绝的排除5个方面。

(1) 对个体自然状态变量的排除

对个体自然状态变量的排除主要是为了甄别被调查者的自然状态是否符合产品的目标市场。主要的自然状态变量包括年龄、性别、文化程度、收入等。下面以一个高档化妆品市场调查的甄别问卷为例来说明对个体自然状态变量不适用的排除。

① 对年龄的甄别。由于中国人使用化妆品具有明显的年龄倾向，要排除年少的人和年老的人，所以年龄的甄别问题设计如下。

您的年龄：

18岁以下，中止访问；

18～45岁，继续；

45岁以上，中止访问。

② 对性别甄别。假设此产品为女性所专用，甄别问题的设计如下。

您的性别：

男，中止访问；

女，继续。

③ 对收入的甄别。在中国影响女性购买化妆品的因素有两个，即个人收入和家庭总收入。因此，对收入的甄别问题设计包括两个方面，具体如下。

您的个人月收入（包括工资、奖金、第二职业收入等）为：

1 500 元及以上，继续；

1 500 元以下，中止访问。

您的家庭月总收入为：

3 000 元及以上，继续；

3 000 元以下，中止访问。

（2）对产品适用性的排除

假设这种化妆品只适用于油性皮肤和混合性皮肤，那么其对产品适用性的甄别问题的设计如下。

您的皮肤是：

油性，继续；

混合性，继续；

中性，中止访问。

（3）对产品使用频率的排除

很明显，频率过低，就不可能成为调查产品的目标。个人对化妆品使用频率的甄别问题的设计如下。

您平时多长时间使用一次化妆品：

几乎不用，中止访问；

每月一次及以下，中止访问；

每月一次或以上，继续。

（4）对产品评价有特殊影响状态的排除

这种排除主要是为了排除职业习惯可能对调查结果的影响。它一般有固定的设计格式，人们对产品评价有特殊影响状态的甄别问题的设计如下。

您和您的家人是否有在以下单位工作的：

市场调查公司或广告公司，中止访问；

社情民意调查机构、咨询公司，中止访问；

电台、电视台、报社、杂志社，中止访问；

化妆品生产或经销单位，中止访问；

以上都没有，继续。

在过去6个月里,您是否接受过调查公司的访问:

是,中止访问;

否,继续。

(5) 对调查拒绝的排除

对拒绝调查的甄别问题的设计如下。

您是否愿意帮助我完成这次访问:

是,继续;

否,谢谢被访客,中止访问。

资料来源:人大经济论坛。

3. 问卷的结构

问卷的结构是指问卷的构成形式和内容。问卷的构成形式要求整齐美观,便于阅读和作答;问卷的构成内容要求问题具体、表述清晰、重点突出。问卷一般包括引言和注释、问题和答案、被调查者基本情况、结束语四个主要部分,其中前两部分是任何问卷中都必不可少的。

(1) 引言和注释

引言是列在问卷开头,向问卷填写者介绍和说明调查的目的、意义、主要内容、调查者的身份等情况的一段文字,也可以是一封短信。它的主要作用是引起填写者对填写问卷的重视,明确填写任务和要求。

注释是在调查提问开始以前,向填写者作出的关于问卷填写方法和要求及有关注意事项的总说明,也就是填写说明。

尊敬的女士、先生:

您好!我是××服装学院的学生,为了设计出款式新颖、做工精良、面料舒适、颜色搭配合理的校服,更好地满足小学生校服的需求,我们特作此项调查。请将您的真实情况和想法告诉我们,您的回答将对我们有很大的帮助。对于您的合作和支持,我们深表感谢!

(2) 问题和答案

问题和答案是问卷的主要组成部分,包括调查所要了解的问题和回答的方式。这是问卷设计的主要内容。问题和答案设计的好坏关系整个问卷调查的质量。

(3) 被调查者基本情况

有的问卷除了在主体中所包括的问题之外,还设计了被调查者基本情况的内容,即有关被调查者背景资料方面的问题。

(4) 结束语

结束语包括感谢语、访问员、填表时间等。例如,飞利浦电子有限公司服务部准备对其特约的维修站的顾客做一次调查，以下是公司设计的一张顾客满意程度调查问卷。

飞利浦电子有限公司顾客满意程度调查问卷

亲爱的顾客：

感谢您光临飞利浦特约维修站！为了不断提高我们对客户的服务水平，请您花费宝贵的几分钟提出一些想法和建议，谢谢！

1. 您对故障的解决是否满意：　　是　　否
2. 您对下列各项的满意程度

	很不满意	不满意	可以接受	满意	很满意
您的等待时间	1	2	3	4	5
维修所花费的时间	1	2	3	4	5
维修的质量	1	2	3	4	5
服务态度	1	2	3	4	5
服务人员的专业技能	1	2	3	4	5
技术能力	1	2	3	4	5
故障原因及修复的解释	1	2	3	4	5

3. 如果您需要更新/购置产品，您是否愿意再次购买飞利浦产品？（　　）
　　A. 肯定会　　　　　　　B. 可能会　　　　　　　C. 不一定
　　D. 可能不会　　　　　　E. 肯定不会
4. 您最近一次光顾的特约维修站的名称是：
5. 如果产品再次发生故障，您还会光顾该特约维修站吗？（　　）
　　A. 肯定会　　　　　　　B. 可能会　　　　　　　C. 不一定
　　D. 可能不会　　　　　　E. 肯定不会

其他建议：

再次感谢您的合作！请将问卷装入信封寄出。

课堂练习与活动

结合所学专业设计一份调查问卷。

2.4.2　问卷设计的步骤

问卷设计是一项十分细致和复杂的工作，一般分以下几个步骤来进行。

(1) 把握调查的目的和内容

问卷设计的第一步就是要把握调查的目的和内容，这个步骤的实质就是规定设计问卷所需的信息。对于直接参与调查方案设计的设计者来说，他们可以跳过这一步骤，从问卷设计的第二个步骤开始。但是，对那些从未参与方案设计的设计者来说，设计问卷时，首要的工作是充分了解本项调查的目的和内容。为此需要认真讨论调查的目的、主题和理论假设，并认真研究方案，向方案设计者咨询，与他们进行讨论，将问题具体化、条理化和操作化，即变成一系列可以测量的变量或指标。

(2) 搜集有关研究课题的资料

问卷设计不是简单的凭空想象，要想把问卷设计得完美，设计者需要了解很多信息。问卷设计是一种需要经验和智慧的技术，与其说问卷设计是一门科学，倒不如说是一门艺术。虽然也有一些规则可以遵循以避免错误，但好的问卷设计主要来自熟练的调研人员的创造性。

搜集有关资料的目的主要有三个：一是帮助设计者加深对所调查问题的认识；二是为问题设计提供丰富的素材；三是形成对目标总体的清楚概念。在搜集资料时对个别调查对象进行访问，可以帮助了解被调查者的经历、习惯、文化水平及对问卷问题知识的丰富程度等。例如，适用于大学生的问题不一定适合家庭主妇。调查对象的群体差异越大，设计一个适合整个群体的问卷就越难。

(3) 确定调查方法的类型

不同类型的调查方式对问卷设计是有影响的。在面访调查中，被调查者可以看到问题并可以与调查人员面对面的交谈，因此可以询问较长的、复杂的和各种类型的问题。在电话访问中，被调查者可以与调查员交谈，但是看不到问卷，这就决定了只能问一些短的和比较简单的问题。邮寄问卷是自己独自填写的，被调查者与调查者没有直接的交流，因此问题也应简单一些并要给出详细的指导语。人员面访和电话访问的问卷要以对话的形式来设计。

(4) 确定每个问答题的内容

决定了调查方法的类型后，下一步就是确定每个问答题的内容：每个问答题应包括什么，由此组成的问卷应该问什么，是否全面与切中要害。

针对每个问题，我们可以反问：这个问题有必要吗？是需要几个问答题还是只需要一个就行了？

问卷中的每一个问答题都应对所需的信息有所贡献，或服务于某些特定的目的。如果从一个问答题中得不到满意的使用数据，那么这个问答题就应该取消。

有些时候，还可以"故意"问一些与所需信息没有直接联系的问答题。比如，在问卷的开头问一些中性的问答题，可以让被调查者乐于介入并建立友善的关系。有时候可以"填充"一些问题来掩饰调查的目的。

(5) 确定问答题的结构

调查问卷的问题有两种类型，即开放性问题和封闭性问题。

开放性问题又称为无结构的问答题，由被调查者用自己的语言自由回答，不具体提供选择答案。在实际问卷中，这种问题不多，开放式问题经常要"追问"。追问是调查人员为了获得更详细的材料。例如，您对我国目前的国有企业体制改革有何看法？还有什么需要补充的吗？开放性问题在探索性调查中很有用，但在大规模的抽样调查中就弊大于利了。

封闭性问题又称为有结构的问答题，它规定了一组可供选择的答案和固定的回答格式。传统上，问卷设计者通常把封闭式问题分成两项选择题、多项选择题、填入式问题、序列式问题等。例如，您选择购买住房时考虑的主要因素是什么？

(A) 价格
(B) 面积
(C) 交通情况
(D) 周边环境
(E) 设计
(F) 施工质量
(G) 其他_____（请注明）

封闭性问题的类型很多，设计出的问题应尽可能多、尽可能准确地搜集到有用的信息。

(6) 确定问题的措辞

措辞在问卷设计中非常重要。提问的措辞不同，会对被调查者产生不同的影响。在问卷设计时，问题的陈述应尽量简洁，尽量避免专业术语；应避免使用双重或多重含义的问题；最好不用反义疑问句；避免使用引导性的语句。

(7) 安排问题的顺序

问卷中问题应遵循一定的排列顺序，一般情况下问卷的开头部分应安排比较容易的问题，这样可以给被调查者轻松、愉悦的感觉。中间部分最好安排一些核心的问题，结尾部分可以安排一些背景资料，如职业、年龄、收入等。问卷设计时还要注意问题的逻辑顺序。有些问题具有时间上的逻辑联系，对于这部分问题，可以考虑按照时间顺序先问当前的情况，再问过去的情况。

(8) 确定排版和布局

问卷排版的布局要求整齐、美观，便于阅读和统计。卷面排版不能过紧、过密；字体和字号要有机结合，一般题目采用黑体、一号或者初号，问题和答案选择小四或四号，也可用五号；开放式的问答题，一定要留足空格用于填写。

(9) 问卷的测试

问卷初稿设计完成以后，不要急于投入使用，最好先组织一次问卷测试，发现问题，及时修改。测试通常选用100人左右，样本不要太大，也不宜太少。如果第一次测试后有很大改动，可以考虑再组织第二次测试。

（10）问卷定稿

问卷的测试工作完成以后，确定不需要进一步修改后，就可以考虑定稿。问卷定稿后可以交付打印，正式投入使用。

2.4.3 问卷问题类型的设计

问卷问题设计是设计调查问卷的核心内容。理想的问卷问题既能使调查者获得所需的信息，又能使被调查者轻松、方便地回答。市场调查问卷中的问题需要精心设计和编排。

1. 按性质分类问题的设计

按性质分类的问题有直接性问题、间接性问题和假设性问题。

（1）直接性问题

直接性问题通常是一些对被调查者而言不敏感的基本情况问题。直接性问题通常给被调查者一个明确的范围，所问的是个人基本情况或意见，一般都可获得明确的答案。例如，"您的职业""您最喜欢的饮料是什么牌子"等。直接性问题对统计分析比较方便，但遇到一些窘迫性问题时，采用这种提问方式可能无法得到所需的答案。

（2）间接性问题

间接性问题是指那些不宜直接提问，而采用间接提问方式得到所需答案的问题。常常有些问题使被调查者产生顾虑，不愿提出自己真实的意见。为了减轻被调查者的压力，可采取间接提问方式，排除调查者和被调查者之间的障碍，使被调查者毫不掩饰地提出自己的意见和看法。

例如：

"您认为妇女的权利是否应该得到保障？"大多数人都会回答"是"或"不是"。而实际情况则表明许多人对妇女权利有着不同的看法。如果改问：

"A：有人认为妇女权利应该得到保障的问题应该得到重视。"

"B：另一部分人认为妇女权利问题并不一定需要特别提出。"

对 A 种看法的意见：

①完全同意 ②有保留的同意 ③不同意

对 B 种看法的意见：

①完全同意 ②有保留的同意 ③不同意

（3）假设性问题

假设性问题是通过假设某一情景或现象存在而向被调查者提出的问题。例如，"有人认为目前的电视广告过多，您的看法如何？""如果在购买汽车和住宅中您只能选择一种，您会选择哪一种？"这些语句都属于假设性提问。

2. 按方式分类问题的设计

按方式分类的问题有开放式问题和封闭式问题。

(1) 开放式问题

开放式问题是一种只提问题，不给具体答案选项，要求被调查者自由作答的问题。开放式问题可以使被调查者充分表达自己的看法和意见，为调查者提供大量的信息。例如，"您对我国当前的房价有何看法？""您认为网络购物有什么优势？"但是开放式问题的调查结果不易处理，无法进行深入的定量分析；而且回答率较低，编辑、编码费时费力，不适用于一些自我管理的问卷。

(2) 封闭式问题

封闭式问题是一种需要被调查者从一系列应答选项中作出选择的问题。封闭式问题可以减少访谈人员误差，而且标准化程度高，调查结果易于处理，回答效率高，能节省调查时间。但封闭式问题的答案设计难度大，选项顺序、选项范围确定不当都会给调查带来误差。例如：

您认为您经常购物的超市存在哪些问题？（请您在选择的答案后括号里画"√"）

商品价格不合理（　　）　　　服务态度欠佳（　　）

商品种类不全（　　）　　　食品卫生不达标（　　）

商品质量不高（　　）　　　营业时间不合理（　　）

购物环境不理想（　　）　　　其他（　　）

3. 按内容分类问题的设计

按内容分类的问题有事实问题、行为问题、动机问题和态度问题。

(1) 事实问题

事实问题通常是指为了获得相关的事实资料而要求被调查者回答的一些相关事实状况的问题。因此，要求问题的意思必须清楚明了，便于作答。问卷的开头或结尾要求被调查者填写个人资料，如性别、年龄、职业、收入、文化程度等，均为事实问题。事实问题可为分类调查、分析调查提供基础资料。例如：

您使用过××品牌的洗衣液吗？（请您在选择的答案后括号里画"√"）

①使用过（　　）

②没有使用过（　　）

(2) 行为问题

行为问题通常是指为了获取行为特征资料而要求被调查者回答有关行为活动的问题。例如，"您已经购房了吗？""您最近购买新款服装了吗？"等，都属于行为问题。行为问题能够帮助调查者了解被调查者的行为活动，进而掌握内在的行为规律。

(3) 动机问题

动机问题是指为了掌握被调查者行为的原因或动机的问题。例如,"您购买××品牌产品的原因是什么？""您为什么选择网上购物？"等,都属于询问被调查者行为、意见产生原因的问题,即动机问题。动机问题能够较为深入地了解被调查者的心理活动,从而找到问题产生的原因,为解决问题提供依据。

(4) 态度问题

态度问题通常是指为了了解被访者对事物、行为的态度和意见的问题。例如,"您是否喜欢李宁牌运动衣？""您打算何时购买家用轿车？"等。态度问题可以直接了解被调查者对商品的需求意向,使企业能够根据消费者的需求不断改进产品设计和营销思路。

在实际市场调查中,以上几种类型的问题往往是结合使用的。在一个问卷中,既有事实问题,也有行为问题；既可以直接提问,也可以假设提问,甚至一个题目中可以把封闭式问题和开放式问题结合起来使用。总之,问卷设计者可以根据具体情况选择不同的提问方式。

2.4.4　问卷提问方式的设计

问卷提问方式的设计主要是指封闭式问题提问方式设计。封闭式问题是指在提出问题的同时还必须将答案设计出来。

(1) 填入式提问

填入式是指在问题后面画一横线,由填写者将答案填入横线上。填入式提问一般只适用于答案简单、容易填写的问题。例如：

您的年龄？_____岁

您的家庭人口？_____人

您的家庭月收入是多少？_____元

(2) 两项选择式提问

两项选择式提问的问题答案只有两个,回答时只能从中选择一个。例如：

您的性别？　　　男□　　　女□

您是否结婚？　　是□　　　否□

(3) 多项选择式提问

多项选择式提问给出的答案一般为三个或三个以上,根据要求,应答者从中选一个或几个作为回答。例如：

您的文化程度是：(请在适合您的□内画"√")

研究生及以上	☐	大学本科	☐
大专	☐	高中	☐
初中	☐	小学及以下	☐

(4) 顺序式提问

顺序式提问是指列出多种答案,由被调查者列出这些答案的先后顺序。

(5) 等级填答式提问

列等级填答式提问是指列出不同等级的答案,由被调查者从中选择一项作为回答。

(6) 矩阵式提问

矩阵式提问是将若干同类问题及几组答案集中在一起排成一个矩阵,由应答者按题目顺序依次选择适当答案。例如:

今年您在出售农副产品过程中是否存在下列现象?存在程度如何?(请在相应的空格内画"√")

	经常存在	偶尔存在	不存在	无所谓	不想回答
(1) 运输能力不足					
(2) 等候时间过长					
(3) 请客送礼					
(4) 压级压价					
(5) 售货现金不兑现					
(6) 代有关单位扣款					

(7) 评分式提问

评分式提问是指请应答者按要求对某一事物或若干同类事物打分,以分数的高低来评价事物。

(8) 比较式提问

比较式提问是指把若干可比较的事物整理成两两对比的形式,由应答者进行比较。这种方式比将许多事物放在一起让应答者作比较要容易,并且可获得针对性明显的具体资料。

(9) 连线配合式提问

连线配合式提问是指将若干同类问题及其可能的若干同类型的答案逐一列举出来,由应答者在问题和答案之间用画线连接的方法进行选择。

案例分析

为了研究长春市、沈阳市、哈尔滨市三个城市主要行业职工的经济状况和生活水平，拟进行一次统计调查。简要设计方案如下。

城市职工家庭基本生活的调查方案

一、调查目的

通过一次性调查，了解职工家庭人口、就业人口、现金收入和生活费收入情况，以便研究城市主要行业职工的经济状况和生活水平。

二、调查对象和调查单位

以抽取的被调查地区主要行业的企事业单位职工家庭为调查对象，以被抽选的每个家庭为调查单位。

三、调查项目和调查表

1. 调查项目

(1) 职工家庭人口数、就业人口数、退休人口数等。

(2) 职工家庭的全部收入和全部生活费收入。

2. 调查表

(1) 表一：家庭成员基本情况表。

(2) 表二：家庭成员收入情况表。

(3) 表三：家庭生活基本情况表。

(表式略)

四、调查时间和调查时限

调查时间：调查2016年12月份的情况（注：人口数的调查时间为2016年12月底）。

调查时限：一个月，即2017年1月31日前结束。

五、调查的组织实施计划

各被调查地区指定专人负责调查工作的组织实施，其主要任务如下。

(1) 组织被调查企事业单位和被调查人员的抽选。

(2) 选调和培训调查员。

(3) 进行宣传动员工作。

(4) 组织填表和实施调查工作。

(5) 资料的搜集、审核、整理、汇总、上报。

本章知识

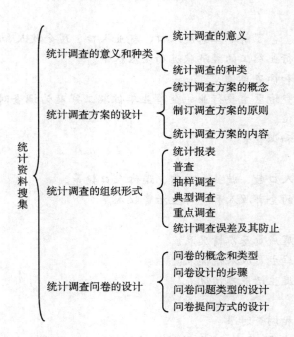

能力训练题

一、单项选择题

1. 统计调查按调查对象包括的范围不同,可分为（　　）。
   - A. 定期调查和不定期调查
   - B. 经常性调查和一次性调查
   - C. 统计报表和专门调查
   - D. 全面调查和非全面调查
2. 经常性调查与一次性调查（　　）。
   - A. 是以调查组织规模的大小来划分的
   - B. 是以最后取得的资料是否全面来划分的
   - C. 是以调查对象所包括的单位是否完全来划分的

D. 是以调查登记的时间是否连续来划分的

3. 统计调查方案的首要问题是（　　）。
   A. 确定调查组织的工作　　　　　　B. 调查任务和目的的确定
   C. 调查时间和地点的确定　　　　　D. 调查经费的确定

4. 在统计调查中，调查项目的承担者是（　　）。
   A. 调查对象　　　　　　　　　　　B. 调查单位
   C. 填报单位　　　　　　　　　　　D. 重点单位

5. 在统计调查中，填报单位是（　　）。
   A. 调查单位的承担者　　　　　　　B. 构成调查单位的每一个单位
   C. 负责向上报告调查内容的单位　　D. 构成统计总体的每一个单位

6. 某地区为了掌握该地区水泥生产的质量情况，拟对占该地区水泥总产量80%的五个大型水泥厂的生产情况进行调查，这种调查方式是（　　）。
   A. 普查　　　　　　　　　　　　　B. 典型调查
   C. 抽样调查　　　　　　　　　　　D. 重点调查

7. 某灯泡厂为了掌握该厂的产品质量，拟进行一次全厂的质量大检查，这种检查应选择（　　）。
   A. 统计报表　　　　　　　　　　　B. 重点调查
   C. 全面调查　　　　　　　　　　　D. 抽样调查

8. 调查项目通常以表的形式表示，称作调查表，一般可分为（　　）。
   A. 单一表和复合表　　　　　　　　B. 单一表和一览表
   C. 简单表和复合表　　　　　　　　D. 简单表和一览表

9. 在统计调查中，调查单位和填报单位之间（　　）。
   A. 无区别　　　　　　　　　　　　B. 是毫无关系的两个概念
   C. 有时一致，有时不一致　　　　　D. 不可能一致

10. 我国第六次人口普查是为了了解在2010年11月1日零时人口的状况，某地区要求将调查单位资料于11月10日前登记完毕，普查的标准时间是（　　）。
    A. 2010年11月10日零时　　　　　B. 2010年11月10日24时
    C. 2010年11月1日24时　　　　　 D. 2010年11月1日零时

11. 中国人口普查属于哪种调查方式？（　　）
    A. 全面调查　　　　　　　　　　　B. 抽样调查
    C. 重点调查　　　　　　　　　　　D. 典型调查

二、多项选择题

1. 普查是一种（　　）。
   A. 非全面调查　　　　　　　　　　B. 专门调查
   C. 全面调查　　　　　　　　　　　D. 一次性调查

E. 经常性调查
2. 某地对集市贸易个体户的偷漏税情况进行调查，1月5日抽选5%的样本检查，5月1日抽选10%的样本检查，这种调查是（　　）。
   A. 非全面调查　　　　　　　　B. 一次性调查
   C. 不定期性调查　　　　　　　D. 定期性调查
   E. 经常性调查
3. 邮寄问卷适用于以下哪些调查对象？（　　）
   A. 企业　　　　　　　　　　　B. 机关团体
   C. 个人　　　　　　　　　　　D. 特定的群体
   E. 所有的人群
4. 询问调查法有（　　）。
   A. 访问调查　　　　　　　　　B. 邮寄调查
   C. 电话调查　　　　　　　　　D. 计算机辅助调查
   E. 观察法
5. 对于社会、经济和管理的统计研究而言，统计数据质量的衡量标准是（　　）。
   A. 效度　　　　　　　　　　　B. 及时性
   C. 信度　　　　　　　　　　　D. 一致性
   E. 准确度
6. 非全面调查是指（　　）。
   A. 普查　　　　　　　　　　　B. 统计报表
   C. 重点调查　　　　　　　　　D. 典型调查
   E. 抽样调查
7. 某市对全部工业企业生产设备的使用情况进行普查，则每一台设备是（　　）。
   A. 调查单位　　　　　　　　　B. 调查对象
   C. 总体单位　　　　　　　　　D. 填报单位
   E. 报告单位
8. 根据调查的不同目的，实验法可分为（　　）。
   A. 室内实验法　　　　　　　　B. 市场实验法
   C. 研究性实验　　　　　　　　D. 应用性实验
   E. 可靠性实验
9. 实验数据搜集方法有（　　）。
   A. 观察记录　　　　　　　　　B. 笔试
   C. 自我评估　　　　　　　　　D. 访问和测量
   E. 采访
10. 下列各调查中，调查单位和填报单位一致的是（　　）。

A. 企业设备调查　　　　　　　B. 人口普查
C. 工业企业普查　　　　　　　D. 商业企业调查
E. 商品价格水平调查

三、判断题

1. 调查对象是调查项目的承担者。（　　）
2. 普查是专门组织的一次性全面调查，所以其调查结果不可能存在误差。（　　）
3. 在工业企业生产设备状况的普查中，调查单位是工业企业的每台生产设备，报告单位是每个工业企业。（　　）
4. 抽样调查不可避免地会产生代表性误差。（　　）
5. 重点调查所选择的重点单位是指这些单位的被研究的标志总量占总体单位总量的绝大比重。（　　）
6. 登记性误差在全面调查和非全面调查中都会产生。（　　）
7. 统计总体与调查对象在任何条件下都存在变换关系。（　　）
8. 调查单位和填报单位在任何情况下都不可能一致。（　　）
9. 在全国工业普查中，全国企业数是统计总体，每个工业企业是总体单位。（　　）
10. 对某市工程技术人员进行普查，该市工程技术人员的工资收入水平是数量标志。（　　）
11. 对全国各大型钢铁生产基地的生产情况进行调查，以掌握全国钢铁生产的基本情况，这种调查属于非全面调查。（　　）

四、填空题

1. 常用的统计调查方式主要有（　　）、（　　）、（　　）、（　　）、（　　）等。
2. 统计调查按调查对象包括的范围不同可分为（　　）、（　　）。
3. 确定调查对象时，还必须确定两种单位，即（　　）和（　　）。
4. 重点调查是在调查对象中选择一部分重点单位进行调查的一种（　　）调查。
5. 调查表可分为（　　）和（　　）两种形式。
6. 统计调查误差按产生的原因不同，可分为（　　）和（　　）。
7. 调查时间是指调查资料所属的（　　）和（　　）。
8. 变量按其取值的连续性可分为（　　）和（　　）两种。
9. 统计调查根据调查时间的不同可分为（　　）和（　　）两种。

五、思考题

1. 什么是统计调查？统计调查的基本要求是什么？
2. 统计调查有哪些种类？它们有什么特点？
3. 什么是统计调查方案？它应该包括哪些基本内容？
4. 调查单位与填报单位有什么区别和联系？

5. 怎样理解调查目的、调查对象、调查单位和调查项目及其关系?
6. 如何理解调查时间?
7. 什么是普查?它有什么特点和作用?
8. 普查与统计报表有何区别?
9. 什么是抽样调查?抽样调查有哪些特点?它在统计调查中发挥什么作用?
10. 什么是重点调查?它有什么特点和作用?
11. 什么是典型调查?它有什么特点?
12. 在典型调查中,怎样正确选择典型?
13. 什么是统计报表?它有什么优缺点?它有哪些分类?
14. 重点调查、抽样调查、典型调查,它们之间有什么区别?
15. 调查误差有哪些种类?
16. 如何做好统计调查误差的防止?
17. 什么是统计调查问卷?它有哪些种类?其结构如何?
18. 统计调查的问卷设计步骤有哪些?

第3章 统计资料整理

> **学习目标**
>
> 统计资料整理是统计工作的中间环节,它既是统计调查的继续,又是统计分析的前提。通过本章的学习,了解统计资料整理的含义和步骤,掌握统计分组的方法,熟悉汇总技术,能够根据调查资料编制分布数列。

3.1 统计资料整理概述

3.1.1 统计资料整理的含义

1. 统计资料整理的概念

统计资料整理是指根据统计研究任务的要求,对统计调查所取得的各项原始资料进行加工、汇总,使其条理化和系统化,为统计分析提供能反映事物总体特征的综合资料的工作过程。统计资料整理有以下三种含义。

① 对统计调查资料的汇总、整理,得到各种统计指标,这些指标就是在统计设计中所提出的基本统计指标。这个含义是和我们讲述的统计资料整理的概念相吻合的,也就是本章所要讲述的统计资料整理。

② 为积累统计资料而进行的统计整理。例如各年的统计年鉴就属于这种整理,它主要是把第一种整理所得到的基本指标分门别类地整理在一起。这种整理要尽量保持其历史上的一致性,不要每年一个新花样,因为它是为使用者服务的。

③ 为统计分析而进行的资料整理。这是在研究课题确定之后,根据研究目的,从积累的统计资料中选取所需要的各种统计指标,把它们和初步加工的派生指标整理在一起,以备进一步加工、计算之用。这种整理要注意在时间、空间、总体范围、指标口

径、计量单位、计算方法等方面的可比性,当所需指标没有时,选择的代用品是否合适。

本书都是以第一种统计整理的含义为对象,因为它是三种含义的统计整理的基础,没有原始资料的整理,其他整理也不可能存在。

2. 统计资料整理的作用

在统计工作全过程中统计资料整理起着重要作用。

(1) 统计资料整理是统计调查的深化和继续

统计调查所搜集的资料是一些个别单位的原始资料,这些资料是分散零碎的、个别的,只能反映事物的某个侧面、事物的表面和事物之间的外部联系。而统计研究的目的是从总体上分析和认识社会经济现象的本质特征和发展规律。所以,只有经过科学的加工,即进行统计整理,才能使搜集的资料系统化、条理化,从而显现出现象的数量特征,才能反映出事物的本质和事物之间的内在联系。

(2) 统计资料整理是统计分析的前提

统计分析研究的目的是揭示社会经济现象的本质和发展变化的规律性,这就必须借助系统的、准确的、完整的统计资料。只有对调查来的原始资料进行科学的加工和系统的整理,才能为统计分析提供可靠的数据。

统计资料整理是从对社会经济现象个体量的观察到对社会经济现象总体量的认识的连接点,是统计工作从感性认识上升到理性认识的必经阶段,在整个统计工作中处于承前启后的地位。它既是统计调查的深化和继续,又是统计分析的基础和前提,是统计认识社会经济现象的本质及其规律性的重要环节。不经过科学的加工整理或整理不当,就会使本来丰富的统计资料失去价值。因此,统计整理的正确与否直接影响统计对社会经济现象总体数量描述的准确性和分析的真实性。

课堂练习与活动

什么是统计资料整理?其作用如何?

3.1.2 统计资料整理的内容

统计资料整理是一项细致而复杂的工作,需要有组织、有计划地进行,其主要内容如下。

(1) 设计整理方案

为了搞好统计整理,事先必须根据统计研究任务的要求,周密地制订整理计划,即设计整理方案。整理方案既是进行统计整理的依据,又是统计设计在统计整理阶段的具体化。方案的内容应包括:选择整理方式;确定分组标志与分类目录;制定整理表式或综合表式及填表说明。

(2) 审核原始资料

为了保证统计工作的质量，在汇总之前必须对原始资料进行认真审核，审核资料是否准确、真实、完整，发现问题，及时纠正。这是统计整理中一项十分重要的内容，必须认真对待。

(3) 进行分组、汇总和计算

将调查来的原始资料，经审核无误后按科学的方法进行分组，然后根据汇总要求和工作条件，选择适当的汇总组织形式和具体的汇总方法，按分组要求进行分组汇总，最后计算出各组的单位数和各组指标，以及总体总数和总体综合指标。

(4) 对整理好的资料进行再审核

对整理好的资料进行再审核，以便及时地纠正在汇总整理过程中发生的各种差错，从而保证整理后的统计数字准确无误。

(5) 编制统计表

编制统计表就是将整理好的统计资料用统计表的形式反映出来，以便简明扼要地表达社会经济现象在数量方面的有关联系及本质特征。这是统计整理的最终成果。

由统计资料整理的内容可知，正确的统计汇总计算是统计整理的中心内容，而科学的统计分组是统计整理的基础和关键，统计表则是统计整理的表现形式和最终成果。

课堂练习与活动

统计资料整理的主要内容有哪些？

3.2 统 计 分 组

3.2.1 统计分组的意义

1. 统计分组的概念

统计分组是指根据统计研究任务的要求，将统计总体按照某一标志划分为若干个性质不同而有联系的组成部分的一种统计方法。

统计分组有两个方面的含义：一是对总体而言的"分"，即将总体区分为性质相异的若干部分；二是对个体而言的"合"，即将性质相同的个体组合起来。总体的这些组成部分，称为"组"，也就是大总体中的小总体。

通过统计分组，使同一组内的各单位在分组标志上的性质相同，不同组之间的性质相异。"组"同样具有统计总体的一般特征，它们几乎可以无限地按性质不同分组下去。所以，统计分组就是在统计总体内部进行的一种定性分类。

例如，所有具有我国国籍的人组成我国人口总体，可以把人口总体按性别、年龄、民族、文化程度、职业等标志划分为各种各样的组，还可以对这些组再按其他分组标志继续分组。

阅读材料

表3-1是我国社会消费品零售总额情况（2015年3月）。

表3-1 社会消费品零售总额（2015年3月）

单位：亿元

	本月	比上年同月增长/%	1—3月累计	比上年同期增长/%
社会消费品零售总额	22 723	10.2	70 715	10.6
（一）按经营地分				
城镇	19 574	10.0	60 709	10.4
乡村	3 149	11.5	10 006	11.6
（二）按消费形态分				
商品零售	20 344	10.1	63 257	10.5
餐饮收入	2 379	11.5	7 458	11.3

资料来源：国家统计局网站。

2. 统计分组的作用

（1）区分社会经济现象质的差别

把复杂的现象区分为各个性质不同的组成部分，以认识事物质的差别，这种统计分组具有一定的政治经济意义。例如，研究某地工业企业时，可以从所有制形式、经营规模来区分工业企业的不同性质。

（2）反映社会经济现象总体的内部结构变化

从现象的内部结构，可以揭示现象的性质和特征。现象的内部结构在时间上的变动情况，可以反映现象发展变化的规律。要反映总体内部结构变化，必须将同一标志的内部结构资料，按各个时间发生的先后顺序排列起来，看其发展变化的情况。

（3）分析社会经济现象总体之间数量上的依存关系

社会经济现象不是孤立的，而是相互联系、相互依存和相互制约的。通过统计分组可以分析现象之间的联系及相互影响。

表3-2是2016年某地区百货商店销售额与流通费水平的关系。

表 3-2　2016 年某地区百货商店销售额与流通费水平的关系

按商品销售额分组/万元	商店数/个	流通费水平/%
50 以下	3	11.2
50～100	2	10.4
100～150	4	9.5
150～200	7	7.7
200～300	8	6.4
300～400	6	5.9
400～500	3	5.2
500 以上	2	5.0

从表 3-2 可以看出流通费水平与商品销售额之间的依存关系，商品销售额越大，流通费水平越低；反之则越高。由此可知，不断扩大商品销售额是降低商品流通费水平的重要因素之一。

3. 统计分组的原则

统计分组必须遵守两个原则：穷举原则和互斥原则。

（1）穷举原则

穷举原则就是使总体中的每一个单位都应有组可归，或者说各分组的空间足以容纳总体所有的单位。如果违背了这一原则，就会损害统计资料的完整性，从而也就失去了统计资料的真实性。

（2）互斥原则

互斥原则就是在特定的分组标志下，总体中的任何一个单位只能归属于某一组，而不能同时归属于几个组。在分组过程中，为了保证各组之间不重复登记，按品质标志分组时，就要对各组的范围和性质进行界定；按数量标志分组时，重点注意相邻组之间界限值的单位归属范围。

只有遵循以上两个原则才能使得每个总体单位只归属于某一个组，做到"不重""不漏"。

> **阅读材料**

2016 年 1 月份 70 个大中城市住宅销售价格变动情况

1. 新建商品住宅（不含保障性住房）价格变动情况

与上月相比，70 个大中城市中，价格下降的城市有 24 个，上涨的城市有 38 个，持平的城市有 8 个。环比价格变动中,最高涨幅为 4.1%,最低为下降 0.8%。

与上年同月相比,70 个大中城市中,价格下降的城市有 45 个,上涨的城市有 25 个。1 月份,同比价格变动中,最高涨幅为 52.7%,最低为下降 4.9%。

2. 二手住宅价格变动情况

与上月相比,70 个大中城市中,价格下降的城市有 25 个,上涨的城市有 37 个,持平的城市有 8 个。环比价格变动中,最高涨幅为 5.7%,最低为下降 0.5%。

与上年同月相比,70 个大中城市中,价格下降的城市有 29 个,上涨的城市有 40 个,持平的城市有 1 个。1 月份,同比价格变动中,最高涨幅为 49.7%,最低为下降 8.1%。

资料来源:国家统计局网站。

3.2.2 统计分组的种类

图 3-1 是统计分组的种类。

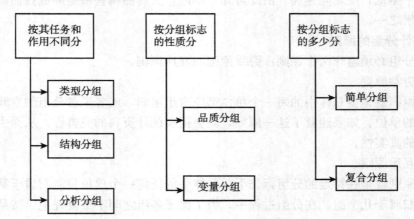

图 3-1 统计分组的种类

1. 统计分组按其任务和作用的不同,分为类型分组、结构分组和分析分组

(1) 类型分组

类型分组是指划分社会经济现象类型的统计分组。通常现象总体按主要的品质标志分组多属于类型分组。例如,工业生产按经济类型、按部门、按轻重工业等来分组,经济总量按三次产业分组等。表 3-3 是 2014—2015 年我国国内生产总值按三次产业分组情况。

表 3-3　2014—2015 年我国国内生产总值情况表

	2014 年		2015 年	
	产值/亿元	比重/%	产值/亿元	比重/%
第一产业	58 332	9.17	60 863	8.99
第二产业	271 392	42.64	274 278	40.53
第三产业	306 739	48.19	341 567	50.48
国内生产总值	636 463	100.0	676 708	100.0

表 3-3 是类型分组，反映了产业结构及其变化。

（2）结构分组

结构分组是指表明总体内部构成的统计分组。通常按数量标志进行分组多是结构分组。例如，企业按职工人数、利税率水平、劳动生产率等来分组。表 3-4 是 2014—2015 年我国某城市居民人均月收入情况表。

表 3-4　2014—2015 年我国某城市居民人均月收入情况表

居民人均月收入/元	2014 年/%	2015 年/%
1 400～1 450	1	0
1 450～1 500	3	1
1 500～1 550	15	9
1 550～1 600	27	8
1 600～1 650	17	14
1 650～1 700	18	15
1 700 以上	19	53

表 3-4 是结构分组，从这个结构分组的资料中可以看出该城市居民生活水平 2015 年比 2014 年有很大提高。

（3）分析分组

分析分组是指分析现象或标志之间依存关系的统计分组。分析分组的分组标志称为原因标志，与原因标志对应的标志称为结果标志。原因标志大多是数量标志，有时也用品质标志；结果标志一定是数量标志，而且要求计算为相对数或平均数。结果标志受原因标志的影响。不同的原因标志，结果标志值不同；同一原因标志由于分组不同，结果标志值也不同。关于分析分组的例子有很多。例如，工人劳动生产率和产品成本之间、商品销售额和流通费水平之间、施肥量和农产量之间，都可以按分组法来查明它们之间依存关系的性质，并可进一步从数量上描述依存关系的密切程度。

2. 统计分组按分组标志的性质，分为品质分组和变量分组

（1）品质分组

品质分组是指按品质标志进行的统计分组。例如，人口按性别、民族、文化程度、职业等标志分组，工业企业按经济类型、部门、轻重工业等标志分组。

（2）变量分组

变量分组是指按数量标志进行的统计分组。例如，人口按年龄分组；工业企业按职工人数、生产能力、产值、产量等分组；职工按年龄、工龄、工资额等分组。表3-5是一张变量分组表。

表3-5 变量分组表

按流转额分组/万元	商店数	流通费用率/%
100～300	42	11.2
300～500	56	10.4
500～1 000	36	9.5
1 000～2 000	30	8.6
2 000～5 000	21	6.6
5 000～10 000	10	6.1
10 000～15 000	5	5.4

3. 统计分组按分组标志的多少，分为简单分组和复合分组

（1）简单分组

简单分组是指根据所研究的现象总体的复杂程度和任务的要求，按一个标志进行的分组。例如，为了了解工业企业职工总体的基本情况，选择年龄、文化程度、工龄和操作形式等标志分别进行分组，属于简单分组。

（2）复合分组

复合分组是指按两个或两个以上的标志进行的分组。复合分组实际上是各个组按两个以上的标志形成的，即先按一个标志分组，在此基础上再按第二个标志分组，然后再层叠地按第三个标志分成更小的组，以此类推。例如，工业企业，先按经济类型分组，其次按轻重工业分组，再按企业规模分组，形成如图3-2所示的复合分组。

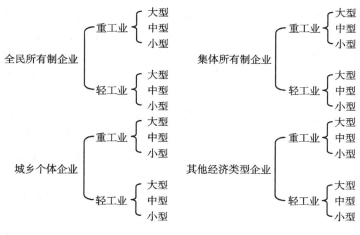

图 3-2 复合分组

表 3-6 是一张复合分组表。

表 3-6 某班 40 名学生基本情况分组表

学科	性别		年龄			学科等级			
	男	女	18 岁	19 岁	20 岁	不及格	及格	良	优
文科	11	9	10	6	4	1	8	10	1
理科	14	6	13	6	1	3	7	8	2
合计	25	15	23	12	5	4	15	18	3

 课堂练习与活动

1. 统计分组的种类有哪些？请举例说明。
2. 简单分组和复合分组各有什么特点？

3.2.3 统计分组的方法

1. 分组标志的选择

统计分组的关键是正确地选择分组标志和划分各组界限。

正确选择分组标志，需要考虑以下几点。一是根据研究问题的目的来选择。每个研究对象都有许多特征或属性，分组标志选择不当，分组的结果就不能反映总体的性质特征，也就不能达到研究的目的。例如，对某市经济进行研究，如果目的是了解某市企业的规模状况，就要选择反映企业规模的标志（企业职工数、生产总值等）进行分组；如果目的是了解某市经济的产业结构，就要选择企业的产业类型作为分组标志；如果目的是了解某市企业的股权结构,则要按企业的股权类型进行分组。二是结合现象所处的具体环境和条件来选择。社会经济现象随着时间、地点条件的变化而变化,历史条件不同,事物特征也会有所变化。分组标志的选择绝对不是一个单纯的技术性问题,而是需要研究者对研究目的、研究对象的特征有较好的了解和把握。在此基础上,才能选择合适的分组标志。

分组标志选择应遵循的基本原则是:根据研究目的选择分组标志;选择能够反映现象本质的标志;考虑现象所处的历史条件或经济条件补充内容分组界限的确定。

分组的目的是把总体区分为性质不同的若干组成部分,即各组在性质上应有明显的区别,因而相邻两组之间的界限应当恰好就是两组质的分界线。例如,考试成绩60分作为及格、不及格两组的界限,计划数100作为完成、未完成两组的界限。

分组界限的确定方法如下。

① 按品质标志分组时界限的确定。自然形成的或比较明显的分组界限,如性别、民族、行政区等;分组界限较难确定,国家统计局统一制定各种分类标准。例如,人口按职业分组、企业按部门分组、产品按用途分组等。

② 按数量标志分组时界限的确定。按数量标志分组时,能作为质的分界线的标志值只有少数几个数值,多数标志值只表示量。

在分组的种类问题上,我们前面说过,按分组标志的性质,分为品质分组和变量分组。统计分组的方法就是阐述这两种分组的具体方法。

2. 品质分组的方法

选定某品质标志作为分组标志进行分组,并在品质标志的变异范围内划定各组界限(即确定组名称和组数),将总体划分为若干个性质不同的组成部分。例如,人口按性别不同分为男、女两组;国民收入的积累额按用途不同分为生产性和非生产性两组。

按品质标志分组,有时界限明确,有时却比较复杂。

在实际工作中,需要对研究的对象进行复杂的分组。这种复杂的分组也称分类,如国民经济部门分类、产品分类、人口职业分类等。为了保证各种分类的统一性和完整性,国家制定了统一的分类目录,如商品分类目录、工业产品目录等。

3. 变量分组的方法

选定某数量标志作为分组标志进行分组,在数量标志的变异范围内划定各组界限,将总体划分为性质不同的若干组成部分。例如,企业按固定资产价值分组、人口按年龄分组、工人按技术等级分组等。

与品质分组不同,变量分组中数量标志的具体数值表现为许多不等的变量值,这就出现了组距问题。变量分组方法可分为以下几种,如图3-3所示。

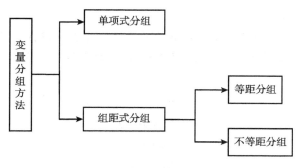

图 3-3 变量分组

1) 单项式分组和组距式分组

（1）单项式分组

单项式分组是指每组变量值只有一个数值的变量分组。该分组方法适用于变动幅度不大的离散变量，如表 3-7 所示。

表 3-7 某企业一车间工人的工资情况

按工资水平分组/元	工人数
1 580	20
1 650	18
1 720	22
1 780	14
1 840	10
1 880	6

（2）组距式分组

把整个变量值划分为几个区间，各个变量值则按其大小确定所归并的区间，区间的距离称为组距，这样的变量分组称为组距式分组。组距式分组适用于变动幅度较大的离散变量和连续变量，如表 3-5 所示。

2) 等距分组和不等距分组

（1）等距分组

等距分组是指变量值在各组保持相等的组距，也就是说各变量值的变动都限于相同的范围。在变量值变动比较均匀的情况下采用等距分组。例如，工人的年龄、工龄、工资的分组；单位面积产量、单位产品成本的分组；零件尺寸的误差、加工时间的分组等。

(2) 不等距分组

不等距分组是指变量值在各组的组距都不相等,也就是说各变量值的变动不限于相同的范围。在变量值变动不均匀的情况下采用不等距分组。例如,企业按工人人数分组:

$$200\sim499 人$$
$$500\sim999 人$$
$$1\ 000\sim1\ 999 人$$
$$2\ 000 人以上$$

不等距分组的组距和组数应根据研究现象本身的质量关系来确定,从不相等的组距和组限来区分现象的类型和性质,如表3-5所示。

4. 统计分组中的相关概念

(1) 全距

全距是指整个总体变量值的最大值与最小值之差,即

$$全距 = 总体范围最大变量值 - 最小变量值$$

(2) 组距

组距是指分组条件下每组变量值的变化范围,即在组距式分组中,每组上、下限之间的距离,即

$$组距 = 上限 - 下限$$

(3) 组限

组限是指每组两端的数值。其中每组的起点数值(或每组变量值的最小值)称为下限,每组的终点数值(或每组变量值的最大值)称为上限。上限和下限表示各组变量值的两端界限,即

$$组距 = 上限 - 下限$$

在分组时,如果遇到某单位的变量值刚好等于相邻两组上、下限的数值,即上一组的上限同时也是下一组的下限,一般把此值归并到作为下限的那一组。例如,在表3-5中,500元是第二组的上限,也是第三组的下限,将500元归到第三组。

(4) 组数

组数是指将全体变量值分成多少组。组距的大小直接关系到组数的多少。组距越大,组数就越少;组距越小,组数就越多,两者是此消彼长的关系。组距与组数一般用整数表示。组数和组距的确定应以能够显示数据的分布特征和规律为目的,组距的大小、组数的多少应根据研究对象的经济内容和标志值的分散程度等因素确定,不可强求一致。

(5) 组中值

组中值是指每组上、下限之间的中点数值,即

$$组中值 = (上限 + 下限) / 2$$

组中值是代表各组标志值的一般水平的数值,它在统计分析中有广泛的使用。

(6) 闭口组

闭口组是指上限、下限都有的组。例如表 3-5 中第一组到第七组,上限和下限都具备,都属于闭口组。

(7) 开口组

开口组是指组中有下限没有上限或者有上限没有下限,一般使用"多少以上""多少以下"来表示。例如表 3-4 中第七组的"1 700 以上",只有下限没有上限,就属于开口组。

开口组的组中值可参照相邻组的组距来决定,其组中值的计算公式如下。

$$首组组中值 = 上限 - 邻组组距/2$$
$$末组组中值 = 下限 + 邻组组距/2$$

根据表 3-4 的资料计算组距和组中值。

第一组,组距 = 1 450 - 1 400 = 50,组中值 = $\frac{(1\ 400 + 1\ 450)}{2}$ = 1 425

同理

第二组,组距 = 1 500 - 1 450 = 50,组中值 = $\frac{(1\ 450 + 1\ 500)}{2}$ = 1 475

以此类推,最后一组,是用"1 700 以上"表示的,其相邻组的组距是 50,根据公式:末组组中值 = 下限 + 邻组组距/2。故最后一组组中值 = 1 700 + 50/2 = 1 725。

5. 统计分组体系

统计分组体系是根据统计任务与分组的要求,对同一总体选择多种不同标志分组而形成的体系。它是一种相互补充、相互联系的分组体系。

(1) 平行分组体系

平行分组体系是指将同一总体选择两个或两个以上的标志分别进行简单分组。例如,某企业职工分别按年龄、工龄、文化程度和操作形式分组,就形成了一个平行分组体系。平行分组体系的特点是:每次分组只能区分一个因素对差异的影响,如图 3-4 所示为某学生总体分别按性别和学科进行的简单分组形成的平行分组。

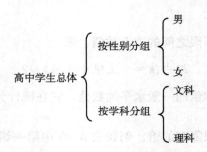

图 3-4 平行分组体系

(2) 复合分组体系

对同一总体按两个或两个以上的分组标志重叠起来进行分组,形成的树形结构分组体系称为复合分组体系。例如,对某学生总体按学科、性别分组所形成的复合分组体系,如图 3-5 所示。

图 3-5 复合分组体系

课堂练习与活动

1. 20 名工人看管的机器台数资料如下:3,5,4,6,5,2,3,4,4,3,4,2,3,5,4,4,5,3,3,4,按上述资料编制变量数列应采用什么分组?

2. 根据表 3-8 的资料回答问题。

表 3-8 某地区工业企业总产值计划完成情况表

按计划完成程度分组/%	企业数/个	比率/%
90 以下	4	7.14
90~100	8	14.29
100~110	32	57.14
110 以上	12	21.43
合 计	56	100.00

(1) 该分组采用的是哪种统计分组方法?
(2) 该分组都属于统计分组方法中的哪些分组?
(3) 计算每组的组距和组中值。

3.3 分布数列

3.3.1 分布数列的概念和种类

1. 分布数列的概念

分布数列是指把总体的全部单位按某标志所分的组进行分配所形成的数列,又称分配数列。分布在各组的单位数称为次数,也叫频数。将各组的次数与次数总和相比得到的值称为频率。

2. 分布数列的构成要素

分布数列由两个要素构成:一是总体按某变量所分的组;二是各组所出现的单位数,即频数。例如,表3-9中第1列是变量(某百货公司商品日销售额)的分组;第2列是分配在各组的单位数,或者说各组出现的次数,即频数,各组频数之和等于总体单位数;第3列是频率,频率是各组频数与总体单位数之比,它反映了各组频数的大小对总体所起作用的相对强度。

表3-9 某百货公司商品日销售额分组表

按销售额分组/万元	频数/天	频率/%
25~30	4	10.0
30~35	6	15.0
35~40	15	37.5
40~45	9	22.5
45~50	6	15.0
合计	40	100.0

统计分布形式十分简单,但在统计研究中有重要的意义。统计分布是统计整理结果的一种重要表现形式,也是统计分析的一种重要方法。它可以表明总体单位分布特征、结构状况,并在此基础上进一步研究标志的构成、平均水平及其变动规律。

3. 分布数列的种类

根据分组标志的不同,分布数列可分为品质分布数列和变量分布数列。

1) 品质分布数列

品质分布数列是指按品质标志分组所编成的分布数列,简称品质数列。例如,某学校学生按性别分组,可编制成如表3-10所示的品质数列。

表3-10 某学校学生性别构成表

学生按性别分组	学生数/人
男生	800
女生	700
合计	1 500

2) 变量分布数列

变量分布数列是指按数量标志分组所编成的分布数列,简称变量数列。

变量数列又有单项数列和组距数列之分,这与变量分组分为单项式分组和组距式分组是一致的。

(1) 单项数列

单项数列是指以每一个变量值作为一组,按各组顺序简单排列而编制的变量数列,如表3-11所示。

表3-11 某地区居民家庭按子女数分组表

居民家庭按子女数分组/个	户数/户
0	2 000
1	30 000
2	8 000
3	6 000
4	4 000
合计	50 000

(2) 组距数列

组距数列是指以两个表示一定范围的变量值作为一组,按各组顺序排列而编制的变量数列,如表3-9所示。

此外,根据变量数列各组的组距是否相等还可分为等距数列和不等距数列。

对于品质数列来说,如果分组标志选择得好,分组标准定得恰当,则事物性质的差异表现得也比较明确,总体中各组如何划分较易解决。因而品质数列一般比较稳定,通常能够准确地反映总体的分布特征。对于变量数列来说,因为事物性质的差异表现得不是很明确,决定事物性质的数量界限往往因人的主观认识不同而不同,因此按同一数量标志分组时有出现多种分布的可能。为了使变量数列能比较准确地反映总体的分布特征，除了按数量标志进行分组外，着重讨论分配数列的另一个要素，即各组单位数问题。

变量数列中的各组单位数表示所要考察的标志值在各组中出现的次数，所以称为次数或频数。

3.3.2 变量数列的编制

变量分组分为单项式分组和组距式分组，因此变量数列可分为单项式变量数列和组距式变量数列。

1. 单项式变量数列的编制

在编制单项式变量数列时，通常先将原始资料按变量值大小的顺序排列，然后将变量值分为若干组；最后设计整理表，整理出变量值出现的次数。例如，某班级有 10 名同学参加了学校组织的英语竞赛，考试成绩如下（单位：分）：83、90、98、84、84、75、78、79、90、82。具体步骤为：先将总体单位的标志值由小到大排列起来，75、78、79、82、83、84、84、90、90、98。以每一分数为一组，以每一分数出现的次数为各组次数，编制单项式变量数列表，如表 3-12 所示。

表 3-12　某班 10 名同学英语竞赛成绩表

学生成绩/分	频数/人	频率/%
75	1	10
78	1	10
79	1	10
82	1	10
83	1	10
84	2	20
90	2	20
98	1	10
合计	10	100

2. 组距式变量数列的编制

当变量值较多时，如果按每个变量值设组，组数就会较多，数列就会显得十分烦琐，从而难以反映总体内的分布特征，不便于分析问题。这样就必须用一定数量范围的变量值设组，减少组数，这种组距式分组形成的数列就称为组距式变量数列，简称组距数列。

关于组距数列的编制一般分为三个步骤，下面结合实际例子说明组距数列的编制过程。

第一步，将调查获得的原始资料按数值大小依次排列。例如，根据抽样调查，取得某地50户家庭平均每季度社会保障支出的资料如下（单位：元）。

```
367  322  294  273  237  398  327  298  276  246
311  355  240  275  296  324  382  229  264  288
235  271  291  319  360  226  262  286  309  352
337  222  260  284  304  343  217  259  283  303
200  253  281  301  329  212  257  281  303  332
```

这些资料比较零乱分散，直接看看不出有什么特征。下面将这些数据按从小到大的顺序排列。

```
200  212  217  222  226  229  235  237  240  246
253  257  259  260  262  264  271  273  275  276
281  281  283  284  286  288  291  294  296  298
301  303  303  304  309  311  319  322  324  327
329  332  337  343  352  355  360  367  382  398
```

通过上述序列化，可以得到这样一些基本的认识：首先，50户家庭平均每季度社会保障支出的波动幅度是在200～398元，全距为398－200＝198元。其次，可以看出大多数家庭在250～350元，偏低或偏高的都很少。如果按户均社会保障支出分组，并列出各组户数，编出组距数列，户均社会保障支出的波动所呈现的规律性就会明显地表示出来。

第二步，确定组数和组距。组数是指总体单位总数被分为几组。组距就是上限与下限之差。组距的大小与组数的多少存在密切的联系，二者互相制约，组距大则组数少，组距小则组数多。在实际工作中，一般来说，当总体各单位变量值比较分散时，应适当扩大组距，减少组数；当总体各单位变量值比较集中时，应增加组数。确定组距和组数，一般不作硬性规定先确定哪一个，而应视具体情况确定。也就是说，要尽量能反映总体单位分布情况及总体单位的集中趋势，要尽可能分出组与组之间性质上的差别。

根据50户家庭户均社会保障支出序列化后的数据，不妨先按小组距分组，然后逐步合并组距，通过比较选择最佳的组距。就此资料而言，若按10元组距编组距数列，将发现各组单位数分散，有的组单位数过少，看不出什么规律。当组距扩大到20元甚至50元时，规律性就十分明显了。

如果根据50户家庭户均社会保障支出序列化后的数据进行分析，假定变动全距分为8个相等的组距，则组距为198÷8＝24.75元，为了方便，组距一般只取5或10的整数倍，所以这里组距24.75元化整数为25元。

第三步，确定组限。组限的确定应考虑如下几点：最小组下限低于最小变量值，最大组上限要高于最大变量值；对于等距数列，如果组距是 5，10，…，100，500，…，则每组的上限最好和它们呈倍数关系。

依据上例，组数为 8，组距为 25，则第一组最合理的下限应是 200 元，于是各组上、下限分别化整为 200～225 元、225～250 元、250～275 元等。据此再分别计算出每组的家庭户数及其比重，就形成了一个组距数列，如表 3-13 所示。

表 3-13 某地 50 户家庭按平均每季度社会保障支出分组表

家庭平均每季度社会保障支出/元	户数/户	户数比重/%
200～225	4	8
225～250	6	12
250～275	8	16
275～300	12	24
300～325	9	18
325～350	5	10
350～375	4	8
375～400	2	4
合　计	50	100

从组距数列可以看出，50 户家庭平均每季度社会保障支出呈现"两头小，中间大"的分布，规律性是很明显的。

有时编制组距式数列，该用多大组距、多小组数，可能陷入盲目性，不妨先按小组距分组，然后逐步合并组距，从比较中择其优者。就上例来说，若先按 10 元组距来编制分配数列，将发现各组单位数分散，有的组单位数很少，看不出什么规律性。当组距扩大到 25 元、50 元时，规律性就十分明显了。

3. 频数与频率

频数与频率作为分布数列的要素前面已经提到，这里进一步来说明它们的意义和作用。

在变量数列中标志值构成的数列表示标志值的变动幅度，而频数构成的数列则表示相应标志值的作用程度。频数越大，则组的标志值所起的作用也越大。因此，在整理和分析的时候，不但要注意各组标志值的变动范围，而且也要注意各组标志值的作用大小，即频数的大小。频率表明各组标志值对总体的相对作用程度，也可以表明各组标志值出现的频率的大小。按顺序列出各组标志值范围（或以各组组中值来代表）和相应的频率形成的统计分布，亦称频率分布。任何一个分布都必须满足两个条件：一是各组的频率大于 0；二是各组的频率总和等于 1（或 100%）。

4. 频数与频率的累计分布

在研究数列时，有时还需要编制累计频数数列和累计频率数列。

（1）向上累计

向上累计是指各组频数或频率由变量值低的组向变量值高的组累加，表明各组的上限值及以下各组变量值共包含的频数或频率有多少。

（2）向下累计

向下累计是指各组频数或频率由变量值高的组向变量值低的组累加，表明各组的下限值及以上各组变量值所包含的频数或频率有多少。频数与频率的累计分布举例如表 3-14 所示。

表 3-14 某班"统计学"成绩分布数列

学生按成绩分组/分	学生人数/人	频率/%	向上累计		向下累计	
			频数	频率/%	频数	频率/%
60 以下	5	10	5	10	50	100
60~70	15	30	20	40	45	90
70~80	18	36	38	76	30	60
80~90	10	20	48	96	12	24
90~100	2	4	50	100	2	4
合计	50	100	—	—	—	—

累计频数和累计频率的意义是很明显的。将各组频数和频率由变量值低的组向变量值高的组累计，称为向上累计。各累计数的意义是各组上限以下的累计频数或累计频率，当我们所关心的是标志值比较小的现象的频数分配情况时，通常用频数向上累计，以表明在这些数值以下所有数值所占的比重。例如，表 3-14 中第一组说明在 50 名学生中，成绩在 60 分以下有 5 人，占总数的 10%；累计到第二组说明成绩在 70 分以下有 20 人，占总数的 40%，等等。

当我们所关心的是标志值比较高的现象的频数分配情况时，通常用频数向下累计以表明在这些数值以上所有数值所占的比重。例如，表 3-14 中第 5 组表示在 50 名学生中，成绩在 90 分以上有 2 人，占总数的 4%，累计到第三组表示成绩在 70 分以上有 30 人，占总数的 60% 等。由此可见，累计频数和累计频率可以更简便地概括总体各单位的分布特征。

课堂练习与活动

某地 100 名工人月计件工资资料如下。

```
45  42  54  58  65  72  58  78  65  52  58  54  72  65  84  58
84  48  65  65  78  88  42  72  54  58  78  72  54  58  54  84
58  84  65  72  54  88  58  84  88  54  58  65  54  65  58  78
45  54  58  84  58  54  72  84  84  65  54  65  65  58  84  65
72  42  48  78  65  58  65  72  65  54  78  72  54  78  48
58  78  54  65  88  58  54  72  84  54  72  48  65  72  42  65
58  84  54  65
```

根据上述资料，分别编制单项数列和组距数列。

3.3.3 次数分布的主要类型

次数分布是指在统计分组的基础上，将总体的所有单位按组归类，并按顺序排列，形成总体中各单位在各组间的分布。

由于社会经济现象性质的不同，各种统计总体都有不同的次数分布，形成各种不同类型的分布特征。概括起来，各种不同性质的社会现象的次数分布主要有四种类型：钟形分布、U 形分布、J 形分布和洛伦茨分布。

1. 钟形分布

钟形分布是以某变量值为中心，其分布次数最多，而两边标志值的分布次数逐渐减少的分布形态。因其分布曲线形如一口古钟，故称为钟形分布。例如，人的身高、体重、职工工资、农作物单位产量、市场价格等现象都属于钟形分布。

钟形分布又可细分为以下两种。

（1）正态分布

在社会经济现象中，许多钟形分布表现为对称分布。对称分布的特征是中间变量值分布的次数最多，以标志变量中心为对称轴。两侧变量值分布的次数随着与中间变量值距离的增大而渐次减少，并且围绕中心变量值两侧呈对称分布，这种分布在统计学中称为正态分布，如图 3-6 所示。社会经济现象中许多变量分布都属于正态分布。正态分布在社会经济统计学中具有重要意义。一方面是因为社会经济现象中大部分分布为正态分布或接近正态分布；另一方面，正态分布在抽样推断中也是最常用的分布。

（2）偏态分布

偏态分布是相对于正态分布而言的非对称钟形分布。当变量值存在极大值时，频数分布的高峰向左偏移，长尾向右侧延伸，这种分布称为右偏分布，如图 3-7 所示。当变量值存在极小值时，频数分布的高峰向右偏移，长尾向左延伸，这种分布称为左偏分布，如图3-8所示。

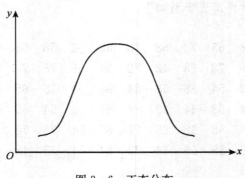

图3-6 正态分布

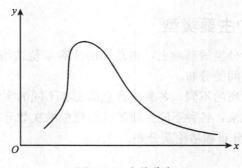

图3-7 右偏分布

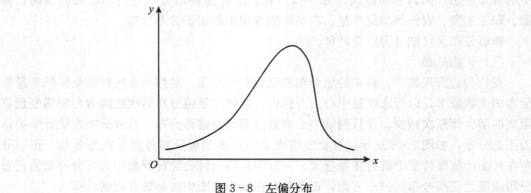

图3-8 左偏分布

2. U形分布

U形分布是与钟形分布图形相反的分布。其特点是：靠近中间的变量值分布次数较少，靠近两端的变量值分布次数较多，形成两头大、中间小的 U 字形。例如，由于人口总体中幼儿和老年人死亡人数较多，而中年人死亡人数最少，因而死亡人数按年龄分组便表现为 U 形分布，如图 3-9 所示。

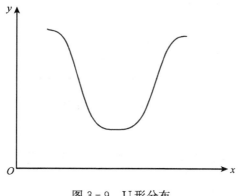

图 3-9　U 形分布

3. J 形分布

J 形分布的特征是一边小、一边大的单调分布，即形如字母 J。J 形分布有以下两种类型。

（1）正 J 形分布

正 J 形分布是指次数随着变量的增大而增多，如图 3-10 所示。例如，投资按利润率大小分布。

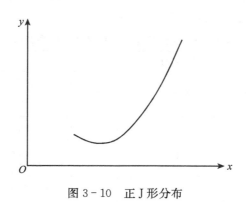

图 3-10　正 J 形分布

（2）反 J 形分布

反 J 形分布是指次数随着变量增大而减少，如图 3-11 所示。例如，随着产品产量的增加，产品单位成本下降。

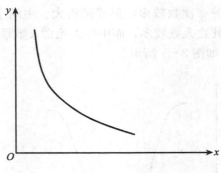

图 3-11　反 J 形分布

4. 洛伦茨分布

洛伦茨分布是统计学家洛伦茨（M. Lorenz）提出来的，专门用于研究社会收入分配的平等程度。

洛伦茨分布运作的条件如下：

① 居民或家庭按收入水平分组，计算各组居民或家庭的比重；

② 计算各组收入的比重。

从统计学概念来说，前者就是概率，即各组单位数占总体单位数的比重；后者就是各组标志总量占总体标志总量的比重。这是一般统计整理都能得到的资料。

洛伦茨分布还可以用来研究现象总体各单位标志变异状况——变量分布均匀性或分布的集中程度。例如，测定城市人口的地域集中状况；地区或部门工业企业中各种指标的构成与分布情况等，都可以考虑运用洛伦茨分布的原理绘制曲线，进行分析。假定某地区的工业企业数和产值资料如表 3-15 所示。

表 3-15　某地区工业企业数和产值资料表

企业按产值分组/百万元	对总计的百分数/%		累计百分数/%	
	企业数	产值	企业数	产值
1 以下	6.0	0.1	6.0	0.1
1～5	13.1	0.3	19.1	0.4
5～10	12.5	0.8	31.6	1.2
10～50	36.8	8.6	68.4	9.8
50～100	12.9	8.6	81.3	18.4
100～500	14.5	29.4	95.8	47.8
500～1 000	2.3	15.2	98.1	63.0
1 000 以上	1.9	37.0	100.0	100.0

下面用洛伦茨曲线进行图示。横轴表示累计频率，即各组企业数比重累计；纵轴表示标志总量比重累计，即各组工人数、产值和利润等指标比重累计，如图3-12所示。

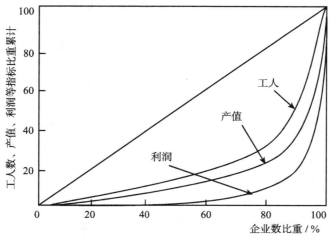

图3-12 洛伦茨曲线

洛伦茨曲线拓展后可运用于一般社会经济现象，借以反映总体单位标志分布集中状况，又称为标志曲线。正方形图示区域的对角线表示各组的频率同各组的标志总量对总体标志总量的比重完全对应，即现象总体标志（变量）呈线性均匀分布。绘制洛伦茨曲线，必须正确分辨哪一项是单位，哪些项是单位标志，任何颠倒错位都将产生错误。

阅读材料

关于基尼系数

20世纪初意大利经济学家基尼根据洛伦茨曲线提出了判断分配平等程度的指标。设实际收入分配曲线和收入分配绝对平等曲线之间的面积为 A，实际收入分配曲线右下方的面积为 B，并以 A 除以 $(A+B)$ 的商表示不平等程度。这个数值称为基尼系数或称洛伦茨系数。如果 A 为零，基尼系数为零，表示收入分配完全平等；如果 B 为零，则基尼系数为1，收入分配绝对不平等。收入分配越是趋向平等，洛伦茨曲线的弧度越小，基尼系数也越小；反之，收入分配越是趋向不平等，洛伦茨曲线的弧度越大，那么基尼系数也越大。

其经济含义是：在全部居民收入中，用于进行不平均分配的那部分收入占总收入的百分比。基尼系数最大为"1"，最小等于"0"。前者表示居民之间的收入分配绝对不平均，即100%的收入被一个单位的人全部占有了；而后者则表示居民之间的收入分配绝对平均，即人与人之间收入完全平等，没有任何差异。但这两种情况只是理论上的绝对化形式，在实际生活中一般不会出现。因此，基尼系数的实际数值只能介于0~1。

目前，国际上用来分析和反映居民收入分配差距的方法和指标很多。基尼系数由于给出了反映居民之间贫富差异程度的数量界限，可以较客观、直观地反映和监测居民之间的贫富差距，预报、预警和防止居民之间出现贫富两极分化，因此得到了世界各国的广泛认同和普遍采用。

通常把0.4作为收入分配差距的"警戒线"，根据黄金分割律，其准确值应为0.382。一般发达国家的基尼系数在0.24~0.36，美国偏高，为0.4。我国基尼系数2010年超过0.5，已跨入收入差距悬殊行列，财富分配非常不均。

资料来源：百度词条。

3.4 统计汇总

3.4.1 统计汇总方案

统计汇总方案是指根据统计研究的目的与分析要求，对统计调查资料的汇总所做的计划与安排。

1. 设计汇总方案

汇总方案设计包括内容设计和形式设计两个方面。

（1）内容设计

内容设计是指对整个汇总的全部组织和计划安排。例如，汇总工作的组织领导，有关部门的配合、协调与责任，资料审核的要求和方法，汇总的具体时间安排，组织形式与技术，对总体及各单位的处理方法，汇总资料的报送程序和发表方式等。

（2）形式设计

形式设计是指设计一整套空表与填表说明。

2. 汇总前的审核

汇总前的审核是指对调查所取得的原始资料，从完整性和准确性两个方面进行审核，对于取得的二手资料，从资料的适用性和时效性两个方面进行审核。

3. 汇总后的审核

汇总后的审核主要包括以下三种审核。

（1）复算审核

复算审核是指对每一个数值进行的复核计算。

(2) 表表审核

表表审核是指对不同表格中出现的同一个项目的汇总数值进行对照，确认是否相符。

(3) 表实审核

表实审核是指根据调查者已有的经验和已有核算资料与汇总结果进行对照，检查汇总结果是否正确。

3.4.2 统计汇总的组织形式

统计汇总的组织形式有以下两种。

1. 逐级汇总

逐级汇总是指对统计调查资料按地区或管理系统的层次，自下而上逐级汇总，然后逐级上报。这时下一级汇总的结果就是上级汇总的对象。我国的统计报表制度主要采用这种汇总形式，一些专门调查也采用这种形式。

逐级汇总的优点是能满足各管理层次对统计资料的需要，有利于就地审核资料的正误；其缺点是由于汇总的层次过多，反复转录资料，发生汇总误差的可能性较大且费时，不适用于对保密资料的汇总。

2. 集中汇总

集中汇总是指把全部调查资料集中到组织统计调查的最高一级机关进行汇总。这种组织形式的优点是大大缩短了汇总时间，通常一些时效性要求较高的统计调查采用这种形式。其缺点是不能满足各级管理层次对统计资料的需要，如果原始资料有差错，不能就地及时更正。

在一些特殊情况下，可以考虑将上述两种组织形式结合使用。即对各级管理部门需要的部分资料进行逐级汇总，同时将全部原始资料集中到最高一级机关进行全面汇总，有的教材也把这两种形式的结合称为综合汇总。我国人口普查资料汇总采用的就是这种方法。

3.4.3 统计汇总的技术

统计汇总技术主要有手工汇总和电子计算机汇总两种。

1. 手工汇总

手工汇总是指用纸、笔、算盘或小型计算器作为计算工具，对统计资料进行汇总。常用的手工汇总方法有四种。

(1) 画记法

画记法是指在预先设计的汇总表上以画点或画线（或画"正"字）为记号（常用画"正"字）的汇总方法。这种方法简便易行，但只适用于对总体单位数的汇总，如表 3-16 所示。

表 3-16　画记法举例

候选人	记　号	选票数/张
王　明	正正正	15
李　玉	正正正正正	25
李　丽	正正	10
合　计	—	50

（2）过录法

过录法是指先将调查资料过录到事先设计好的汇总表上，然后计算加总，得出各组和总体的单位数和标志值的合计数，最后将计算结果填写到正式统计表上。过录法可汇总总体单位数和标志值，而且便于校对和计算，但过录工作花的时间较长，如果过录的项目多，也容易发生错误。

（3）折叠法

折叠法是指把调查表所要汇总的同一项目的数值折叠在一条直线上进行汇总，得出标志值的合计数。这种方法适用于对标志值的汇总，简便易行，不需要事先设计汇总表，但在汇总中如有错误很难及时发现，且无法从汇总过程中查明错误的原因。

（4）卡片法

卡片法是指把每个调查单位的有关资料摘录到一张特制的卡片上，利用卡片进行分组和汇总。这种方法适于在调查资料多、分组细的情况下使用，可以保证汇总的质量和提高时效性。因此，卡片法一般在整理大规模专门调查材料时使用。

2. 电子计算机汇总

电子计算机汇总是指利用电子计算机技术进行统计汇总和计算，是统计汇总技术的新发展，其工作过程大致分为以下几个步骤。

（1）编程序

编程序是指选择或自编计算机进行汇总和计算应执行的指令（程序）的过程。

（2）编码

编码是指把表示信息的某种符号体系转换为便于计算机或人识别和处理的另一种符号体系的过程。简单来理解，编码就是将文字信息转化为数字信息的过程。

（3）数据录入

数据录入就是把经过编码后的数据和实际数字录入计算机。

（4）数据编辑

数据编辑就是按照事先规定的一套编辑规则由计算机对自动输入的数据进行检查。

（5）计算与制表

计算与制表是计算机根据事先编好的程序，对编辑检查订正后的数据进行最后计算和制表，得出所需的各种统计表。

现在，计算机的应用已形成专门学科，特别是计算机的程序系统，内容相当复杂，需要专门进行研究。

 课堂练习与活动

1. 手工汇总有几种？如何具体运用？
2. 我国统计汇总技术发展的方向是（　　）。
①画记汇总　　②卡片汇总　　③机械汇总　　④计算机汇总

案例分析

某班40名学生统计学考试成绩分别为

66　89　88　84　86　87　75　73　72　68　75　82　97　58　81
54　79　76　95　76　71　60　90　65　76　72　76　85　89　92
64　57　83　81　78　77　72　61　70　81

学校规定：60分以下为不及格，60～70分为及格，70～80分为中，80～90分为良，90～100分为优。

要求：
(1) 将该班学生分为不及格、及格、中、良、优五组，编制一张次数分配表；
(2) 指出分组标志及类型、分组方法的类型，并分析本班学生考试情况。

分析：
(1) "学生考试成绩"为连续变量，需采组距式分组，同时学生考试成绩变动均匀，故可用等距式分组来编制变量分配数列，具体如表3-17所示。

表3-17　次数分配表

考试成绩/分	学生人数/人	比率/%
60以下	3	7.5
60～70	6	15.0
70～80	15	37.5
80～90	12	30.0
90～100	4	10.0
合　计	40	100.0

(2) 分组标志为考试成绩，属于数量标志。从分配数列中可看出，该班同学不及格人数和优秀生的人数都较少，分别为7.5%和10%。大部分同学成绩集中在70～90分，说明该班同学成绩总体良好。

本章知识结构

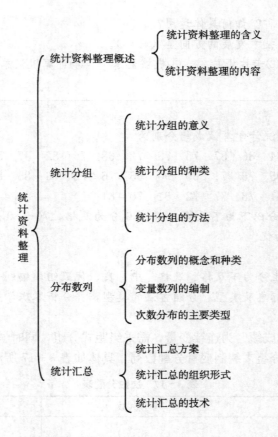

能力训练题

一、单项选择题

1. 下列分组中（   ）属于按数量标志分组。
   A. 职工人数按文化程度分组   B. 企业数按登记注册类型分组
   C. 企业数按工人人数分组   D. 职工人数按性别分组
2. 将统计数据按照某一标志分组的结果表现为（   ）。

A. 组内同质性，组间差异性　　　　B. 组内差异性，组间同质性
C. 组内同质性，组间同质性　　　　D. 组内差异性，组间差异性

3. 确定连续型变量的组限时，相邻组的组限应是（　　）。
   A. 交叉的　　　　　　　　　　　B. 重叠的
   C. 间断的　　　　　　　　　　　D. 顺序的两个自然数

4. 以组中值作为各组变量的代表值，假定条件是（　　）。
   A. 等距分组　　　　　　　　　　B. 各组变量在各组中均匀分布
   C. 各组变量个数相等　　　　　　D. 异距分组

5. 某连续变量数列，其末组为 500 以上，又知其邻组的组中值为 480，则末组的组中值是（　　）。
   A. 520　　　　B. 510　　　　C. 530　　　　D. 540

6. 变量数列中各组频率的总和应该（　　）。
   A. 小于 1　　　B. 等于 1
   C. 大于 1　　　D. 不等于 1

7. 某连续变量分为五组：第一组为 40~50，第二组为 50~60，第三组为 60~70，第四组为 70~80，第五组为 80 以上。按习惯上规定（　　）。
   A. 50 在第一组，70 在第四组　　B. 60 在第二组，80 在第五组
   C. 70 在第四组，80 在第五组　　D. 80 在第四组，50 在第二组

8. 对职工的生活水平状况进行分组研究，正确的选择分组标志应当用（　　）。
   A. 职工月工资总额的多少　　　　B. 职工人均月收入额的多少
   C. 职工家庭成员平均月收入额的多少　　D. 职工的人均月岗位津贴及奖金的多少

9. 分配数列有两个组成要素，（　　）。
   A. 一个是单位数，另一个是指标数
   B. 一个是指标数，另一个是分配次数
   C. 一个是分组，另一个是次数
   D. 一个是总体总量，另一个是标志总量

10. 下面哪一个不是统计分组的作用？（　　）
    A. 划分类型　　　　　　　　　　B. 反映总体内部结构
    C. 研究现象间的依存关系　　　　D. 反映现象的变动趋势

二、判断题

1. 进行组距分组时，当标志值刚好等于相邻两组上下限数值时，一般把此值归并列为上限的那一组。（　　）
2. 直接观察法不能用于对历史资料的搜集。（　　）
3. 为了解某县主要农产品生产成本可以进行经常性调查。（　　）

三、填空题

1. 对原始数据的审核主要从两方面进行：一是进行（　　）；二是进行（　　）。
2. 在统计分组时，若采用上下限重叠式的组限表示方法，应遵守（　　）的统计原则。
3. 对某企业的职工按工资水平分组：最小组的上限为200元，邻组的组中值是225元；最大组的下限为650元，邻组的组中值是625元，则最小组和最大组的组中值分别为（　　）和（　　）。
4. 根据（3）中资料计算，最小组的下限和最大组的上限分别为（　　）和（　　）。
5. 在统计分组中，组距相同的分组为（　　）。

四、实训题

1. 某班级有40名学生，考试成绩（单位：分）如下。

89	88	76	99	74	60	82	60	93	99
94	82	77	79	97	78	87	84	79	65
98	67	59	72	56	81	77	73	65	66
83	63	89	86	95	92	84	85	79	70

学校规定：60分以下为不及格；60～75分为中；76～89分为良；90～100分为优。试把该班学生分为不及格、中、良、优四组。

要求：根据上述资料，编制一张次数分布表。

2. 某班级40名学生统计学原理考试成绩如表3-18所示。

表3-18　某班级40名学生统计学原理考试成绩

考分	人数	比率	向上累计		向下累计	
			人数/人	比率/%	人数/人	比率/%
60分以下	2					
60～70分	7					
70～80分	11					
80～90分	12					
90分以上	8					
合计	40					

要求：(1) 根据资料计算表中空格处数字；
　　　(2) 说明各指标的意义。

3. 某行业管理局所属的40个企业，2016年的产品销售收入（单位：万元）如下。

152	124	129	116	100	103	92	95	127	104
105	119	114	115	87	103	118	142	135	125
117	108	105	110	107	137	120	136	117	108
97	88	123	115	119	138	112	146	113	126

管理局规定：销售收入在 125 万元以上为先进企业；115 万～125 万元为良好企业；105 万～115 万元为一般企业；105 万元以下为落后企业。

要求：(1) 根据上述资料，进行统计分组；

(2) 计算组中值、次数、频率。

五、思考题

1. 什么是统计整理？统计整理在统计研究中的地位如何？
2. 统计整理包括哪些内容？
3. 如何理解统计分组的作用？
4. 统计分组的种类有哪些？各是什么？
5. 单项式分组和组距式分组分别在什么条件下运用？
6. 统计整理阶段最关键的问题是什么？
7. 学生按健康状况分组、工人按出勤率状况分组、家庭按收入水平分组、企业按固定资产原值分组等都是按数量标志分组的，对吗？
8. 手工汇总有几种？如何具体运用？
9. 电子计算机汇总的步骤有哪些？
10. 简单分组和复合分组各有什么特点和作用？
11. 变量数列可分为几种？各是什么？
12. 什么情况下可以编制单项数列？什么情况下应编制组距数列？
13. 组数和组距的关系如何？应根据什么原则确定组距？
14. 累计次数有何意义？
15. 统计汇总包括哪些内容？
16. 开口组和闭口组的组距、组中值如何确定？
17. 统计分组的关键问题是什么？

第4章 统计资料的表示方法

学习目标

掌握统计资料的表示方法对搞好统计工作是很有必要的。通过本章的学习，了解统计资料的表示方法——统计表和统计图，熟悉统计表和统计图的种类，初步掌握统计表的设计方法和统计图的绘制方法。

4.1 统 计 表

4.1.1 统计表的含义和结构

1. 统计表的含义

统计表是以纵横交叉的线条所绘制的表格来表现统计资料的一种形式。广义的统计表包括统计工作各个阶段中所用的一切表格。本章侧重介绍统计整理结果所用的统计表。

2. 统计表的结构

统计表的结构从形式上看，由总标题、横行标题、纵栏标题、数字资料四部分构成，如表4-1所示。

此外，有些统计表在表下还需增列补充资料、注解、附记、资料来源、某些指标的计算方法、填表单位、填表人员及填表日期等。

总标题是表的名称，用来概括统计表中全部统计资料的内容，一般写在表的上端中部。

横行标题或称横标目，它说明横行内容，在统计表中通常用来表示各组的名称。它代表统计表所要说明的对象，一般写在表的左方。

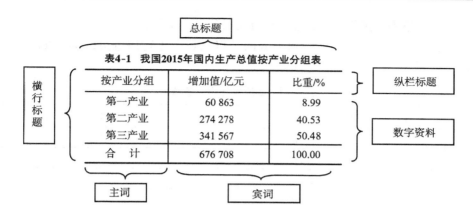

纵栏标题或称纵标目，在统计表中通常用来表示指标的名称，一般写在表的上方。

数字资料是说明总体特征的综合指标数值，列在横行标题与纵栏标题的交叉处。统计表中任何一个数字的内容由横行标题和纵栏标题所限定。

统计表的结构从内容来看，包括主词和宾词两个部分。主词是统计表所要说明的总体，它可以是各个总体单位的名称、总体的各个组，或者是总体单位的全部。宾词是用来说明主词的各种统计指标，包括指标名称和指标数值。在通常情况下，主词排列在表的左方，即列在横行标题的位置，宾词排列在表的右方，即列在纵栏。

4.1.2 统计表的种类

1. 统计表按其作用不同，可分为调查表、整理表和分析表

① 调查表。是指在统计调查阶段用于登记、采集原始统计资料的表格。

② 整理表。是指在统计整理阶段用于汇总统计资料和表现统计整理结果的表格。

③ 分析表。是指在统计分析阶段用于对整理所得的统计资料进行统计定量分析的表格。

2. 统计表按其主词分组情况不同，可分为简单表、简单分组表和复合分组表

① 简单表。是指主词未经任何分组，仅列出总体各单位数的名称或按时间先后顺序简单排列的统计表，如表4-2所示。

表4-2 某地区主要农产品产量

单位：万吨

主要农业产品	产　量
粮　食	3 180.0
棉　花	27.5
油　料	925.4
茶　叶	5.3

② 简单分组表。是指主词只按一个标志进行分组的统计表。

③ 复合分组表。是指主词按两个或两个以上标志进行层叠分组而形成的统计表，如表4-3所示。

表4-3　某班统计学成绩情况

按性别和及格与否分组		学生数/人
男　生	及　格	29
	不及格	1
女　生	及　格	20
	不及格	0
合　计		50

无论是简单表、简单分组表或者是复合分组表，它们的宾词都有两种形式：一种是平行形式，如表4-4所示；另一种是交叉（或重合）形式，如表4-5所示。

表4-4　某商场职工性别和年龄构成

商场类别	职工人数/人	性　别		年龄/岁			
		男	女	18岁以下	18～46岁	46～60岁	60岁以上
（甲）	（1）	（2）	（3）	（4）	（5）	（6）	（7）
副食品	300	250	50	20	180	90	10
百　货	350	200	150	50	240	50	10
五　交	280	180	100	30	190	60	0
合　计	930	630	300	100	610	200	20

表4-5　某商场职工性别和年龄构成

商场类别	职工人数（人）	18岁以上			18～46岁以上			46～60岁			60岁以上		
		合计	男	女	合计	男	女	合计	男	女	合计	男	女
（甲）	（1）	（2）	（3）	（4）	（5）	（6）	（7）	（8）	（9）	（10）	（11）	（12）	（13）
副食品	300	20	10	10	180	120	60	90	80	10	10	10	0
百　货	350	50	40	10	240	200	40	50	30	20	10	10	0
五　交	280	30	30	0	190	110	80	60	50	10	0	0	0
合　计	930	100	80	20	610	430	180	200	160	40	20	20	0

课堂练习

对我国人口按性别分组形成的统计表是一个简单表，以上说法对吗？

[阅读材料]

2014年中国造富大学排行榜

中国校友会网最新编制完成《2014中国大学评价研究报告》，报告公布了2014年中国造富大学排行榜和获富豪校友捐赠情况（表4-6），旨在体现中国大学毕业生的商业成就、经济贡献和社会责任。

表4-6 中国造富大学排行榜和获富豪校友捐赠情况

名次	学校名称	所在地区	富豪校友人数	获富豪校友捐赠
1	北京大学	北京	98	12.35亿元
2	清华大学	北京	95	3.66亿元
3	浙江大学	浙江	74	4.10亿元
4	复旦大学	上海	49	4 193万元
5	中国人民大学	北京	34	5.03亿元
6	中山大学	广东	28	3 060万元
7	上海交通大学	上海	27	3 350万元
8	武汉大学	湖北	25	2.19亿元
9	华南理工大学	广东	24	9 327万元
10	南京大学	江苏	23	4.86亿元

资料来源：中国校友会网。

4.1.3 统计表的设计要求及方法

为了使统计表清晰地反映所研究现象的数量特征，便于分析比较，其设计必须遵循科学、实用、简明、美观的原则。统计表内容的设计必须遵循简练、清晰、准确、醒目的原则。统计表的设计要求及方法如下。

① 统计表各种标题的表达，特别是总标题的表达，应该简明确切，概括地反映表的基本内容及资料所属的空间和时间范围。

② 表中的主词行一般应按先局部后整体的原则排列，即先列各个项目，后列总计。当没有必要列出所有项目时，可以先列总计，然后列出其中的重要项目。

③ 统计表纵栏较多时，为了便于阅读，可编栏号。在主词和计量单位等栏，用

（甲）、（乙）、（丙）等文字标明；在宾词各栏，用（1）、（2）、（3）等数字编号，如表4-5所示。如果各栏统计数字之间有一定的计算关系，可以利用数字编号表明其间的关系。例如，（8）=（9）+（10），表示第（8）栏数字为第（9）栏数字加上第（10）栏数字的和。

④ 统计表上、下两端的端线应用粗线或双线绘制，表中其他线条一般应用细线绘制。但表中必须用明显线条分隔的部分，也可以用粗线或双线绘制。统计表左、右两端习惯上均不画纵线，采用不封闭的"开口"表式。

⑤ 统计表中数字应填写整齐，对准位数，如有相同的数字应该全部重写，切忌写"同上""同左"等字样。当没有数值时，用符号"—"表示；缺少某项资料时用符号"…"表示，表明不是漏填；当某项资料免填时，用符号"×"表示。统计表数字部分不应留有空白。

⑥ 统计表中必须注明指标数值的计量单位。为了使统计表阅读方便，计量单位应按如下方法表示：当全表只有一个计量单位时，可以把计量单位写在表头的右上角；当同栏指标数值是同一计量单位，而各栏的计量单位不同时，应将计量单位写在各纵栏标题的下方或右侧；当同行统计资料用同一单位计量，而各行的计量单位不同时，可在横行标题后添列计量单位栏，用来标写各行的计量单位。

⑦ 有时统计表应加注说明或注解。例如，某些指标有特殊的计算口径，某些统计资料只包括一部分地区，某些数字是由估算来插补等，都要加以说明。有时还要注明资料来源，以便查证。说明和注解一般写在表的下端。

 课堂练习

某地区2012—2016年的财政收入如下：9 000万元、9 010万元、11 100万元、11 900万元、12 050万元。试根据资料编制一张统计表。

4.2 统 计 图

4.2.1 统计图的含义和作用

统计图是采用几何图形、事物的具体形象及地图等形式来反映现象数量特征和数量关系的图形。它是表现和分析统计资料的重要形式和方法。这种方法称为统计图示法。

统计图示法与统计表相比较，具有鲜明直观、形象生动、通俗易懂、一目了然，便于阅读和记忆，给人以明确而深刻的印象等优点，因此在社会经济生活中得到了广泛应用。

第一，统计图是统计分析的一种重要工具。在统计分析、社会科学研究方面，运用统计图可以将复杂现象的数量特征及数量关系清晰简明地揭示出来。

第二，统计图是进行科学管理的一种有效手段。在各种管理工作中，通过统计图可以及时了解生产经营状况和工作进程，掌握计划执行的情况，便于发现问题，采取措施，科学地调度、指挥生产经营，改进工作。

第三，统计图是对群众进行宣传教育的良好形式。在宣传教育工作中，利用统计图直观、形象、通俗易懂的特点，向广大群众宣传社会主义建设成就，进行形势教育，激发人们的热情，鼓舞人们积极上进。

4.2.2 统计图的种类

统计图可以根据研究目的，选用不同的标志进行分类。

1. 按统计图的形式不同

（1）几何图

这种图是利用点、线、面、体等几何图形来表现统计资料的图形。几何图又分为条形图、线形图、面积图（平面图）、体积图（立体图）等，都是以图形的大小、长短、多少或曲线的升降来表示现象的数量特征。

（2）象形图

这种图是利用事物的形象来表明现象的特点和数量对比关系的图形。这类图形实质上是几何图形的变形，也是以图形的大小、长短、多少来表现统计资料的。

（3）统计地图

这种图是利用点、线、面或事物形象在地图上显示现象的分布状况。

2. 按统计图的用途不同

（1）宣传展示图

这种图是进行宣传展览，供广大群众阅览用的图形。它所反映的数字资料以简要为宜，形式上要注意美观、生动，讲究艺术性。

（2）工作示意与竞赛评比图

这种图是为经营管理与开展竞赛评比活动用的图形。它所表示的统计指标数值要随着事物的发展而变化，数字资料要准确，形式上要通俗易懂、生动活泼。

（3）分析总结图

这种图是作为分析研究和总结用的图形，一般用来反映某种现象的过程与结果及其变动趋势。

以上统计图是从不同的角度来观察的，在实际工作中经常将各种图形结合应用。

4.2.3 统计图的绘制要求

为了绘制出比较好的统计图，一般要遵循以下基本要求。

① 要有明确的绘图目的。绘制统计图，首先要明确绘图目的，根据预定目的，细致分析所要图示的现象的特征，以此决定图形。在图形设计好后，要检查预定的目的是否达到，预定的要求是否满足。

② 绘图用的统计数值必须准确无误。统计图要准确地反映客观现象的真实情况，只有根据准确的统计资料，绘制的图形才能准确、切实。因此，在绘制统计图时，图形的大小、尺度的选择、比例的确定，都要以准确反映各项统计数字及其相互关系为标准。

③ 图形的表达应鲜明醒目。要求绘制的统计图标题和内容应简明扼要、主题突出。

④ 图形的表达应通俗易懂。统计图只有通俗易懂，才能被接受。在适当场合可以采用形象图来增加图示的通俗性，即使是图形中的文字说明、单位标写等，也都要通俗易懂。

4.2.4 常用统计图的绘制方法

在统计工作中常用的统计图有条形图、圆形图、曲线图、象形图和统计地图等，以下介绍各种统计图的绘制方法。

1. 条形图

条形图是以条形的长短或高低表示和比较同类统计指标的图形。条形图绘制简单，鲜明醒目，通俗易懂，便于比较，因此是一种适用范围最广泛的统计图。它用来比较的同类指标，可以是绝对数，也可以是相对数。

条形图按照条形构造的形式不同，可分为单式条形图和复式条形图。

(1) 单式条形图

单式条形图是将对比的各项统计指标，都以单一等宽的条形平行排列所绘制的一种条形图。它是条形图中制作最简单的一种图形。这种图形的绘制方法是：首先绘出直角坐标，以纵轴（Y）表示统计数值的大小，以横轴（X）作为基线，在基线上按照要图示的数字的项数，分为相等的几段，安置各条形；纵轴须以零为起点，并标出适当尺度。为了弥补图形的不足，还可以在各个条形的顶端标出它所代表的数字。例如，某地区2014—2016年的棉花平均亩产资料如表4-7所示。

表4-7 某地区2014—2016年棉花平均亩产情况

年　份	2014年	2015年	2016年
棉花平均亩产/千克	150	170	200

根据上面资料绘制条形图，图中每个条形代表一个年度的亩产指标，以最长的条形代表最大的数值，以最短的条形代表最小的数值，即根据条形的长短，将资料数值之间的差异显示出来，如图4-1所示。

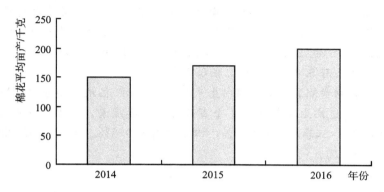

图4-1　某地区2014—2016年棉花平均亩产条形图

通过这个条形图可以鲜明地反映某地区2014—2016年棉花平均亩产的增长情况。

(2) 复式条形图

复式条形图是用两个或两个以上的条形为一组，同时平行若干组，来表示统计指标相互对比关系的图形。该图形可以进行组与组之间的比较，也可以进行组内比较。复式条形图能说明较多的问题，所以是一种常用的统计图。这种图形的绘制方法基本上和单式条形图相同，但必须将各组的各个条形用不同的线纹或颜色加以区别。应用复式条形图时，对比的指标不宜过多，以免使图面复杂化，影响简明清晰的效果。

图4-2是根据表4-4中的职工人数和18～46岁的职工人数两个指标绘制的复式条形图。

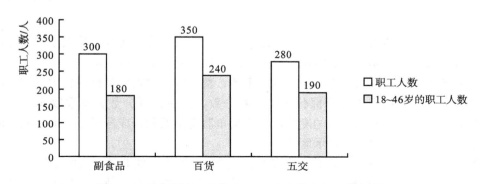

图4-2　某商场职工人数和18～46岁的职工人数条形图

> 阅读材料

2010年经济数据：GDP增长10.3%，CPI涨3.3%

国家统计局2011年1月20日公布数据显示，2010年全年居民消费价格比上年上涨3.3%。其中，城市上涨3.2%，农村上涨3.6%。12月份，居民消费价格同比上涨4.6%，环比上涨0.5%。2010年全年工业品出厂价格比上年上涨5.5%。12月份，工业品出厂价格同比上涨5.9%，环比上涨0.7%。

据媒体报道，初步测算，全年国内生产总值397 983亿元，按可比价格计算，比上年增长10.3%，增速比上年加快1.1个百分点。分季度看，一季度同比增长11.9%，二季度增长10.3%，三季度增长9.6%，四季度增长9.8%。图4-3是2008—2010年我国的GDP走势情况。

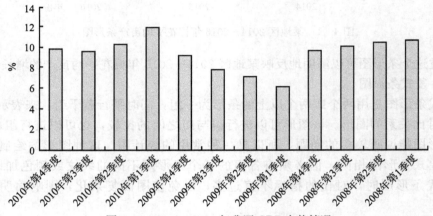

图4-3 2008—2010年我国GDP走势情况

资料来源：中国经营网。

2. 圆形图

圆形图是以圆的面积或圆内各个扇面所占的比重表示统计指标数值大小的图形。它主要用来表明事物总体的内部结构，有时也用来比较同类的统计指标。

这种图形的绘制方法如下：先绘制一个圆，整个圆面积表示某种现象的总体；根据统计资料求出总体指标中各个部分所占的百分数，然后将百分数分别乘以360°，计算出各组成部分所应占的圆心角的度数；再用量角器将圆面积分成若干个扇形，在各扇形内绘上不同的线纹或颜色，以示区别。

例如，某地区2016年工业总产值和农业总产值分别占工农业总产值的比重为70%和30%，则工业总产值的扇形夹角为：360°×70%＝252°；农业总产值的扇形夹角为360°×30%＝108°。根据求出的扇形夹角，用量角器即可画出扇形面积，如图4-4所示。

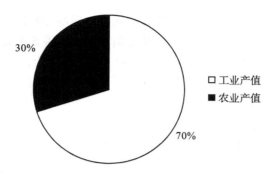

图 4-4　2016 年某地区工农业产值结构图

3. 曲线图

曲线图是以曲线的升降起伏表示被研究对象的变动情况及其发展趋势的图形。它可以用来反映事物发展变化的趋势，还可以检查计划的执行情况，分析事物之间的数量依存关系等。常用的曲线图有动态曲线图、计划完成曲线图等。

这种图形的绘制方法是：在直角坐标系中，用横轴（X）表示时间，用纵轴（Y）表示现象的发展水平；在横轴上划分时距，在纵轴上划定数量尺度，从纵、横轴上的各标点分别引出细直线，构成了坐标格；然后根据各个时期统计指标的数值，在相应的坐标格上标出圆点，将坐标格上的圆点依次连接起来，便绘制成了动态曲线图。图 4-5 是根据表 4-7 绘制的动态曲线图。

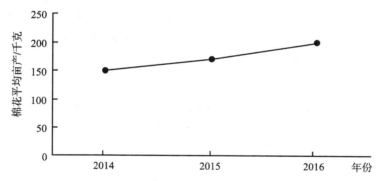

图 4-5　某地区 2014—2016 年棉花平均亩产动态曲线图

如果利用曲线图来分析计划完成情况，则根据产量的计划数与实际数在图上分别绘制计划曲线与实际曲线，将两条曲线对比则可分析计划的完成情况。

4. 象形图

象形图是用各种实物的具体形象来表示统计指标数值大小的一种形象化图形。由于象形图是通过具体的"实物"形体大小、个数的多少来比较统计数值的，所以它比条形图、面积图更生动、逼真，有较好的宣传效果。

绘制这种图形要突出特征，把所要代表的物体本质特征绘制出来，使阅读者一目了然。绘制象形图的轮廓时应尽可能接近各种几何图形，先确定事物象形的主要轮廓，再按大体比例画出次要部分的轮廓。图形的多少、大小、高低、长短要与数字资料相适应，如图4-6所示。

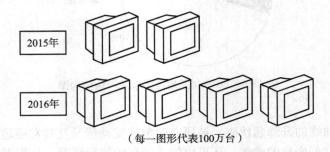

（每一图形代表100万台）

图4-6 某厂生产的大屏幕彩色电视机产量

5. 统计地图

统计地图是在地图的基础上，利用各种几何图形或各种线纹、色彩、形象等标记，说明和比较现象在各地区分布状况的图形。这种图形不仅能说明现象在不同地区的分布情况，还能反映现象所处的地理位置及与自然条件的关系等。

统计地图的绘制方法是：首先绘出所需要的地图轮廓，绘制地图的外轮廓线用粗线，内轮廓线用细线。根据统计资料的需要，选择合适的几何图形或象形图形，在地图准确的位置上绘出点、线、面等。绘制的具体步骤与象形图的方法基本一致。图4-7是根据某地区各县人口分布情况绘制的统计地图。

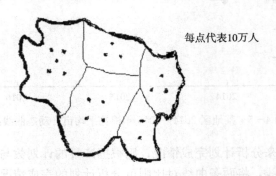

每点代表10万人

图4-7 某地区各县人口分布情况图

课堂练习

2014年我国国民收入的积累率和消费率分别为64.7%和35.3%,试用圆形图予以表示。

案例分析

下面是新星书店2016年第一季度售书情况记录单。
一月份售出：文艺书1 620册，科技书2 087册，工具书153册
二月份售出：文艺书4 763册，科技书4 262册，工具书425册
三月份售出：文艺书2 835册，科技书2 247册，工具书363册
要求：
(1) 根据上述资料编制一张统计表。
(2) 根据统计表中资料把2016年第一季度各月的售书情况绘制成条形图。
分析：
(1) 根据资料分析，统计表的总标题是新星书店2016年第一季度售书情况统计表，横行标题分别是文艺书、科技书、工具书，纵栏标题分别是一月份、二月份、三月份。指标数值填写资料中对应的数字，整个资料只有一种计量单位，写在表头的右上方。由于要求绘制各月售书情况条形图，所以需要计算合计栏。根据以上分析和编制统计表的若干要求，编制的统计表如表4-8所示。

表4-8　新星书店2016年第一季度售书情况统计表

单位：册

书籍种类	一月份	二月份	三月份
文艺书	1 620	4 763	2 835
科技书	2 087	4 262	2 247
工具书	153	425	363
合　计	3 860	9 450	5 445

(2) 根据统计表中的资料，首先绘出直角坐标系，以纵轴（Y）表示书籍的合计数，以横轴（X）作为基线表示月份。在基线上按照统计表中月份的项数分为相等的三段，安置三个单一等宽的条形。纵轴以零为起点，以间隔1 000册为数值刻度，在各个条形的顶端标出它所代表的数字。根据以上分析绘制成的新星书店2016年第一季度各月的售书情况条形图如图4-8所示。

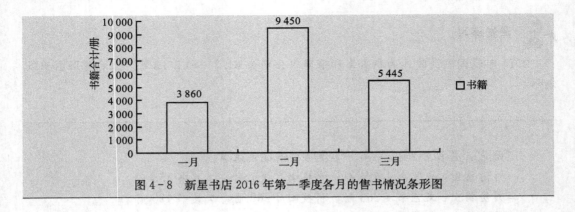

图 4-8　新星书店 2016 年第一季度各月的售书情况条形图

本章知识结构

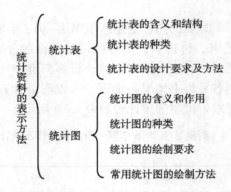

能力训练题

一、单项选择题

1. 统计资料是统计工作的（　　）。
   A. 表现　　　　　　　　　　　　B. 最终成果
   C. 文字表示　　　　　　　　　　D. 数字结果
2. 总标题是表的名称，一般写在（　　）。
   A. 表的左方　　　　　　　　　　B. 表的右方
   C. 表的上端中部　　　　　　　　D. 表的上方

3. 主词是指（　　）。
   A. 各种指标所表述的研究对象
   B. 写在表上方的总标题
   C. 描述研究对象的指标
   D. 分布在表中的指标值
4. 统计表中用来表示指标名称的是（　　）。
   A. 总标题
   B. 主词
   C. 横行标题
   D. 纵栏标题
5. 在统计调查阶段用于登记、采集原始统计资料的表格是（　　）。
   A. 调查表
   B. 整理表
   C. 分析表
   D. 复合分组表
6. 主词只按一个标志进行分组的统计表是（　　）。
   A. 调查表
   B. 简单表
   C. 简单分组表
   D. 复合分组表
7. 统计表中的数字资料是说明总体特征的（　　）。
   A. 标志
   B. 数字
   C. 文字
   D. 综合指标
8. 宾词栏中各分组标志彼此分开，各标志的分组指标平行排列的是（　　）。
   A. 平行配置
   B. 层叠配置
   C. 分组配置
   D. 复合配置
9. 统计表中的主词各行和宾词各栏，一般应按（　　）。
   A. 先局部后整体的原则排列
   B. 总体原则排列
   C. 局部原则排列
   D. 先整体后局部的原则排列
10. 当统计表只有一个计量单位时，可以把计量单位写在（　　）。
    A. 表的下部
    B. 表头的右上角
    C. 表头的左上角
    D. 表的数字栏
11. 当统计表中某项没有数值时（　　）。
    A. 用符号"…"表示
    B. 用符号"×"表示
    C. 不填写
    D. 用符号"—"表示
12. 利用统计图来表现和分析统计资料的方法叫作（　　）。
    A. 统计表法
    B. 统计地图法
    C. 条形图法
    D. 统计图示法
13. 在条形图中以单一的条形来图示统计数值，这种图形是（　　）。
    A. 复式条形图
    B. 单式条形图
    C. 分段条形图
    D. 长方形图
14. 在地图中，绘出大小不同的圆点或方点，这种图形是（　　）。
    A. 象形图
    B. 统计地图

C. 条形图 　　　　　　　　　　　　D. 圆形图

15. 以圆内各个扇面所占的比重表示统计指标数值大小的图形是（　　）。

　　A. 条形图 　　　　　　　　　　　B. 象形图
　　C. 圆形图 　　　　　　　　　　　D. 统计地图

二、判断题

1. 统计资料的表示方法主要有统计表和统计图。（　　）
2. 圆形图各个扇面的圆心角之和等于90°。（　　）
3. 统计图的设计和绘制不需要有明确的目的。（　　）
4. 在通常情况下，宾词排列在表的左方，主词排列在表的右方。（　　）
5. 象形图没有条形图、曲线图生动、逼真。（　　）

三、填空题

1. 统计表从其形式来看，由（　　）、（　　）、（　　）和（　　）四部分内容组成。
2. 统计表从内容上来看，由（　　）和（　　）组成。
3. 常用的统计图由（　　）、（　　）、（　　）、（　　）、（　　）组成。

四、实训题

1. 根据你所在的班级某一门课程的考试成绩，编制一张统计表。
2. 某班组20名职工2016年第一季度奖金情况如表4-9所示。

表4-8　某班组20名职工2016年第一季度奖金情况表

月份	1	2	3
奖金/元	9 325	9 827	11 690

五、思考题

1. 什么是统计表？其结构是怎样的？
2. 统计表有哪些种类？简单分组和复合分组的区别是什么？
3. 编制统计表应注意哪些问题？
4. 什么是统计图？它有什么作用？
5. 绘制统计图有哪些基本要求？
6. 统计图有哪几种类型？常用的有哪些？

第 5 章

综合指标

> **学习目标**
>
> 综合指标是统计分析的基础。通过本章的学习,要求学生了解总量指标、相对指标、平均指标和标志变异指标的含义、作用及分类;理解各种综合指标的特点和具体应用;熟练掌握一些常用指标的计算方法,并能根据计算结果对经济现象进行统计分析。

5.1 总量指标

5.1.1 总量指标的含义和作用

1. 总量指标的含义

总量指标是反映在一定时间、空间条件下社会经济现象的总体规模或总体水平的综合指标,其表现形式一般为有一定计量单位的绝对数,因此总量指标又称为绝对指标或绝对数。总量指标是最基本的综合指标,数值随着统计范围的变化而增减。

2. 总量指标的作用

在社会经济统计中,总量指标起着重要作用。

(1) 总量指标是认识社会经济现象的起点

我们对于社会经济现象基本情况的了解首先都是从总量指标开始的。例如,2015年我国国内生产总值为 676 708 亿元,其中第一产业为 60 863 亿元,第二产业为 274 278 亿元,第三产业为 341 567 亿元。通过这一系列的总量指标,就能了解到 2015年我国国内生产总值及其构成部分的总体概况。

(2) 总量指标是计算相对指标和平均指标的基础

总量指标是计算其他指标的基础,相对指标和平均指标都是在总量指标的基础上派生出来的。总量指标的计算结果直接影响到相对指标和平均指标的计算结果。例如，人口性别比例是男性人口数与女性人口数之比。

（3）总量指标是编制计划、检查计划、实行经济管理的重要依据

编制计划、检查计划及实行经济管理都是从总量指标开始的。无论是宏观调控还是微观管理，都必须从客观实际出发，以反映现象的总量指标作为重要的参考依据。例如，要了解一个国家的货币发行量，就必须了解和掌握城乡居民储蓄存款余额、货币流通量及投资总额等总量指标。

课堂练习与活动

阅读下列材料，请说明其中哪些指标是总量指标。

2013 年年末我国拥有人口 136 072 万人，人口出生率为 12.08‰，人口死亡率为 7.16‰，人口自然增长率为 4.92‰。在我国 136 072 万人中，男性为 69 728 万人，女性为 66 344 万人；城镇人口为 73 111 万人，乡村人口为 62 961 万人。

5.1.2 总量指标的分类

1. 总量指标按反映的总体内容不同，可分为总体单位总量和总体标志总量

（1）总体单位总量

总体单位总量简称单位总量，是指一个总体所包含的总体单位的个数，表示总体本身规模的大小。例如，要统计调查一个企业的职工状况，则该企业所有职工为统计总体，职工人数就是总体单位总量。可见，通过总体单位总量可以观察总体的具体规模和水平。要确定总体单位总量首先要根据统计研究目的确定总体范围。

（2）总体标志总量

总体标志总量简称标志总量，是指总体中各单位某一数量标志值的总和。例如，研究某地区的工业企业总产值，则所有工业企业为总体，每一个企业为总体单位，企业数为总体单位总量，企业的产值为数量标志，每家工业企业的产值相加形成的总产值就是总体标志总量。

（3）总体单位总量和总体标志总量的关系

在一个特定总体内，总体单位总量只有一个，而总体标志总量却可以有多个。如表 5-1 所示，在对我国房地产企业的统计研究中，只有企业数才是总体单位总量，而总体标志总量却有多个。这是因为作为一个特定的总体，其总体单位也是确定的，所以总体单位总量只能有一个，而对于总体单位而言，数量标志可以有多个，因而总体标志总量可以有多个。

由于研究目的的不同，总体单位总量和总体标志总量并不是固定不变的。在表 5-1 中，由于是考察我国房地产企业 2012—2014 年的发展情况，此时全部房地产企业构

成一个总体,其中每一个房地产企业为总体单位,所有的房地产企业的数目就是总体单位总量,而企业从业人员总数、完成土地开发面积等就构成总体标志总量。如果研究目的变为考察房地产企业从业人员的状况,这时全体从业人员就构成一个总体,其中每个从业人员为总体单位,此时房地产企业从业人员就变为总体单位总量,而从业人员薪酬总额、从业人员工作总工时等就构成总体标志总量。因此,正确判断和区别总体单位总量和总体标志总量的关键是正确判断总体和总体单位。

表 5-1 我国房地产开发企业 2012—2014 年发展情况表

年份	企业数/个	从业人员/万人	完成土地开发面积/万平方米	新开工房屋面积/万平方米	商品房屋销售面积/万平方米
2012	62 518	171.97	27 566.2	95 401.5	77 354.7
2013	87 562	210.04	28 709.8	102 553.4	65 969.8
2014	80 407	194.93	23 037.4	116 422.1	94 755.0

总体单位总量：企业数；总体标志总量：从业人员、完成土地开发面积、新开工房屋面积、商品房屋销售面积

资料来源：国家统计局网站。

2. 总量指标按反映的时间状况不同,可分为时期指标和时点指标

(1) 时期指标

时期指标是指反映社会经济现象在一段时期内发展变化的总量指标。在社会经济活动中,很多总量指标都表现为一段时期内的总量。比如,我国 2015 年的国内生产总值为 676 708 亿元,某企业 2015 年实现销售收入 200 万元,若把相关内容放在某一个时点上来考察将是无法测量或者是无意义的。

(2) 时点指标

时点指标是指反映现象在某一特定时刻(瞬间)状况的总量指标。在社会经济活动中,很多总量指标都表现为某一时点的总量。比如,某企业年末固定资产净额为 2 700.5 万元,某地区年末拥有人口 125.12 万人。

(3) 时期指标和时点指标的区别

① 时期指标的数值一般具有可加性,时间上相邻的时期指标相加可以得到一个更长时期内的总量指标;时点指标的数值一般不具有可加性,不同时点的指标数值之间相加没有实际意义。例如,某商店一年的销售额可以通过各月销售额累计相加求得,而该商店每月月末的存货金额相加起来则没有实际意义。

② 时期指标的数值的大小与时期长短有直接联系,一般来说,时期越长,指标数值也越大;时点指标的数值一般与时点间隔长短没有直接联系。例如,某商店的一年销售额一般大于其一个月或者一个季度的销售额,而该商店本年度内各月末、季度末、年末库存量之间并没有直接的联系。

③ 时期指标的数值是连续登记、累计的结果,体现了一系列动态过程;时点指标

的数值是间断登记的结果,体现了某一时点的静态状况。例如,某商店一年的销售额要根据该商店每月销售额进行累计得来;而这家商店月末的存货量只需要在月末进行登记即可求得。

 课堂练习与活动

王某 2016 年工资总额为 6.5 万元,年末其银行卡内拥有存款 2.5 万元,请问其工资总额 6.5 万元是时期指标还是时点指标?年末存款 2.5 万元是时期指标还是时点指标?并结合该实例说明时期指标和时点指标的区别。

5.2 相对指标

5.2.1 相对指标的含义和作用

1. 相对指标的含义

相对指标又称统计相对数,它是两个相互联系的统计指标对比计算的一种比值。相对指标用来反映社会经济现象的发展程度、结构、强度、普遍程度或比例关系。例如,在我国第五次全国人口普查中,男性占 51.63%,女性占 48.37%,男、女比例为 1.06∶1,汉族占 91.59%,少数民族占 8.41%,文盲率为 6.72%等都属于相对指标。

2. 相对指标的作用

① 运用相对指标可以揭示社会经济现象的构成情况、相关情况或者发展情况等。总量指标虽然能反映总体的规模,但不能说明现象总体的内部结构。例如,2015 年我国社会消费品零售总额为 300 931 亿元,通过此总量指标可以了解 2015 年我国国内社会消费品贸易情况,但是难以对其进行评价。如果将其与 2014 年的数据进行对比,2014 年我国社会消费品零售总额为 262 394 亿元,可以看出 2015 年比 2014 年增长了 14.69%。这使我们对国内社会消费品贸易的发展情况有了清晰的认识。所以,相对指标便于对社会经济现象作进一步的认识。

② 运用相对指标便于不同总体之间进行比较。通过不同的总量指标对比,可以将总体数量上的绝对差异抽象化,但无法直接找到对比的基础,相对指标可以帮助我们找到对比的基础。例如,要比较分析两个国家劳动力资源情况,由于两个国家人口总数和经济发展情况不同,单纯从有劳动能力的人口总数这个总量指标进行比较不能得出正确结论,但是利用人口构成情况等指标进行比较就可以进行正确的评价。

5.2.2 相对指标的表现形式

相对指标的表现形式又称为相对指标的计量单位。相对指标有无名数和有名数两种表现形式。

1. 无名数

无名数是一种抽象化的数值。当对比的分子和分母计量单位相同或无计量单位时，计算所得的相对指标则表现为无名数。无名数多用系数、倍数、成数、百分数和千分数表示。

（1）系数和倍数

系数和倍数是指将对比的基数抽象化为 1 而计算出来的相对数。通常，两个对比数值相差不大时，用系数表示；两个对比的数值相差较大时，用倍数表示。

（2）成数

成数是指将对比的基数抽象化为 10 而计算出来的相对数。

（3）百分数

百分数是指将对比的基数抽象化为 100 而计算出来的相对数。它是相对指标最常用的一种表现形式。

（4）千分数

千分数是指将对比的基数抽象化为 1 000 而计算出来的相对数。它常用于分子数值比分母数值小很多时。

2. 有名数

有名数是一种有具体名称的数值，一般都表现为复名数。有名数是用来表示强度的相对指标，以表明事物的密度、强度和普遍强度。当进行对比的分子和分母的计量单位不同时，一般将对比的分子和分母的计量单位同时使用，以双重计量单位表示。例如，人口密度用"人/km^2"表示。

5.2.3 相对指标的种类及计算

由于统计分析目的的不同，相对指标的计算方法也不同，因此形成了不同的相对指标。在实际统计工作中，相对指标包括 6 种基本形式，即结构相对指标、比例相对指标、比较相对指标、强度相对指标、动态相对指标和计划完成程度相对指标。

1. 结构相对指标

在研究某一社会经济现象时，不仅要了解其总体规模，还要了解其内部构成情况，计算其内部各组成部分的比重，这就需要计算结构相对指标。

结构相对指标是指某一个总体在统计分组的基础上，以各组的部分数值与总体数值进行对比，求出总体的内部结构的一种综合指标。其计算公式为

$$结构相对指标 = \frac{总体中某部分或组的指标数值}{总体总量指标数值} \times 100\%$$

结构相对指标一般用百分数、成数表示,分子、分母不能互换,总体总量指标数值必须作分母。总体内各组的结构相对指标数值之和等于100%。

【例 5 - 1】 我国 2013—2015 年国内生产总值的构成情况如表 5 - 2 所示。试计算 2015 年第一、二、三产业在国内生产总值中所占的比重。

表 5 - 2 我国 2013—2015 年国内生产总值构成情况表

年 份	2013		2014		2015	
	产值/亿元	比重/%	产值/亿元	比重/%	产值/亿元	比重/%
第一产业	56 957	10.01	58 332	9.17	60 963	
第二产业	249 684	43.89	271 392	42.64	274 278	
第三产业	262 204	46.10	306 739	48.19	341 567	
国内生产总值	568 845	100.00	636 463	100.00	676 708	

资料来源:《中国统计年鉴(2016)》。

解 表 5-2 中,2015 年第一、二、三产业在我国国内生产总值中所占的比重分别如下。

第一产业:

$$\frac{60\ 963}{676\ 708} \times 100\% \approx 9.0\%$$

第二产业:

$$\frac{274\ 278}{676\ 708} \times 100\% \approx 40.5\%$$

第三产业:

$$\frac{341\ 567}{676\ 708} \times 100\% \approx 50.5\%$$

从表 5-2 中可以看出,我国 2013—2015 年国内生产总值逐年增长,同时三大产业在国内生产总值中的比例也发生了变化。第一产业、第二产业的比重逐年下降,第三产业的比重逐年提升。

事实上,通过分析比较不同总体或者同一总体不同时期的内部结构情况,可以了解不同总体内部结构的差异或者总体的结构变化情况。因此,结构相对指标在对社会经济现象的研究中得到广泛应用,如恩格尔系数等。

> 阅读材料

恩格尔系数

恩格尔系数是根据19世纪德国统计学家恩格尔定律得出的比例数，它指的是食品消费在家庭总消费支出中所占的比例。一个家庭，收入越少，家庭总支出中用于食物的支出比例就越大；随着家庭收入的增加，家庭总支出中用于食物的比例则会下降。推而广之，一个国家越贫穷，每个国民的支出中用于食物的支出所占比例就越大；随着国家的富强，这个比例就会呈下降趋势。联合国根据恩格尔系数制定了划分贫困与富裕的标准：恩格尔系数超过60%为绝对贫困型；50%～60%为勉强度日或基本温饱型；40%～50%为小康型；30%～40%为富裕型；低于30%为最富裕型。目前恩格尔系数低于30%的只有美国和欧盟国家，其他中等发达国家的恩格尔系数均在30%～40%。

资料来源：统计知识大全。

2. 比例相对指标

比例相对指标是指同一总体内部不同组成部分的指标数值之比，是反映总体内部各个组成部分之间的比例关系和均衡状况的综合指标。其计算公式为

$$比例相对指标 = \frac{总体中某部分的指标数值}{总体中另一部分的指标数值} \times 100\%$$

比例相对指标一般用百分数、几比几或者连比的形式表示，分子、分母一般可以互换。

【例5-2】 在某工科院校2016年入学的5 000名新生中，男生为4 500名，女生为500名，求比例相对指标。

解

$$比例相对指标 = \frac{4\,500}{500} \times 100\% = 900\% = 9$$

计算结果表明，该工科院校男生与女生比例为9∶1，或者女生与男生比例为1∶9。

在计算结构相对指标和比例相对指标的过程中，应注意分子、分母的指标数值必须属于同一总体并且属于同一时期或时点。若知道总体内部各部分的结构相对指标，则可求出相对应的比例相对指标；若知道总体内部各部分的比例相对指标，亦可求出总体内部各部分相对应的结构相对指标。

课堂练习与活动

1. 在某次统计学的考试中，考试及格率为75%，则及格学生数与不及格学生数之比为（　　）。

2. 某企业共有员工500名，管理人员：技术人员：生产工人=3：2：15，则该企业管理人员为（　　）人，技术人员为（　　）人，生产工人为（　　）人。

3. 比较相对指标

比较相对指标是指两个不同总体在同一时期（或时点）同类指标数值对比形成的一种综合指标，用以说明不同总体发展的不均衡程度和差异程度。其计算公式为

$$比较相对指标=\frac{甲总体的某类指标数值}{乙总体的同类指标数值}\times 100\%$$

比较相对指标一般用百分数、倍数和系数表示，分子、分母一般可以互换。用来计算比较相对指标的指标数值必须性质相同，其表现形式可以为绝对数，也可以为相对数或平均数。

【例5-3】 甲、乙两家企业生产同类产品，甲企业的年产量为2 000万件，乙企业的年产量为1 000万件，求比较相对指标。

解
$$比较相对指标=\frac{2\ 000}{1\ 000}\times 100\%=200\%$$

计算结果表明，甲企业产量为乙企业产量的2倍。

在例5-3中，单纯从总量指标进行对比的结果来看，甲企业的产量是乙企业产量的2倍，但是并未考虑两家企业规模的不同，不能准确说明两家企业的差异情况。若甲企业的生产工人为100人，则甲企业工人劳动生产率为20万件/人；若乙企业的生产工人为40人，则乙企业工人劳动生产率为25万件/人，则甲企业劳动生产率为乙企业的80%。所以，在计算比较相对指标时，还应采用平均指标和相对指标进行对比，以便更加准确地反映现象发展的本质差异。

4. 强度相对指标

强度相对指标是指两个性质不同但有联系的总量指标对比得出的相对数，用来分析不同事物之间的数量对比关系，是表明现象的强度、密度和普遍程度的综合指标。其计算公式为

$$强度相对指标=\frac{某一总体的总量指标}{另一性质不同但有联系的总体的总量指标}$$

强度相对指标一般用有名数表示,而且是复名数,如人口密度的单位为人/km²;强度相对指标也可以用无名数表示,如人口死亡率以千分数表示。

【例 5-4】 2015 年年末我国总人口为 136 782 万人,国土面积为 960 万 km²,求我国的人口密度。

解 我国的人口密度 $=\dfrac{136\ 782\ 万人}{960\ 万\ km^2}=143\ 人/km^2$

强度相对指标的分子和分母有时可以互换,从而形成正指标和逆指标两种计算方法。正指标越大,逆指标越小,说明其强度、密度、普遍程度越大。例如,反映卫生事业对居民服务保证程度的指标为

$$每千人拥有医院床位数 = \frac{医院床位数(张)}{人口数(千人)}$$

$$每张医院床位负担的人口数 = \frac{人口数(千人)}{医院床位数(张)}$$

这两个指标中,前一个指标是正指标,说明指标数值越大,对居民的医疗保证程度越高;后一个指标是逆指标,说明指标数值越小,对居民的医疗保证程度越好。

5. 动态相对指标

动态相对指标是指同一总体的同一指标在不同时间上的对比结果,反映该总体在不同时间上的发展变化情况。动态相对指标一般用百分数或倍数表示,分子、分母不能互换。其计算公式为

$$动态相对指标 = \frac{某类指标报告期数值}{同类指标基期数值} \times 100\%$$

公式中的报告期是指我们要研究的时期,基期是指作为比较的标准时期。

【例 5-5】 某商场 2015 年销售额为 2 000 万元,2016 年销售额达到了 2 200 万元,求动态相对指标。

解 $动态相对指标 = \dfrac{2\ 200}{2\ 000} \times 100\% = 110\%$

计算结果表明,2016 年销售额为 2015 年的 110%,比 2015 年增长了 10%。

6. 计划完成程度相对指标

计划完成程度相对指标是指社会经济现象在某一时期内的指标的实际数值与计划数值对比的结果,反映了计划的完成情况。计划完成程度相对指标一般用百分数表示,分子、分母不能互换。其计算公式为

$$\text{计划完成程度相对指标} = \frac{\text{实际完成数}}{\text{计划任务数}} \times 100\%$$

通过计算计划完成程度相对指标,可以掌握计划完成情况,因此分子和分母的口径必须一致,即指标含义、计算方法、计量单位和时空范围必须保持一致。在实际生活中,计划任务数可以表现为总量指标、相对指标或者平均指标等多种形式,因此计算计划完成程度相对指标的方法也不相同。

1) 计划任务数为总量指标

当计划任务数以总量指标表示时,根据计划的时期的不同,计划完成情况检查一般可以分为短期计划完成情况检查和长期计划完成情况检查两种。

进行短期计划完成情况检查,直接采用上述公式进行计算。

【例 5-6】 某公司计划 2016 年实现净利润 1 500 万元,实际实现净利润 1 800 万元,计算计划完成程度相对指标并评价计划完成情况。

解 $$\text{计划完成程度相对指标} = \frac{1\,800}{1\,500} \times 100\% = 120\%$$

计算结果表明,该企业 2016 年实现净利润计划完成 120%,超额完成 20%。

进行长期计划完成情况检查,根据计划指标的不同,具体可以分为累计法和水平法两种不同的检查方法。

(1) 累计法

当计划指标是计划期内各期的累计完成数时,则要求用累计法进行计划完成程度的检查。累计法是将整个计划期间期末实际完成的累计数与同期计划数相对比,来确定计划完成程度。其计算公式为

$$\text{计划完成程度相对指标} = \frac{\text{计划期间期末实际累计完成数}}{\text{本期计划数}} \times 100\%$$

【例 5-7】 某地区"十二五"期间,计划固定资产投资总额为 200 亿元,实际各年固定资产投资情况如表 5-3 所示。计算该地区"十二五"期间固定资产投资计划完成程度相对指标,并评价计划完成情况。

表 5-3 某地区"十二五"期间固定资产投资完成情况

单位：亿元

年份	2011年	2012年	2013年	2014年	2015年	合计
固定资产实际投资额	38	42	45	51	60	236

解   计划完成程度相对指标 $=\dfrac{236}{200}\times 100\%=118\%$

计算结果表明，该地区超额 18% 完成了"十二五"期间固定资产投资计划。

按累计法检查计划执行情况时，计算提前完成计划时间的方法是：将计划全部时间减去自计划执行之日起至累计实际数已达到计划任务时间，即为提前完成计划的时间。例如，在例 5-7 中，该地区到 2015 年 5 月 31 日为止固定资产实际完成投资总额 200 亿元，则提前完成计划时间为 7 个月。

(2) 水平法

当计划指标是计划期期末应达到的水平时，则要求用水平法进行计划完成程度的检查。水平法是根据计划期期末实际达到的水平与计划规定的应达到的水平相比较，来确定全期是否完成计划。其计算公式为

$$计划完成程度相对指标 = \dfrac{计划期期末实际达到的水平}{计划期期末计划达到的水平}\times 100\%$$

【例 5-8】 某地区"十二五"期间，计划粮食产量 2015 年达到年产 120 万吨的水平，实际达到 150 万吨。计算该地区"十二五"期间粮食产量计划完成程度相对指标，并评价计划完成情况。

解   计划完成程度相对指标 $=\dfrac{150}{120}\times 100\%=125\%$

计算结果表明，该地区超额 25% 完成了"十二五"期间粮食产量计划。

按水平法检查计划执行情况时，计算提前完成计划时间的方法是：连续一年时间（可以跨年度）实际完成水平达到最后一年计划水平，就算完成了计划，剩下的时间就是提前完成计划时间。例如，在例 5-8 中，该地区从 2014 年 4 月到 2015 年 3 月连续 12 个月的粮食总产量就达到了 120 万吨的水平，则 2015 年 3 月份即为完成计划时间，提前 9 个月完成计划。

2) 计划任务数为相对指标

在实际工作中，经常用提高或降低的百分比来表示计划任务数。应用相对指标计算

计划完成程度相对指标时，如产量增加百分之几、费用降低百分之几等，应以实际达到的百分数与计划达到的百分数相比，其计算公式为

$$计划完成程度相对指标（提高率）=\frac{1+实际提高率}{1+计划提高率}\times 100\%$$

$$计划完成程度相对指标（降低率）=\frac{1-实际降低率}{1-计划降低率}\times 100\%$$

【例 5-9】 某公司计划 2016 年比 2015 年产品产量提高 12%，而实际只提高了 8%，求该公司产品产量的计划完成程度相对指标，并评价该公司是否完成计划。

解 　　计划完成程度相对指标 $=\dfrac{1+8\%}{1+12\%}\times 100\%=96.43\%$

计算结果表明，这家公司没有完成产品产量计划任务。

当计划任务数为相对数的时候，其计算公式虽然与前面的公式形式上有所不同，但是其实质仍为实际数比上计划数。在例 5-9 中，分子 108% 代表 2016 年产量为 2015 年产量的百分比的实际数，分母 112% 为 2016 年产量为 2015 年产量的百分比的计划数。假设 2015 年产量为 a，则 2016 年实际产量为 $a(1+8\%)$，2016 年计划产量为 $a(1+12\%)$，两者相比的结果与例 5-9 的计算结果完全一致。所以当计划数为百分数的时候，在进行计划完成程度相对指标的计算过程中，千万不可直接用实际提高（或降低）的百分比比上计划提高（或降低）的百分比。

3）计划任务数为平均指标

在实际工作中，计划任务数还经常表现为平均指标，如单位产品成本、工人人均产量、职工平均工资等。当计划任务数为平均指标时，其计划完成程度相对指标的计算公式为

$$计划完成程度相对指标=\frac{平均指标实际完成数}{平均指标计划完成数}\times 100\%$$

【例 5-10】 某企业去年生产某种产品的单位成本为 105 元，计划今年降低 5 元，实际降低了 10 元，求该企业产品的单位成本的计划完成程度相对指标，并判断是否超额完成任务。

解 　　计划完成程度相对指标 $=\dfrac{95}{100}\times 100\%=95\%$

计算结果表明,该企业不仅降低了单位成本 5 元,而且单位成本降低的实际幅度超过了计划,此时我们认为该企业超额 5%完成了降低成本的计划。

计划完成程度相对指标的评价方法是:当表示收入、利润之类的计划完成程度相对指标大于 100%时,说明超额完成计划;当成本、费用之类的计划完成程度相对指标小于 100%时,说明超额完成计划。

上述六种相对指标从不同的角度出发,运用不同的对比方法,对两个同类指标数值进行静态的或动态的比较,通过计算相对指标,可以进一步对社会经济现象进行分析和研究。但是在利用相对指标的过程中还应注意以下几点。

① 分子、分母的可比性。例如,结构相对指标和比例相对指标,分子、分母必须是同一总体,指标数值所属时间或时点必须相同,比较相对指标和强度相对指标分子、分母则不是同一总体,但分子、分母指标性质必须相同或存在一定的联系。

② 相对指标和总量指标结合应用。当不同总体之间进行比较时,由于受到总体规模的影响,仅仅通过总量指标进行比较不能真实反映社会经济现象的本质,所以将相对指标和总量指标结合起来应用能更深刻地认识社会经济现象。

③ 定量分析与定性分析相结合。在计算出相对指标的数值后,还需结合社会经济现象的具体情况对事物作出正确的评价。

课堂练习与活动

6 类相对指标中,哪个相对指标可以用有名数表示?

5.3 平均指标

5.3.1 平均指标的含义和作用

1. 平均指标的含义

在对经济社会现象的研究过程中,总体各单位的标志值往往互不相同,这就需要通过某个具有代表性的指标来说明社会经济总体的一般水平,通过该指标将总体内各单位数量差异抽象化,这个指标就是本节所要研究的平均指标。平均指标又称平均数,它是社会经济现象总体各单位某一数量标志在一定时间、地点条件下所达到的一般水平的综合指标。例如,某地居民人均收入、工人人均产量等都是平均指标。

【例 5-11】 某企业生产小组共有 20 名工人加工同类型的零件,日产量如表 5-4 所示。

表 5-4 工人加工零件的产量

单位:件

工人序号	1	2	3	4	5	6	7	8	9	10
日产量	75	81	81	82	83	84	84	85	85	85
工人序号	11	12	13	14	15	16	17	18	19	20
日产量	86	86	87	88	88	88	89	90	92	94

从表 5-4 中可以看出,由于每个工人生产的熟练程度不同,这 20 名工人的产量存在差异。仅仅通过其中某一名工人的产量并不能综合反映整个生产小组的情况,因此需要综合考虑这 20 名工人的日产量,找出一个能够代表整个生产小组一般日产量的代表性数值,这个抽象化的指标即为平均日产量。

通过对表 5-4 中数值的观察,还可以看出绝大部分工人的产量集中在 80~90,只有个别工人低于 80 或者高于 90,这个代表性数值即平均指标处于 80~90,能反映 20 名工人产量的一般水平,因此平均指标往往也能反映总体分布的集中趋势。

综上所述,平均指标具有以下三个方面的特点。
① 平均指标是一个代表性数值,它代表同质总体的一般水平。
② 平均指标将总体单位之间的数量差异抽象化了。
③ 平均指标反映了总体分布的集中趋势。

2. 平均指标的作用

平均指标被广泛应用于社会经济现象的研究中,其作用主要表现在以下几个方面。
(1) 利用平均指标,可以概括说明总体的一般水平

由于总体内部各单位之间或多或少地存在一些数量上的差异,通过平均指标,可以抽象化这些差异,概括出总体的一般水平。例如,要了解某地区居民的收入水平,由于每人的收入有多有少,所以通过计算人均收入可以了解该地居民收入的一般水平。

(2) 利用平均指标,可以对社会经济现象进行比较分析

① 可用于不同总体之间的静态分析。平均指标的指标数值可以消除总体规模大小的影响,便于两个不同规模的总体之间的比较。例如,某企业有甲、乙两个班组生产同类产品,其中甲班组有 100 名工人,乙班组有 50 名工人。甲班组日产量为 1 000 件,乙班组日产量为 600 件。仅仅从两个班组的产量上进行比较并不能真实反映班组生产情况上的差异,通过计算两个班组工人的人均产量就能很容易地看出乙班组的生产率要高于甲班组。

② 可用于总体动态比较分析。比如某一家发展中的企业，随着企业规模的增长，该企业员工人数也在增加，通过比较分析历年的人均工资的发展变化情况，可以了解该企业员工工资变化情况。

③ 利用平均指标，可以分析现象之间的依存关系。例如，通过分析一个国家的人均牛奶消费量与人均身高，可以得出牛奶消费量与身高之间的依存关系。

④ 利用平均指标，可以推算出其他相关指标。例如，根据某高校部分学生的平均入校成绩，可以推算出全校学生的平均入校成绩大约等于该部分学生的平均入校成绩。

5.3.2 平均指标的分类

1. 根据平均指标反映内容的不同，可以把平均指标分为静态平均指标和动态平均指标

静态平均指标是通过对同一时间范围内的变量值进行计算，反映总体各单位某一数量标志一般水平的平均指标；动态平均指标是通过对不同时间范围内的变量值进行计算，反映总体各单位某一数量标志一般水平的平均指标（详见第 6 章）。本章只介绍静态平均指标。

2. 根据平均指标计算方法的不同，可以把平均指标分为数值平均指标和位置平均指标

数值平均指标是通过总体各单位标志值计算的平均指标，主要有算术平均数、调和平均数和几何平均数等；位置平均指标是通过总体各单位标志值在变量数列中的位置计算的平均指标，主要有众数和中位数等。

5.3.3 平均指标的计算

1. 算术平均数

算术平均数是总体标志总量和总体单位总量之比，是分析社会经济现象一般水平的最基本、最常用的一种平均指标。其基本计算公式为

$$算术平均数 = \frac{总体标志总量}{总体单位总量}$$

在实际工作中，一定要注意区别算术平均数和强度相对指标。算术平均数和强度相对指标都是两个总量指标对比的结果，计量单位也都可以用有名数表示，但是这两个指标之间有着本质的区别。

① 两者的含义不同。算术平均数是一种平均指标，反映了总体单位某个数量标志值的一般水平，例如班级学生的平均成绩反映了全班学生学习成绩的一般水平；而强度相对指标是反映一个总体在另一个总体中的强度、密度和普遍程度的综合指标，例如一个国家的人口密度反映的是该国国土上人口的稠密程度。

② 计算方法不同。算术平均数的分子和分母必须口径一致，必须属于同一总体，分子必须为总体标志总量，分母必须为总体单位总量。例如班级学生的平均成绩，必须

以班级学生的考试成绩的总和除以班级学生人数。而强度相对指标的分子、分母是存在一定联系的两个不同总体。例如，人口密度为人口总数除以国土面积，此时分子、分母分属于两个不同总体。

实际工作中，由于掌握的资料不同，算术平均数可分为简单算术平均数和加权算术平均数两种。

(1) 简单算术平均数

掌握了总体各单位标志值及单位总量资料后，就可以直接利用上述公式计算算术平均数。简单算术平均数是将总体各单位标志值直接累加求出总体标志总量，并与总体单位总量相比求出的平均数。其计算公式为

$$\bar{x} = \frac{x_1 + x_2 + \cdots + x_n}{n} = \frac{\sum_{i=1}^{n} x_i}{n} = \frac{\sum x}{n}$$

式中，$\bar{x}$ 表示简单算术平均数；$\sum_{i=1}^{n} x_i$ 表示总体标志总量（下文中将 $\sum_{i=1}^{n} x_i$ 简写为 $\sum x$，其他符号的求和与此类同）；x_i ($i=1, 2, \cdots, n$) 表示各单位标志值；n 表示总体单位总量。

【例 5-12】 在某次体检中，10 名学生的体重如表 5-5 所示，计算该 10 名学生的平均体重。

表 5-5 学生体重资料表

单位：kg

学生序号	1	2	3	4	5	6	7	8	9	10
体重	55	62	64	56	60	70	66	68	73	78

解 平均体重 = $\frac{学生总体重}{学生总人数}$

$$= \frac{55+62+64+56+60+70+66+68+73+78}{10}$$

$$= 65.2 (\text{kg})$$

计算结果表明，该 10 名学生的平均体重为 65.2 kg，它代表了这 10 名学生体重的一般水平。

简单算术平均数计算方法简便，在计算总体标志总量时，不考虑各变量值出现的次数，直接进行简单的累加，当总体单位数较大时，其计算量较大。

(2) 加权算术平均数

当变量值较多时,并且不少变量值重复出现时,可以先对变量值进行分组,求出各变量值出现的次数,然后利用加权算术平均数进行计算。加权算术平均数是分别根据各变量值与该变量值出现的次数(权数)相乘,然后进一步相加求出总体标志总量,并与总体单位总量(权数总和)相比求出的平均数。其计算公式为

$$\bar{x} = \frac{x_1 f_1 + x_2 f_2 + \cdots + x_n f_n}{f_1 + f_2 + \cdots + f_n} = \frac{\sum xf}{\sum f}$$

式中,$\bar{x}$ 表示加权算术平均数;f_i（$i=1, 2, \cdots, n$）表示权数,即各变量值出现的次数。

权数除了用各组单位数 f 表示外,还可以用各组单位数 f 占总体单位总数 $\sum f$ 的比重来表示。其计算公式为

$$\bar{x} = \frac{\sum xf}{\sum f} = \sum \left(\frac{1}{\sum f} \cdot xf \right) = \sum \left(x \cdot \frac{f}{\sum f} \right)$$

【例 5-13】 某企业有 50 名工人生产同型号的零件,工人的日产量资料如表 5-6 所示,试计算该 50 名工人的平均日产量。

表 5-6 某企业工人日产量资料及计算表

日产量 x/(件/人)	工人人数 f/人	各组总产量 xf/件
8	2	16
9	18	162
10	20	200
11	6	66
12	4	48
合计	50	492

解 根据表 5-6 中的资料,计算该 50 名工人平均日产量如下。

$$\text{平均日产量} = \frac{\text{总产量}}{\text{工人总人数}}$$

$$= \frac{8 \times 2 + 9 \times 18 + 10 \times 20 + 11 \times 6 + 12 \times 4}{2 + 18 + 20 + 6 + 4}$$

$$= 9.84 (\text{件}/\text{人})$$

采用公式 $\bar{x} = \sum \left(x \cdot \dfrac{f}{\sum f} \right)$ 计算,过程如下。

$$\bar{x} = \sum \left(x \cdot \frac{f}{\sum f} \right)$$

$$= 8 \times \frac{2}{50} + 9 \times \frac{18}{50} + 10 \times \frac{20}{50} + 11 \times \frac{6}{50} + 12 \times \frac{4}{50}$$

$$= 9.84(件/人)$$

计算结果与利用公式 $\bar{x} = \frac{\sum xf}{\sum f}$ 的计算结果完全一样。

从加权算术平均数的计算公式可以看出,加权算术平均数的大小受两个因素影响:一个是变量值本身的大小;二是变量值出现的次数(f)或频率($f/\sum f$)的大小。一般情况下,算术平均数比较靠近次数最多的标志值。例如,例 5-13 中平均数 9.84 就比较靠近出现次数最多的产量 10 件。这是因为标志值出现的次数越多,该标志值所占的比重就越大。权数对算术平均数的影响,不是单纯取决于权数本身数值的大小,而是取决于 $f/\sum f$ 的大小。在这里 $f/\sum f$ 又称作权数比重或权数系数。

如果掌握了组距式变量数列资料,可以分别用每组的组中值代表该组的变量值,再利用上述公式计算加权算术平均数。

【例 5-14】 某公司有 20 名销售人员,2016 年销售员完成的销售额资料如表 5-7 所示,试计算这 20 名销售人员的平均销售额。

表 5-7 2016 年销售员完成的销售额资料及计算表

销售额 x/(万元/人)	销售员人数 f/人	销售员人数的比重 $\frac{f}{\sum f}$/%	组中值/(万元/人)	$x \cdot \frac{f}{\sum f}$/(万元/人)
250~300	1	5	275	13.75
300~350	4	20	325	65.00
350~400	9	45	375	168.75
400~450	4	20	425	85.00
450~500	2	10	475	47.50
合　计	20	100	—	380.00

解 $$\bar{x} = \sum \left(x \cdot \frac{f}{\sum f} \right) = 380(万元/人)$$

需要说明的是，例 5-14 只是一种粗略的算术平均数的计算方法，因为每组都是通过组中值作为该组的代表值。该计算结果或多或少地与真实的均值存在一定的误差，除非每组各单位标志值都是均匀分布或对称分布。组距越小，用组中值计算的加权算术平均数的误差也就越小；反之，误差就越大。

2. 调和平均数

调和平均数是各个标志值倒数的算术平均数的倒数，又称为倒数平均数，一般用 $\bar{x}_H$ 表示。实际工作中，调和平均数可分为简单调和平均数和加权调和平均数两种。

1）简单调和平均数

简单调和平均数是各个标志值倒数的简单算术平均数的倒数。当各标志值对应的标志总量均为一个单位时，可计算简单调和平均数。其计算公式为

$$\bar{x}_H = \frac{n}{\frac{1}{x_1} + \frac{1}{x_2} + \cdots + \frac{1}{x_n}} = \frac{n}{\sum \frac{1}{x}}$$

式中，$\bar{x}_H$ 表示调和平均数；其他符号的含义同前。

【例 5-15】 某地区拥有甲、乙、丙三个菜市场，某日甲、乙、丙三个菜市场的青菜价格分别为 0.75 元/kg、0.5 元/kg、0.8 元/kg，若分别用 1 元钱在这三个菜市场买青菜，求所购青菜的平均价格。

解 根据题目所给条件，所购青菜的平均价格为

$$\bar{x}_H = \frac{n}{\sum \frac{1}{x}} = \frac{3}{\frac{1}{0.75} + \frac{1}{0.5} + \frac{1}{0.8}} = \frac{3}{4.58} = 0.66(元/kg)$$

课堂练习与活动

某日张华开汽车往返甲、乙两地之间共 4 次，4 次的速度分别是 100 km/h、85 km/h、90 km/h、80 km/h，求平均速度是多少？

2）加权调和平均数

加权调和平均数是各个标志值倒数的加权算术平均数的倒数。在实际中各标志值相应的标志总量往往是不等的，在这种情况下求平均数，应计算加权调和平均数。其计算公式为

$$\bar{x}_H = \frac{m_1 + m_2 + \cdots + m_n}{\frac{m_1}{x_1} + \frac{m_2}{x_2} + \cdots + \frac{m_n}{x_n}} = \frac{\sum m}{\sum \frac{m}{x}}$$

式中，$m_i(i=1,2,\cdots,n)$ 表示总体各组标志总量；$x_i(i=1,2,\cdots,n)$ 表示总体各组标志值；$\sum m$ 表示总体标志总量。

【例 5-16】 承例 5-15，若分别用 3 元、2 元、4 元在这三个菜市场买青菜，求所购青菜的平均价格。

解 根据题目所给条件，所购青菜的平均价格为

$$\bar{x}_H = \frac{\sum m}{\sum \frac{m}{x}} = \frac{3+2+4}{\frac{3}{0.75}+\frac{2}{0.5}+\frac{4}{0.8}} = \frac{9}{13} = 0.69(元/kg)$$

在例 5-16 中假设在单个菜市场的青菜购买量为 f，单价为 x，$xf=m$，则

$$\bar{x}_H = \frac{\sum m}{\sum \frac{m}{x}} = \frac{\sum xf}{\sum \frac{xf}{x}} = \frac{\sum xf}{\sum f} = \bar{x}$$

由此可见，加权调和平均数与加权算术平均数，只是计算形式上不同，其经济内容是一致的，都是总体标志总量与总体单位总量的比值。从上述两个例子可以看出，当总体标志总量或各组的标志总量已知，而各组的总体单位数资料未知时，不能直接计算算术平均数，这时可用调和平均数计算。

3）调和平均数的应用

在实际工作中，经常需要对相对指标或者平均指标求平均数，这时候需要根据掌握的资料，选择是用算术平均数还是用调和平均数进行计算，而选择的关键在于被平均的指标性质和权数资料。下面通过两个实例来说明对于相对指标和平均指标的平均数的计算过程。

（1）计算相对指标的平均数

【例 5-17】 某企业有三个事业部，2016 年完成销售收入分别为 440 万元、530 万元、570 万元，共计 1 540 万元，计划完成程度分别为 110％、106％、95％，求平均计划完成程度。

解 平均计划完成程度为实际完成数与计划完成数的比值，而在本例中该企业的实际销售收入完成数已知，而计划完成数未知，此时应以企业实际完成数作为权数，利用调和平均数进行计算，如表 5-8 所示。

表 5-8 某企业实际完成销售收入资料及计算表

	计划完成程度 x/%	实际销售收入 m/万元	计划销售收入 (m/x)/万元
事业一部	110	440	400
事业二部	106	530	500
事业三部	95	570	600
合　　计	—	1 540	1 500

平均计划完成程度为

$$\overline{x}_H = \frac{\sum m}{\sum \dfrac{m}{x}} = \frac{1\ 540}{1\ 500} = 102.67\%$$

如果掌握的资料是计划完成数,而实际完成资料未知,则应以计划销售收入作为权数,利用加权算术平均数计算,如表 5-9 所示。

表 5-9 某企业计划完成销售收入资料及计算表

	计划完成程度 x/%	计划销售收入 f/万元	实际销售收入 xf/万元
事业一部	110	400	440
事业二部	106	500	530
事业三部	95	600	570
合　　计	—	1 500	1 540

平均计划完成程度为

$$\overline{x}_H = \frac{\sum xf}{\sum f} = \frac{1\ 540}{1\ 500} = 102.67\%$$

(2) 计算平均指标的平均数

【例 5-18】 某企业工人的日产量及劳动生产率资料如表 5-10 所示,求工人的平均劳动生产率。

表 5-10　某企业工人的日产量资料

按劳动生产率分组/（件/人）	产量/件
50~60	550
60~70	1 755
70~80	4 125
80 以上	680
合　计	7 110

解　根据表 5-10 中的资料，可得表 5-11。

表 5-11　某企业工人的日产量资料及计算表

按劳动生产率分组/（件/人）	组中值 x/（件/人）	产量 m/件	工人数 (m/x)/人
50~60	55	550	10
60~70	65	1 755	27
70~80	75	4 125	55
80 以上	85	680	8
合　计	—	7 110	100

该企业工人的平均劳动生产率为

$$\overline{x}_H = \frac{\sum m}{\sum \frac{m}{x}} = \frac{7\ 110}{100} = 71.1(件/人)$$

假如在该题中，直接给出的是各组的工人人数，而不知各组的产量，则需要利用加权算术平均数进行计算。

4）调和平均数的特点

① 如果总体单位中有一个变量值为 0，则无法计算调和平均数。

② 调和平均数和算术平均数一样，易受到极端值的影响。

3. 几何平均数

几何平均数就是 n 个变量值连乘积的 n 次方根，主要用来计算平均比率和平均速度，一般用 $\overline{x}_G$ 表示。

根据掌握资料的不同，几何平均数可分为简单几何平均数和加权几何平均数两种。

（1）简单几何平均数

这种方法适用于未分组资料或资料虽已分组，但各组标志值出现次数相等的情况。

设有 n 个变量值 x_1, x_2, $\cdots$, x_n, 直接将 n 个变量值连乘, 然后对连乘积开 n 次方根, 即为简单几何平均数。其计算公式为

$$\overline{x}_G = \sqrt[n]{x_1 \cdot x_2 \cdot \cdots \cdot x_n} = \sqrt[n]{\prod x}$$

式中, $\overline{x}_G$ 表示简单几何平均数。

【例 5-19】 某产品的生产需要经过前后衔接的四道工序, 在某批次产品的生产中, 四道工序的合格率分别为 96%、95%、97%、94%, 求这四道工序的平均合格率。

解 因为这四道工序是前后衔接的, 各工序的产品合格率都是在前一工序的基础上计算出来的, 假设在第一个工序之前投入了 1 个单位的原材料, 则第一道工序后合格品为 96% 个单位, 第二个工序后合格品为 96%×95% 个单位, 以此类推, 第四道工序后合格品为 96%×95%×97%×94% 个单位, 即总的产品合格率。求平均合格率, 即相当于要找到一个数值, 该数值代表了四道工序合格率的一般水平。

某产品四道工序的平均合格率为

$$\overline{x}_G = \sqrt[n]{\prod x} = \sqrt[4]{96\% \times 95\% \times 97\% \times 94\%} = 95.49\%$$

课堂练习与活动

某地区在"十二五"期间每年的 GDP 发展速度均不相等, 试讨论该如何计算年均 GDP 增长速度。

(2) 加权几何平均数

加权几何平均数适用于统计资料已经分组、各组标志值出现次数不相等的情况。其计算公式为

$$\overline{x}_G = \sqrt[f_1+f_2+\cdots+f_n]{x_1^{f_1} \cdot x_2^{f_2} \cdot \cdots \cdot x_n^{f_n}} = \sqrt[\sum f]{\prod x^f}$$

式中, $\overline{x}_G$ 表示加权几何平均数; $f_i (i=1,2,\cdots,n)$ 表示各组变量值的次数; $\sum f$ 表示次数总和。

【例 5-20】 某人进行一笔为期 20 年的投资, 并按复利计算收益, 前 5 年的年收益率为 15%, 第 6~10 年的年收益率为 10%, 最后 10 年的年利率为 8%。求整个投资期间的年均收益率。

解 假设该人在第一年年初投入 1 元资金, 则 20 年后这 1 元投资的本利和为

$$(1+15\%)^5 \times (1+10\%)^5 \times (1+8\%)^{10}$$

则整个投资期间的年均收益率为

$$\bar{x}_G = \sqrt[5+5+10]{(1+15\%)^5 \times (1+10\%)^5 \times (1+8\%)^{10}} - 1$$
$$= \sqrt[20]{5.7808} - 1 = 9.169\%$$

(3) 几何平均数的特点

① 当社会经济现象的总量不是各单位标志值的总和，而是各单位标志值的连乘积时，可以利用几何平均数反映特定现象的平均水平。

② 如果变量值中有 0 或负数，利用几何平均数计算出的平均数不能真实地反映社会经济现象的平均水平。

4. 众数

1) 众数的概念

众数是指总体中出现次数最多的标志值。它属于位置平均数，不受极端数值的影响，最适合在标志值分布集中且标志值中两极端值差距很大的情况下采用，一般用 M_o 表示。众数可以说明总体中某个标志值分布的集中趋势，反映社会经济现象的一般水平。

2) 众数的确定方法

根据数据资料确定众数时，一般先根据数据资料进行统计分组，编制分布数列，然后根据分布数列中的次数情况进一步确定众数。分布数列又可分为单项式数列和组距式数列，这两种分布数列的确定方法也不相同。

(1) 由单项式数列确定众数

在单项式数列的情况下，确定众数比较简单，分布数列中次数最多的那个组的标志值即为众数。

【例 5 - 21】 某企业 20 名工人日产量资料如表 5 - 12 所示。

表 5 - 12　某企业 20 名工人日产量表

工人产量/(件/人)	工人人数/人
75	1
79	1
80	3
81	3
82	2

续表

工人产量/(件/人)	工人人数/人
83	6
84	3
85	1
合计	20

从表 5-12 中可以看出，产量为 83 件的工人数最多，则 83 就是众数。83 件代表这 20 名工人产量的一般水平。

(2) 由组距式数列确定众数

在组距式数列的情况下，根据分布数列找出次数最多的组，即众数组，但是此时的众数组表现为一定的标志值区间，而众数又是一个确定的数值，此时可以根据插补法计算众数的近似值。

在实际应用中，一般采用下限公式或者上限公式计算众数的近似值，具体计算公式如下。

$$M_o = L + \frac{\Delta_1}{\Delta_1 + \Delta_2} \times d \text{（下限公式）}$$

$$M_o = U - \frac{\Delta_2}{\Delta_1 + \Delta_2} \times d \text{（上限公式）}$$

式中，M_o 表示众数；L 表示众数组的下限；U 表示众数组的上限；Δ_1 表示众数组次数与前一组次数之差；Δ_2 表示众数组次数与后一组次数之差；d 表示众数组的组距。

【例 5-22】 表 5-13 是某单位职工 2017 年 1 月份工资统计资料，试根据表中资料确定众数。

表 5-13　2017 年 1 月份工资统计表

职工工资/(元/人)	职工人数/人
1 000 以下	3
1 000～2 000	7
2 000～3 000	40
3 000～4 000	100
4 000～5 000	25
5 000～6 000	4
6 000 以上	1
合计	180

解 从表5-13中可以看出，职工人数最多的组是100人，它所对应的工资额为3 000~4 000元。因此，3 000~4 000就是众数组，众数处于3 000~4 000。可以利用下限公式或上限公式计算众数的近似值。

用下限公式计算：

$$M_0 = 3\,000 + \frac{100-40}{(100-40)+(100-25)} \times 1\,000 = 3\,444(\text{元}/\text{人})$$

用上限公式计算：

$$M_0 = 4\,000 - \frac{100-25}{(100-40)+(100-25)} \times 1\,000 = 3\,444(\text{元}/\text{人})$$

因此该企业职工工资的众数的近似值为3 444元，3 444元代表了这家企业职工1月份工资的一般水平。

3）众数的特点

① 众数是根据变量值出现的次数确定的，它不受标志值的极大值或极小值的影响。

② 当分布数列没有明显的集中趋势时，即数列中每组的次数都差不多时，所得到的"众数"缺乏代表性。

③ 有的分布数列中有多个分散的集中趋势，可能会得出多个众数，此时说明总体中存在多个不同性质的事物。

5. 中位数

1）中位数的概念

中位数是指将总体单位标志值按大小顺序排列，处于中间位置的那个标志值就是中位数，一般用M_e表示。中位数也是一个位置平均数，不受标志值中极端数值的影响，表明了总体各单位标志值的一般水平。

2）中位数的确定方法

根据对所掌握资料处理方式的不同，中位数的确定方法有两种：一种是对数据资料不进行分组，通过排序进而确定中位数的方法；另一种是对数据资料先分组然后再确定中位数的方法。

（1）根据未分组资料确定中位数

当所掌握的数据资料相对比较简单时，可以不对数据资料进行分组，直接将标志值按由大到小或由小到大的顺序排列，排在中间位置的就是中位数。其计算公式为

$$\text{中位数的位置} = \frac{n+1}{2}$$

式中，n表示数列项数。

如果项数是奇数，则位于数列中间位置的标志值为中位数；如果项数是偶数，则位

于数列中间两项的标志值的算术平均数为中位数。

【例 5-23】 某企业有甲、乙两个生产小组,甲生产小组有 5 名工人,产量按从小到大的顺序排列,分别为 89 件、92 件、95 件、96 件、98 件。则甲生产小组产量的中位数位置为第 (5+1)/2=3 位,处于第 3 位置的产量为 95 件,即为中位数。

乙生产小组有 6 名工人,产量按从小到大的顺序排列,分别为 88 件、89 件、90 件、92 件、93 件、96 件,此时中间位置为第 (6+1)/2=3.5 位,则中位数为 (90+92)/2=91 件,即第 3 位和第 4 位标志值的算术平均数。

(2) 根据分组资料确定中位数

当所掌握的数据资料相对较为复杂时,可以先对数据资料进行分组,并且编制累计频数数列,然后进一步确定中位数。根据分布数列的不同,又可分为单项式数列和组距式数列两种情况。

① 根据单项式数列确定中位数。首先根据数据资料编制出单项式数列,并按照向上累计或者向下累计的方法计算累计次数;其次根据单项式数列的总次数,参照未分组资料确定中位数的方法确定中位数位置;最后结合中位数位置和累计次数,查找中位数所处的组,即中位数组,则该组的标志值即为中位数。

【例 5-24】 某地区 2016 年给 50 户困难户发放的困难补助资料如表 5-14 所示。试确定中位数。

表 5-14 困难补助发放情况表

补助金额/(元/户)	户数/户	户数累计/户	
		向上累计	向下累计
500	12	12	50
800	8	20	38
1 000	15	35	30
1 200	10	45	15
1 500	5	50	5
合 计	50	—	—

由于共有 50 户,则中位数位置为 25.5 位,根据表 5-14 中的相关资料,从向上累计统计情况来看,到 800 元/户这组的累计才 20 户,到 1 000 元/户这组的累计达到 35 户,则第 25.5 户一定在 1 000 元/户这组,所以 1 000 元/户为中位数。从向下累计统计情况进行观察,同样可以得出中位数为 1 000 元/户。

② 根据组距式数列确定。在确定组距式数列的中位数时，可以参照单项式数列确定中位数的方法，得出相应的中位数组。但是中位数组表现为一定的标志值区间范围，而中位数又是一个确定的数值，可以采取插补法求出相应的中位数的近似值。

在实际应用中，一般采用下限公式或者上限公式计算中位数的近似值。具体计算公式如下。

$$M_e = L + \frac{\frac{\sum f}{2} - S_{m-1}}{f_m} \times d \text{（下限公式）}$$

$$M_e = U - \frac{\frac{\sum f}{2} - S_{m+1}}{f_m} \times d \text{（上限公式）}$$

式中，M_e 表示中位数；L 表示中位数所在组的下限；U 表示中位数所在组的上限；S_{m-1} 表示中位数所在组以前各组的累计次数；S_{m+1} 表示中位数所在组以后各组的累计次数；f_m 表示中位数所在组的次数；$\sum f$ 表示总次数；d 表示中位数所在组的组距。

【例 5-25】 某企业 50 名工人生产零件的产量资料如表 5-15 所示。试确定中位数。

表 5-15 某企业 50 名工人生产零件的产量统计表

生产产量/（件/人）	人数/人	人数累计/人	
		向上累计	向下累计
90～95	2	2	50
95～100	10	12	48
100～105	22	34	38
105～110	15	49	16
110～115	1	50	1
合 计	50	—	—

参照例 5-24 的方法，可以确定众数组为 100～105，利用下限公式或上限公式可以计算中位数的近似值。

用下限公式计算：

$$M_e = 100 + \frac{\frac{50}{2} - 12}{22} \times 5 = 103 \text{（件 / 人）}$$

用上限公式计算：

$$M_e = 105 - \frac{\frac{50}{2} - 16}{22} \times 5 = 103(件/人)$$

5.3.4 应用平均指标的原则

（1）计算平均指标的总体必须具有同质性

同质性就是指构成总体的各个单位必须具有某一相同的性质，这是应用平均指标的基本原则。例如，计算某个班级学生的统计学平均成绩时，不能包括其他班学生的考试成绩，也不能包括该班级学生的其他考试科目成绩，否则计算出的平均成绩就不能反映该班学生的统计学考试情况。只有在同质总体的基础上计算和应用平均指标，才有真实的意义。

（2）用组平均数补充说明总平均数

平均指标反映了总体各单位某一数量标志值的一般水平，但却掩盖了总体内部的差异情况，构成总体的各部分结构变动也会对总体产生影响。因此需要对总体各组成部分进行分组，并用组平均数补充说明总平均数。例如，甲、乙两家企业生产工人的月平均工资及人员构成情况如表5-16所示。

表5-16 甲、乙两家企业生产工人的月平均工资及人员构成情况

工人分类	甲企业			乙企业		
	人数/人	比重/%	工资/（元/人）	人数/人	比重/%	工资/（元/人）
学徒工	10	12.5	600	20	40	750
熟练工	70	87.5	1 500	30	60	1 600
合 计	80	100	—	50	100	—

从表5-16可以计算出甲企业工人人均月工资为1 387.5元，乙企业工人人均工资为1 260元。单从甲、乙两家企业总的工人人均月工资来看，甲企业工人平均工资要高于乙企业。但是从表5-16可以看出，无论是学徒工还是熟练工，乙企业的工资都要高于甲企业，显然乙企业工人工资要高于甲企业。可见，很多时候总体平均数并不能正确评价总体情况，还需要结合组平均数，才能对总体作出准确评价。

（3）用分布数列补充说明平均指标

平均指标的重要特征是把总体各单位的数量差异抽象化，掩盖了各单位的数量差异及其分布。而分布数列可以反映总体各单位的具体分布情况，通过分布数列可以对社会经济现象有进一步的认识。例如，甲、乙两个班级在某一次考试中平均成绩相等，甲班级学生考试成绩比较均衡，没有不及格现象；而乙班级有数名学生考试不及格，显然乙班级需要对这些不及格同学给予更多的关注。

(4) 要注意极端数值的影响

数值平均值在计算的过程中易受到极端数值的影响,所以在计算平均数的时候要注意消除极端数值的影响。例如,在评选过程中,对于评委的打分常常需要去掉一个最高分,去掉一个最低分。

5.4 标志变异指标

5.4.1 标志变异指标的含义和作用

1. 标志变异指标的含义

在对社会经济现象进行研究的时候,可以通过计算平均指标了解总体某项指标的一般水平,但是平均指标将总体中各单位之间的差异抽象化了,不能反映总体内部各总体单位之间的差异。例如,甲、乙两个地区的人均收入相等,但是甲地区的贫富差距非常大,而乙地区的贫富差距较小,显然乙地区的社会经济发展比甲地区合理。由此可见,在对社会经济现象的研究中,仅仅根据平均指标进行分析是不够的,还需要进一步研究总体内部各单位之间的差异程度。标志变异指标就是反映总体各单位标志值差异程度的综合指标,又称标志变动度,它反映了各标志值的变动范围或离差程度。

2. 标志变异指标的作用

(1) 标志变异指标可以衡量平均指标代表性及总体变量的离中趋势

平均指标作为总体各单位标志值一般水平或集中趋势的代表性指标,其代表性大小与标志变异指标的大小成反比关系,即标志变异指标越大,平均指标的代表性越弱,总体变量离中趋势越明显;标志变异指标越小,平均指标的代表性越强,总体变量的离中趋势越弱。例如,某食品企业有甲、乙两个生产小组,每组各有10名工人,每人日产糖果数量如表5-17所示。

表5-17 甲、乙生产小组工人产量情况

单位:kg

甲生产小组	100	101	98	102	103	100	99	95	104	98
乙生产小组	92	105	82	108	104	93	102	99	106	109

通过计算,可知甲、乙两个生产小组的总产量都为1 000 kg,两个生产小组工人平均产量均为100 kg。从生产总量和工人平均产量这两个方面来看,甲、乙两个生产小组没有差异。但是从每组工人的产量来看,甲生产小组10名工人的产量差别不大,都比较靠近100 kg;而乙生产小组10名工人的产量差异较大。因此,甲生产小组10名工人日产量基本类似,100 kg可以较好地代表甲生产小组工人的平均日产

量，该平均指标的代表性要比乙生产小组的代表性强，甲生产小组工人的产量离中程度较弱。

（2）标志变异指标可以用来研究总体内部或总体发展的稳定性和均衡性

计算同类总体的标志变异指标，可以反映总体内各单位标志值或总体发展的稳定性、均衡性。标志变异指标越大，则总体的稳定性和均衡性越弱；标志变异指标越小，则总体的稳定性和均衡性越强。例如，要研究某地区在"十二五"期间经济增长的稳定性和均衡性，可以通过这五年的GDP增长速度的标志变异指标来进行分析。

（3）标志变异指标是统计分析的重要指标

在统计分析中，进行相关分析、抽样推断和统计预测等，都需要利用标志变异指标。

 课堂练习与活动

阅读下面两则笑话，并讨论从中得到哪些启示。

笑话一：三个统计学家去打猎，正好碰到很大的一只鹿。第一个统计学家开枪了，但是子弹偏左了大概1米。第二个统计学家也跟着开枪了，同样没击中，子弹偏右了1米。第三个统计学家放下枪，兴奋地嚷道："嗨，平均来讲，我们打中了！"

笑话二：一名统计学家遇到一位数学家，统计学家调侃数学家说道："你们不是说若$X=Y$且$Y=Z$，则$X=Z$吗！那么想必你若是喜欢一个女孩，那么那个女孩喜欢的男生你也会喜欢了！"数学家想了一下反问道："那么你把左手放到一锅100℃的开水中，右手放到一锅0℃的冰水里想来也没事吧！因为它们平均不过是50℃而已！"

5.4.2 标志变异指标的种类及计算

标志变异指标通常有四种表示方式，即全距、平均差、标准差、变异系数。

1. 全距

（1）全距的含义及计算

全距又称极差，它是总体各单位标志值的最大值和最小值之差，反映了变量值的变动范围和幅度，一般用R表示。其计算公式为

$$R = x_{\max} - x_{\min}$$

式中，R表示全距，$x_{\max}$表示标志值的最大值，$x_{\min}$表示标志值的最小值。

根据表5-17的资料，利用全距指标来评价甲、乙两个生产小组工人平均产量的代表性。

甲生产小组中工人产量最高的为104 kg，最低的为95 kg；乙生产小组中工人产量最高的为109 kg，最低的为82 kg。全距计算如下。

甲生产小组：$R = 104 - 95 = 9$（kg）

乙生产小组：$R = 109 - 82 = 17$（kg）

两个生产小组工人人均产量都为 100 kg，但从全距来看，乙生产小组工人产量的变异程度要大，甲生产小组工人产量的变异程度要小，因此甲生产小组工人平均产量的代表性强于乙生产小组。

（2）全距的特点

全距是一种计算总体标志值变异程度的粗略指标，其计算简单，容易理解。全距越大，总体标志值的变异程度越大，则平均指标的代表性越弱；反之，则表明平均指标的代表性越强。但是由于计算全距时只考虑了标志值的最大值和最小值，而没有考虑其他标志值的分布情况，所以其计算结果易受到极端值的影响，不能很好地反映总体各单位标志值的变异程度。

2. 平均差

1）平均差的含义

平均差是总体各单位标志值对其算术平均数的离差绝对值的算术平均数，反映了总体各单位标志值对其平均数的平均离差量，一般用 AD 表示。平均差越大，总体标志值的变异程度越大，则平均指标的代表性越弱；反之，总体标志值的变异程度越小。

2）平均差的计算

根据掌握资料的不同，平均差可以分为简单平均差和加权平均差两种。

（1）简单平均差

如果掌握的资料未经分组，则可计算简单平均差，计算方法为：

① 计算各总体单位标志值与算术平均数差的绝对值；

② 将差的绝对值之和除以总体单位标志值项数。

其计算公式为

$$AD = \frac{\sum |x - \bar{x}|}{n}$$

其中，AD 表示简单平均差，x 表示总体单位标志值，$\bar{x}$ 表示算术平均值，n 表示总体单位总量。

【例 5-26】 根据表 5-17，计算两个生产小组工人产量的简单平均差（见表 5-18），并评价甲、乙两个生产小组工人平均产量的代表性。

表 5-18　简单平均差计算表

甲生产小组（平均产量为 100 kg/人）		乙生产小组（平均产量为 100 kg/人）	
产量 x/kg	$\lvert x-\bar{x} \rvert$	产量 x/kg	$\lvert x-\bar{x} \rvert$
100	0	92	8
101	1	105	5
98	2	82	18
102	2	108	8
103	3	104	4
100	0	93	7
99	1	102	2
95	5	99	1
104	4	106	6
98	2	109	9
合计	26	合计	68

甲生产小组：$\mathrm{AD} = \dfrac{\sum \lvert x-\bar{x} \rvert}{n} = \dfrac{26}{10} = 2.6 \,(\mathrm{kg/人})$

乙生产小组：$\mathrm{AD} = \dfrac{\sum \lvert x-\bar{x} \rvert}{n} = \dfrac{68}{10} = 6.8 \,(\mathrm{kg/人})$

可见，甲生产小组人均产量的平均差为 2.6 kg/人，乙生产小组人均产量的平均差为 6.8 kg/人，甲生产小组工人产量的平均差要小于乙生产小组，这说明甲生产小组工人平均产量的代表性要强于乙生产小组。

(2) 加权平均差

如果掌握的资料是分组资料，则可计算加权平均差。其计算公式为

$$\mathrm{AD} = \dfrac{\sum \lvert x-\bar{x} \rvert f}{\sum f}$$

其中，AD 表示加权平均差，$\sum f$ 表示权数总和；其他字母含义同前。

【例 5-27】　某企业工人产量资料如表 5-19 所示，试计算加权平均差。

表 5-19　某企业工人产量加权平均差计算表

按产量分组 x /（kg/人）	工人数 f /人	xf	离差绝对值 $\lvert x-\bar{x}\rvert$ /（元/人）	离差绝对值加权 $\lvert x-\bar{x}\rvert f$ /元
80	2	160	11.1	22.2
85	10	850	6.1	61.0
90	60	540	1.1	66.0
95	20	190	3.9	78.0
100	8	800	8.9	71.2
合计	100	9 110	—	298.4

解　加权算术平均数为

$$\bar{x} = \frac{\sum xf}{\sum f} = \frac{9\ 110}{100} = 91.1\ (\text{kg}/\text{人})$$

则加权平均差为

$$\text{AD} = \frac{\sum \lvert x-\bar{x}\rvert f}{\sum f} = \frac{298.4}{100} = 2.984\ (\text{kg}/\text{人})$$

计算结果表明，该企业工人产量的加权平均差为 2.984 kg/人。

平均差的计算是通过计算出每个标志值与均值的差异，再进一步计算各个差异的均值，所以可以准确地反映总体的离散程度。但是每项平均差的计算都必须取绝对值，在进行数学处理时不是特别方便，因而在实际应用中不是很广泛。

课堂练习与活动

若例 5-27 中按照组距式进行分组，请问该如何计算加权平均差？

3. 标准差

1) 标准差的含义

标准差是总体各单位标志值与其算术平均数离差平方的算术平均数的平方根，又称均方差，通常用 σ 表示。标准差的平方称为方差，通常用 σ^2 表示。

2) 标准差的计算

根据掌握的资料不同，标准差可以分为简单标准差和加权标准差。

(1) 简单标准差

当掌握的资料是未分组资料时，可采用简单标准差进行计算，计算公式为

$$\sigma = \sqrt{\frac{\sum(x-\overline{x})^2}{n}}$$

其中，σ 表示简单标准差，其他字母含义同前。

【例 5-28】 以表 5-17 中的资料为例，计算简单标准差，并评价各组平均产量的代表性。

解 根据表 5-20 中的资料，甲生产小组工人产量的简单标准差为

$$\sigma_{甲} = \sqrt{\frac{\sum(x-\overline{x})^2}{n}} = \sqrt{\frac{64}{10}} = 2.52 \text{（kg/人）}$$

乙生产小组工人产量的简单标准差为

$$\sigma_{乙} = \sqrt{\frac{\sum(x-\overline{x})^2}{n}} = \sqrt{\frac{664}{10}} = 8.15 \text{（kg/人）}$$

表 5-20 简单标准差计算表

甲生产小组（平均产量为 100 kg/人）		乙生产小组（平均产量为 100 kg/人）	
产量 x	$(x-\overline{x})^2$	产量 x	$(x-\overline{x})^2$
100	0	92	64
101	1	105	25
98	4	82	324
102	4	108	64
103	9	104	16
100	0	93	49
99	1	102	4
95	25	99	1
104	16	106	36
98	4	109	81
合计	64	合计	664

很明显，乙生产小组工人产量的标准差大于甲生产小组工人产量的标准差，这说明甲生产小组工人产量的平均产量的代表性要强于乙生产小组。

（2）加权标准差

当掌握的资料是分组资料时，可采用加权标准差公式进行计算，计算公式为

$$\sigma = \sqrt{\frac{\sum(x-\overline{x})^2 f}{\sum f}}$$

其中，σ 表示加权标准差，其他字母含义同前。

【例 5-29】 根据表 5-19 中的资料，试计算加权标准差（见表 5-21）。

表 5-21 加权标准差计算表 $[\overline{x}=91.1\ (kg/人)]$

按产量分组 $x/(kg/人)$	$(x-\overline{x})^2$	工人数 $f/$人	$(x-\overline{x})^2 f$
80	123.21	2	246.42
85	37.21	10	372.10
90	1.21	60	72.60
95	15.21	20	304.20
100	79.21	8	633.68
合计	256.05	100	1 629.00

根据表 5-21 中的资料，计算加权标准差为

$$\sigma = \sqrt{\frac{\sum(x-\overline{x})^2 f}{\sum f}} = \sqrt{\frac{1\ 629.00}{100}} = 4.04\ (kg/人)$$

3) 标准差的特点

标准差具有平均差的优点并避免了平均差的缺点。它考虑了每个变量值与均值的差异，能够准确地反映总体的离散程度；同时标准差还避免了取绝对值所带来的数学处理上的不便，因此在实际工作中得到了广泛应用。

标准差虽然在实际工作中得到了广泛应用，但是同样也存在一些局限性，它们的数值受平均指标大小的影响。因此，在比较不同总体平均水平下的总体变异程度时，还需引入其他变异指标。

课堂练习与活动

在对甲、乙两个企业的中层管理人员薪酬水平的统计调查中，甲企业属于高薪企业，中层管理人员平均年薪为 20 万元，标准差为 0.8 万元；乙企业薪酬相对较低，中层管理人员平均年薪仅为 5 万元，标准差为 0.6 万元。显然甲企业的中层管理人员薪酬的标准差大于乙企业中层管理人员薪酬的标准差，是否可以判定甲企业的中层管理人员薪酬的差异程度要大于乙企业中层管理人员薪酬的差异程度？

4. 变异系数

对于两个平均指标不等的总体，在分析其内部各单位标志变异程度时，单纯地从全距、平均差或标准差的数值大小的角度进行直接判断，很多时候不能真实地反映总体内部各单位的标志变异程度，变异系数可以消除平均指标不等所带来的影响。

变异系数又称为离散系数，是指标志变异指标与其算术平均数之比的百分数。主要包括全距系数、平均差系数和标准差系数等，其中应用最广泛的是标准差系数。

标准差系数即为标准差与其算术平均数对比的相对数。其计算公式为

$$V_\sigma = \frac{\sigma}{\bar{x}} \times 100\%$$

其中，V_σ 表示标准差系数，σ 表示标准差，$\bar{x}$ 表示算术平均数。

【例 5-30】 甲、乙两个班组，工人平均产量及其标准差资料如表 5-22 所示。计算标准差系数并说明两个班组平均产量的代表性哪个大？为什么？

表 5-22　甲、乙两个班组工人的平均产量及其标准差

	平均产量/（kg/人）	标准差/（kg/人）
甲班组	91.1	4.04
乙班组	81.7	3.69

解　标准差系数为

$$V_{\sigma甲} = \frac{\sigma}{\bar{x}} \times 100\% = \frac{4.04}{91.1} \times 100\% = 4.43\%$$

$$V_{\sigma乙} = \frac{\sigma}{\bar{x}} \times 100\% = \frac{3.69}{81.7} \times 100\% = 4.52\%$$

从表 5-22 可以看出：甲班组工人产量的标准差高于乙班组工人产量的标准差，但是此时甲、乙两班组工人的平均产量是不相等的。通过计算甲、乙两班组工人产量的标准差变异系数，可以消除这两个班组在平均产量上的差异，乙班组的标准差变异系数要高于甲班组的标准差系数，所以甲班组的平均产量代表性更高。

阅读材料

我国 2015 年经济运行情况

2015 年，面对错综复杂的国际形势和不断加大的经济下行压力，党中央、国务院

保持战略定力，统筹谋划国际、国内两个大局，坚持稳中求进的工作总基调，主动适应、引领新常态，以新理念指导新实践，以新战略谋求新发展，不断创新宏观调控，深入推进结构性改革，扎实推动"大众创业、万众创新"，经济保持了总体平稳、稳中有进、稳中有好的发展态势。

初步核算，全年国内生产总值为676 708亿元，按可比价格计算，比上年增长6.9%。分季度看，一季度同比增长7.0%，二季度同比增长7.0%，三季度同比增长6.9%，四季度同比增长6.8%。分产业看，第一产业增加值为60 863亿元，比上年增长3.9%；第二产业增加值为274 278亿元，增长6.0%；第三产业增加值为341 567亿元，增长8.3%。从环比看，四季度国内生产总值增长1.6%。

1. 农业生产再获丰收

全年全国粮食总产量为62 143万吨，比上年增加1 441万吨，增长2.4%。其中，夏粮产量为14 112万吨，增长3.3%；早稻产量为3 369万吨，下降0.9%；秋粮产量为44 662万吨，增长2.3%。谷物产量为57 225万吨，比上年增长2.7%。棉花产量为561万吨，比上年下降9.3%。全年猪、牛、羊、禽肉产量为8 454万吨，比上年下降1.0%，其中猪肉产量为5 487万吨，比上年下降3.3%；禽蛋产量为2 999万吨，比上年增长3.6%；牛奶产量为3 755万吨，比上年增长0.8%。

2. 工业升级态势明显

全年全国规模以上工业增加值按可比价格计算比上年增长6.1%。分经济类型看，国有控股企业增加值比上年增长1.4%，集体企业增长1.2%，股份制企业增长7.3%，外商及港澳台商投资企业增长3.7%。分三大门类看，采矿业增加值比上年增长2.7%，制造业增长7.0%，电力、热力、燃气及水生产和供应业增长1.4%。新产业增长较快，全年高技术产业增加值比上年增长10.2%，比规模以上工业快4.1个百分点，占规模以上工业的比重为11.8%，比上年提高1.2个百分点。其中，航空、航天器及设备制造业增长26.2%，电子及通信设备制造业增长12.7%，信息化学品制造业增长10.6%，医药制造业增长9.9%。全年规模以上工业企业产销率达到97.6%。规模以上工业企业实现出口交货值118 582亿元，比上年下降1.8%。12月份，规模以上工业增加值同比增长5.9%，环比增长0.41%。1—11月份，全国规模以上工业企业实现利润总额55 387亿元，同比下降1.9%。规模以上工业企业每百元主营业务收入中的成本为85.97元，主营业务收入利润率为5.57%。

3. 固定资产投资增速回落

全年固定资产投资（不含农户）551 590亿元，比上年名义增长10.0%，扣除价格因素实际增长12.0%，实际增速比上年回落2.9个百分点。其中，国有控股投资178 933亿元，增长10.9%；民间投资354 007亿元，增长10.1%，占全部投资的比重为64.2%。分产业看，第一产业投资15 561亿元，比上年增长31.8%；第二产业投资224 090亿元，增长8.0%；第三产业投资311 939亿元，增长10.6%。从到位资金情况看，全年到位资金 573 789 亿元，比上年增长 7.7%。其中，国家预算资金增长 15.6%，国内贷款下降 5.8%，自筹资金增长 9.5%，利用外资下降 29.6%。全年新开工项目计划总投资 408 084 亿元，比上年增长 5.5%。从环比看，12 月份固定资产投资（不含农户）增长 0.68%。全年全国房地产开发投资 95 979 亿元，比上年名义增长 1.0%（扣除价格因素实际增长 2.8%），其中住宅投资增长 0.4%。房屋新开工面积 154 454 万平方米，比上年下降 14.0%，其中住宅新开工面积下降 14.6%。全国商品房销售面积 128 495 万平方米，比上年增长 6.5%，其中住宅销售面积增长 6.9%。全国商品房销售额 87 281 亿元，比上年增长 14.4%，其中住宅销售额增长 16.6%。房地产开发企业土地购置面积 22 811 万平方米，比上年下降 31.7%。12 月末，全国商品房待售面积 71 853 万平方米，比上年末增长 15.6%。全年房地产开发企业到位资金 125 203 亿元，比上年增长 2.6%。

4. 市场销售较快增长

全年社会消费品零售总额为 300 931 亿元，比上年名义增长 10.7%，扣除价格因素实际增长 10.6%。其中，限额以上单位消费品零售额为 142 558 亿元，增长 7.8%。按经营单位所在地分，城镇消费品零售额为 258 999 亿元，比上年增长 10.5%，乡村消费品零售额为 41 932 亿元，比上年增长 11.8%。按消费形态分，餐饮收入为 32 310 亿元，比上年增长 11.7%，商品零售额为 268 621 亿元，比上年增长 10.6%，其中限额以上单位商品零售额为 133 891 亿元，比上年增长 7.9%。12 月份，社会消费品零售总额同比名义增长 11.1%，扣除价格因素实际增长 10.7%，环比增长 0.82%。全年全国网上零售额为 38 773 亿元，比上年增长 33.3%。其中，实物商品网上零售额为 32 424 亿元，增长 31.6%，占社会消费品零售总额的比重为 10.8%；非实物商品网上零售额为 6 349 亿元，增长 42.4%

5. 进出口同比下降

全年进出口总额为 245 849 亿元，比上年下降 7.0%。其中，出口 141 357 亿元，下降 1.8%；进口 104 492 亿元，下降 13.2%。进出口相抵，顺差 36 865 亿元。12 月份，进出口总额为 24 757 亿元，同比下降 0.5%。其中，出口 14 289 亿元，增长 2.3%；进口 10 468 亿元，下降 4.0%。

6. 居民消费价格温和上涨

全年居民消费价格比上年上涨 1.4%。其中，城市上涨 1.5%，农村上涨 1.3%。分类别看，食品价格同比上涨 2.3%，烟酒及用品上涨 2.1%，衣着上涨 2.7%，家庭设备用品及维修服务上涨 1.0%，医疗保健和个人用品上涨 2.0%，交通和通信下降 1.7%，娱乐、教育文化用品及服务上涨 1.4%，居住上涨 0.7%。在食品价格中，粮食价格上涨 2.0%，油脂价格下降 3.2%，猪肉价格上涨 9.5%，鲜菜价格上涨 7.4%。12 月份，居民消费价格同比上涨 1.6%，环比上涨 0.5%。全年工业生产者出厂价格比上年下降 5.2%，12 月份同比下降 5.9%，环比下降 0.6%。全年工业生产者购进价格比上年下降6.1%,12月份同比下降6.8%,环比下降0.7%。

7. 居民收入稳定增长

全年全国居民人均可支配收入为21 966元,比上年名义增长8.9%,扣除价格因素实际增长7.4%。按常住地分,城镇居民人均可支配收入为31 195元,比上年增长8.2%,扣除价格因素实际增长6.6%;农村居民人均可支配收入为11 422元,比上年增长8.9%,扣除价格因素实际增长7.5%。城乡居民人均收入倍差2.73,比上年缩小0.02。全国居民人均可支配收入中位数为19 281元,比上年名义增长9.7%。按全国居民收入分组,低收入组人均可支配收入为5 221元,中等偏下收入组人均可支配收入为11 894元,中等收入组人均可支配收入为19 320元,中等偏上收入组人均可支配收入为29 438元,高收入组人均可支配收入为54 544元。2015年全国居民收入基尼系数为0.462。全年农民工总量为27 747万人,比上年增加352万人,增长1.3%,其中,本地农民工10 863万人,增长2.7%,外出农民工16 884万人,增长0.4%。农民工月均收入水平为3 072元,比上年增长7.2%。

8. 经济结构优化升级

产业结构继续优化。全年第三产业增加值占国内生产总值的比重为50.5%,比上年提高2.4个百分点,高于第二产业10.0个百分点。需求结构进一步改善。全年最终消费支出对国内生产总值增长的贡献率为66.4%,比上年提高15.4个百分点。区域结构协调性增强。中、西部地区规模以上工业增加值比上年分别增长7.6%和7.8%,分别快于东部地区0.9和1.1个百分点;中部地区固定资产投资(不含农户)增长15.7%,快于东部地区3.0个百分点。节能降耗继续取得新进展。全年单位国内生产总值能耗比上年下降5.6%。

9. 货币信贷平稳增长

12月末,广义货币余额为139.23万亿元,比上年末增长13.3%,狭义货币余额为40.10万亿元,增长15.2%,流通中货币余额为6.32万亿元,增长4.9%。12月末,人民币贷款余额为93.95万亿元,人民币存款余额为135.70万亿元。全年新增人民币贷款11.72万亿元,比上年多增1.81万亿元,新增人民币存款14.97万亿元,比上年多增1.94万亿元。全年社会融资规模增量为15.41万亿元。

10. 人口就业总体稳定

年末中国大陆总人口(包括31个省、自治区、直辖市和中国人民解放军现役军人,不包括香港、澳门特别行政区和台湾地区及海外华侨人数)137 462万人,比上年末增加680万人。全年出生人口1 655万人,人口出生率为12.07‰,死亡人口975万人,人口死亡率为7.11‰,人口自然增长率为4.96‰,比上年下降0.25个千分点。从性别结构看,男性人口为70 414万人,女性人口为67 048万人,总人口性别比为105.02(以女性为100),出生人口性别比为113.51。从年龄构成看,16周岁以上至60周岁以下(不含60周岁)的劳动年龄人口为91 096万人,比上年末减少487万人,占总人口的比重为 66.3%；60 周岁及以上人口为 22 200 万人，占总人口的 16.1%；65 周岁及以上人口 14 386 万人，占总人口的 10.5%。从城乡结构看，城镇常住人口为 77 116 万人，比上年末增加 2 200 万人，乡村常住人口为 60 346 万人，减少 1 520 万人，城镇人口占总人口比重为 56.1%。全国居住地和户口登记地不在同一个乡镇街道且离开户口登记地半年以上的人口（即人户分离人口）为 2.94 亿人，比上年末减少 377 万人，其中流动人口为 2.47 亿人，比上年末减少 568 万人。年末全国就业人员为 77 451 万人，其中城镇就业人员为 40 410 万人。

总的来看，2015 年国民经济仍运行在合理区间，经济结构进一步优化，转型升级进一步加快，新兴动力进一步积聚，人民生活进一步改善。但也要看到，国际环境仍然错综复杂，国内结构调整转型升级正处在爬坡过坎的关键阶段，全面深化改革任务艰巨。下一步，要认真学习贯彻党的十八大和十八届三、四、五中全会精神和中央经济工作会议精神，深入贯彻落实党中央、国务院决策部署，坚持宏观政策要稳、产业政策要准、微观政策要活、改革政策要实、社会政策要托底的总体思路，着力加强供给侧结构性改革，推动国民经济保持中高速、迈向中高端，实现中高收入水平。

资料来源：国家统计局网站。

案例分析

已知牛群中牛的平均体重为 280 千克，标准差为 7 千克，羊群中羊的平均体重为 18 千克，标准差为 3 千克。试分析哪一个群体的平均数更有代表性。

分析如下：

如果单纯用标准差来比较，羊群的标准差小于牛群的标准差，得出的结论是：羊群的平均数更有代表性，由于这两个群体平均指标不同，显然这个结论是不对的。为了解决这个问题，就需要采用标准差系数来解决。

牛群的标准差系数为

$$V_{\sigma 牛} = \frac{\sigma}{\bar{x}} \times 100\% = \frac{7}{280} \times 100\% = 2.5\%$$

羊群的标准差系数为

$$V_{\sigma 羊} = \frac{\sigma}{\bar{x}} \times 100\% = \frac{3}{18} \times 100\% = 16.7\%$$

牛群的标准差系数小于羊群的标准差系数，说明牛群和羊群相比较，牛群的变异程度要小，因此牛群的代表性更高一些。

本章知识结构

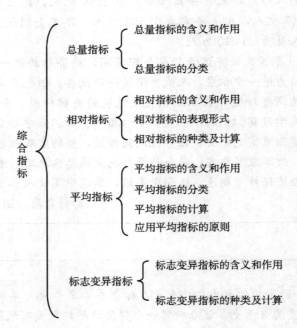

能力训练题

一、单项选择题

1. 某企业商品销售额为 200 万元,期末商品库存 50 万元,它们(　　)。
   A. 都是时期指标
   B. 前者是时期指标,后者是时点指标
   C. 都是时点指标
   D. 前者是时点指标,后者是时期指标

2. 当变量值中有一项为 0 时,则不能计算(　　)。
   A. 算术平均数和调和平均数

B. 众数和中位数
C. 算术平均数
D. 调和平均数

3. 平均数为20，变异系数为0.4，则标准差为（　　）。
   A. 50　　　　　B. 8　　　　　C. 0.02　　　　　D. 4

4. 标准差系数抽象了（　　）。
   A. 标志变异程度的影响　　　　B. 平均水平高低的影响
   C. 总体指标数值大小的影响　　D. 总体单位数多少的影响

5. 计划规定成本降低5%，实际提高了2%，则成本计划完成程度为（　　）。
   A. 107%　　　B. 107.4%　　　C. 3.1%　　　D. 7.4%

6. 某地区有10万人口，80个医院。平均每个医院要服务1 250人，这个指标是（　　）。
   A. 平均指标　　　　　　　　B. 强度相对指标
   C. 总量指标　　　　　　　　D. 发展水平指标

7. 加权调和平均数有时可以作为加权算术平均数的（　　）。
   A. 变形　　　　　　　　　　B. 倒数
   C. 平均数　　　　　　　　　D. 开平方

8. 有甲、乙两个数列，若甲的全距比乙的大，那么（　　）。
   A. 甲的标准差一定大于乙的标准差
   B. 甲的标准差一定小于乙的标准差
   C. 甲的标准差一定等于乙的标准差
   D. 全距与标准差之间不存在上述关系

9. 权数对加权算术平均数的影响决定于（　　）。
   A. 各组标志值的数值大小
   B. 权数的绝对数的多少
   C. 各组单位数在总体单位数比重的大小
   D. 总体单位数的多少

10. 已知4个水果商店苹果的单价和销售额，要求计算4个商店苹果的平均单价，应该采用（　　）。
    A. 简单算术平均数　　　　　B. 加权算术平均数
    C. 加权调和平均数　　　　　D. 几何平均数

11. 如果分配数列把频数换成频率，那么方差（　　）。
    A. 不变　　　　　　　　　　B. 增大
    C. 减小　　　　　　　　　　D. 无法预期其变化

12. 第一批产品废品率为1%，第二批产品废品率为1.5%，第三批产品废品率为

2%。第一批产品数量占总数的35%,第二批占40%。则平均废品率为(　　)%。

A. 1.5　　　　　B. 1.45　　　　　C. 4.5　　　　　D. 0.94

13. 某商店在制订男式衬衫进货计划时,需了解已销售衬衫的平均尺寸,则计算(　　)。

　　A. 算术平均数　　　　　B. 调和平均数
　　C. 几何平均数　　　　　D. 众数

14. 现有一数列:3,9,27,81,243,729,2,187,反映其平均水平最好用(　　)。

　　A. 算术平均数　　　　　B. 调和平均数
　　C. 几何平均数　　　　　D. 中位数

15. 某企业2015年职工平均工资为5 200元,标准差为110元,2016年职工平均工资增长了40%,标准差增大到150元。职工平均工资的相对变异(　　)。

　　A. 增大　　　　　　　　B. 减小
　　C. 不变　　　　　　　　D. 不能比较

二、多项选择题

1. 下列指标中属于时点指标的有(　　)。

　　A. 销售额　　　　　　　B. 商品库存量
　　C. 企业的资产总额　　　D. 利润总额

2. 下列指标中反映离散程度的指标是(　　)。

　　A. 标准差　　　　　　　B. 标准差系数
　　C. 全距　　　　　　　　D. 平均差

3. 在下列描述数据集中趋势的指标中,不易受极端值影响的有(　　)。

　　A. 中位数　　　　　　　B. 调和平均数
　　C. 几何平均数　　　　　D. 众数

4. 影响标准差大小的因素包括(　　)。

　　A. 变量值水平的高低
　　B. 变量值之间的差异程度的大小
　　C. 变量值计量单位的变化
　　D. 变量值的个数

5. 在对两组数据的差异程度进行比较时,一般不能直接加以比较的离散程度指标是(　　)。

　　A. 平均差　　　　　　　B. 离散系数
　　C. 标准差　　　　　　　D. 方差

三、判断题

1. 某企业计划利润提高10%，实际提高了5%，则该企业的利润计划完成程度为95%。（　　）
2. 若两组数据的标准差相等，则其离散程度相同。（　　）
3. 由分组数据计算的算术平均数一定是算术平均数的近似值。（　　）
4. 若数据服从正态分布，则均值大小不受数据中的极端值影响。（　　）
5. 根据分组资料计算的算术平均数只是一个近似值。（　　）
6. 结构相对指标的计算方法灵活，分子、分母可以互换。（　　）
7. 用劳动单位表示的总量指标，称为劳动量指标，它是不能直接相加的。（　　）
8. 平均差和标准差都是表示各标志值对算术平均数的平均离差。（　　）
9. 强度相对数的数值是用复名数来表示的，因此可以计算它的正指标和逆指标。（　　）
10. 权数的绝对数越大，对算术平均数的影响也就越大。（　　）
11. 在组距数列条件下，众数的大小主要取决于众数组相邻两组次数多少的影响。（　　）
12. 当各组变量出现的次数相等时，加权算术平均数中的权数就失去作用，因此加权算术平均数也就等于简单算术平均数。（　　）
13. 甲洗衣机厂2016年第一季度洗衣机产量对乙洗衣机厂同时期产量的比率是比例相对数。（　　）

四、填空题

1. 若一组数据的分布呈左偏态，则算术平均数、中位数和众数的数量关系为（　　）。
2. 已知某频数分布的众数组为600～700，且与众数组相邻的两组的频数相等，则众数为（　　）。
3. 已知某频数分布的偏斜程度不是很大，其算术平均数为100，中位数为90，则众数为（　　），该分布呈（　　）偏态。
4. 标准差与平均差都是以（　　）为其比较的中心，而且两者都是离差的某种平均。
5. 在相对指标的计算中，不同时期的指标相比所形成的相对数是（　　）；不同类指标相比所形成的相对数是（　　）。

五、实训题

1. 某企业今年的计划产值比去年增长5%，实际完成108%，今年产值比去年增长多少？
2. 某企业三个车间第一季度的生产情况如下：第一车间实际产量为190件，完成计划95%；第二车间实际产量为250件，完成计划100%；第三车间实际产量为609

件,完成计划105%。

三个车间产品产量的平均计划完成程度:

$$三个车间产品产量的平均计划完成程度=\frac{95\%+100\%+105\%}{3}=100\%$$

另外,一车间产品单位成本为18元/件,二车间产品单位成本12元/件,三车间产品单位成本15元/件,则

$$三个车间平均单位成本=\frac{18+12+15}{3}=15(元/件)$$

以上平均指标的计算是否正确?如不正确,请说明理由并改正。

3. 2016年6月份,甲、乙农贸市场某农产品价格和成交额、成交量资料如表5-23所示。

表5-23 甲、乙农贸市场成交额、成交量资料

品种	价格/(元/kg)	甲农贸市场成交额/万元	乙农贸市场成交量/万kg
A	1.1	1.2	2
B	1.4	2.8	1
C	1.5	1.5	1
合计	—	5.5	4

要求:比较哪个农贸市场农产品的平均价格较高并说明原因。

4. 某市场有三种不同的苹果,其每千克价格分别为2元、3元和4元。计算:(1)各买1 kg,平均每千克多少钱?(2)各买1元,平均每千克多少钱?

5. 某班40名学生数量方法考试成绩如下。

```
97  86  89  60  82  60  74  76  88  89
93  91  94  82  77  79  97  78  95  92
87  84  79  65  54  67  59  72  83  85
56  81  70  73  65  66  80  63  79  90
```

学校规定:60分以下为不及格,60~70分为及格,70~80分为中,80~90分为良,90~100分为优。

要求:(1)根据以上资料,将该班学生分为以上五组,编制一张频数分布表;

(2)利用分组表数据计算标准差和方差;

(3)若已知另一班同学的平均成绩为82分,标准差为3.7分,试比较说明哪个班的同学分数差异大或平均分数的代表性小。

六、思考题

1. 什么是总量指标？总量指标有哪些种类？
2. 哪些相对指标的分子与分母不能互换？
3. 如何根据计划完成程度相对指标判断是否超额完成任务？
4. 什么是平均指标？平均指标有哪些种类？
5. 标志变异指标和平均指标代表性之间的关系是什么？
6. 全距和平均差作为标志变异指标有哪些缺点？

第6章 时间数列

> **学习目标**
>
> 时间数列分析法是统计分析的基本方法之一。通过本章的学习，要求学生掌握时间数列的概念和特点；理解时间数列的作用和编制原则；掌握时间数列的各种水平指标和速度指标的含义、计算方法及各指标之间的相互关系；能够对现象进行长期趋势的测定和季节变动的测定。

6.1 时间数列的编制

6.1.1 时间数列的概念和意义

时间数列是指把总体的某一指标在各个不同时间上的数值按时间的先后顺序排列起来所形成的统计数列，又称为动态数列。表6-1就是一个反映我国国内生产总值变化情况的时间数列。

表6-1 2011—2015年我国国内生产总值资料表

单位：亿元

年　份	2011年	2012年	2013年	2014年	2015年
国内生产总值	473 104	518 942	588 019	636 463	676 708

通过这一数列，可以看出我国国内生产总值的发展变化过程及趋势。

时间数列必须具备两个基本要素：一是反映时间顺序的数列（被研究对象所属的时间），如表6-1中的2011—2015年；二是反映各个时间的统计指标数值（被研究对象在不同时间上所表现的不同的数值），如表6-1中各年的国内生产总值。

时间数列是进行动态分析的基础和依据,在统计分析中具有十分重要的意义。

① 反映社会经济现象发展变化过程。通过时间数列可以观察现象的发展变化和现象在连续一段时间上的量变过程。例如,表6-1反映了2011—2015年我国国内生产总值的量变过程。

② 揭示社会经济现象发展变化规律。根据时间数列的指标数值,通过对各期的发展水平进行观察和比较,就可以反映社会经济现象发展变化的过程和趋势,从而揭示现象发展的规律。例如,通过表6-1中2015年与2011年的对比,即676 708/473 104=1.43,表明我国国内生产总值在这期间的发展速度为1.43。

③ 对社会经济现象进行观察和预测。通过对时间数列历史资料的观察和分析,可以找出现象的发展规律,在此基础上应用各种统计方法,就可以推断现象发展变化的数量表现和趋势,从而对未来的市场情况进行预测和分析。

④ 在不同的国家和地区之间进行对比分析。编制时间数列可以对比分析不同国家和地区的发展水平,揭示其社会经济现象在发展过程中的差距。

6.1.2 时间数列的种类

时间数列按其统计指标表现形式的不同,可分为绝对数时间数列、相对数时间数列和平均数时间数列三种。其中,绝对数时间数列是基本数列,相对数时间数列和平均数时间数列是在此基础上计算出来的,是派生数列。

1. 绝对数时间数列

绝对数时间数列又称总量指标时间数列,是由不同时间的同类总量指标,按时间的先后顺序排列而形成的时间数列。它用来反映某种社会经济现象在各个时期达到的规模、水平及其发展变化情况。按其所反映的时间状况不同,绝对数时间数列又可分为时期数列和时点数列。

(1) 时期数列

时期数列是反映某种社会经济现象在一段时间内的发展过程总量的绝对数时间数列。例如,表6-1所列的2011—2015年我国国内生产总值就是一个时期数列。

时期数列的特点:时期数列中的每一项指标数值都是通过连续统计所得;时期数列中各指标数值的大小与时期的长短有直接关系,时期长则数值大,反之则小;时期数列中的各项指标数值可以直接相加,相加后反映现象更长时期的总量。

(2) 时点数列

时点数列是反映某种社会经济现象在某一时刻上的状态总量的绝对数时间数列。例如,表6-2所列的2010—2014年我国年末人口数就是一个时点数列。

时点数列的特点:时点数列中的每一项指标数值都是在某一时刻的状态下登记所得,不需要连续统计;时点数列中的各指标数值的大小与时间间隔的长短无直接关系,时间间隔长,数值不一定大,反之,也不一定小;时点数列中的各项指标数值不能相加，加总后的结果没有实际意义。

表6-2　2010—2014年我国年末人口数

单位：万人

年　份	2010年	2011年	2012年	2013年	2014年
年末人口数	134 091	134 735	135 404	136 072	136 782

 课堂练习与活动

以下数列中哪些属于时点数列？
- 某校历年末在校生人数；
- 某企业历年职工工资总额；
- 某商场各月末商品库存额；
- 某农场历年末生猪存栏头数；
- 某企业历年末设备台数。

2. 相对数时间数列

相对数时间数列又称相对数动态数列，是由不同时间的相对指标，按时间的先后顺序排列而形成的时间数列。它用来反映社会经济现象对比关系的发展程度及其规律。表6-3所列的2012—2016年某企业计划完成程度就是一个相对数时间数列。

表6-3　2012—2016年某企业计划完成程度情况

年　份	2012年	2013年	2014年	2015年	2016年
计划完成程度/%	95	103	120	123	136

相对数时间数列中的各个指标是由两个绝对数指标对比得到的，由于计算基础不同，不能直接相加。

3. 平均数时间数列

平均数时间数列又称平均数动态数列，是由不同时间的平均指标，按时间的先后顺序排列而形成的时间数列。它用来反映社会经济现象一般水平的发展趋势。表6-4所列的2012—2016年某企业工人劳动生产率就是一个平均数时间数列。

表6-4　2012—2016年某企业工人劳动生产率资料

单位：元/人

年　份	2012年	2013年	2014年	2015年	2016年
工人劳动生产率	7 960	7 530	9 720	10 860	19 240

平均数时间数列中的各个指标也是由两个绝对数指标对比得到的,各个指标数值不能相加。

6.1.3 时间数列的编制原则

编制时间数列的目的是分析社会经济现象的发展变化过程及其规律,揭示现象之间的相互关系。因此,编制时间数列的基本要求就是保证数列中的各项指标具有可比性。在编制时间数列时必须遵循以下原则。

(1) 时间长短要一致

如果时间数列中的各项指标是时期指标,其数值所属的时期长度应该相等;若时期长短不一,指标数值则不可对比。如果时间数列中的各项指标是时点指标,其指标数值之间的时间间隔长度应该相等,以便于更准确地进行对比分析。

(2) 总体范围要一致

时间数列中指标数值的大小与总体范围有着密切的联系,若社会经济现象的总体范围随着时间的变化而发生了改变,则变化前后的指标数值就不能直接对比,必须进行相应的调整来保证总体范围的一致性。例如某一地区的行政区划发生了变化,该地区的人口数、土地面积、各种总产值等指标都要作相应的调整,这样才能保证时间数列中的各项指标具有可比性,才能准确说明所研究的问题。

(3) 经济内容要一致

时间数列中的指标数值所反映的不仅是现象的数量方面,而且还有一定的质的方面的经济内容,因此应注意时间数列中各个指标内容的同质性。有时,时间数列的指标名称相同,但经济内容不尽相同,如果机械地进行对比,必然导致错误的结论。例如商品价格有购进价格和销售价格之分,如果把这两种价格混在一起构成时间数列,就会导致错误的结论。

(4) 计算口径要一致

通常所说的计算口径,包括统计计算方法、计算公式、计算价格和计算单位等,在时间数列中应该统一,并保持不变。例如 GDP 的计算方法有生产法、收入法和支出法,不同的计算方法会导致结果的差异。产值指标,有现行价格和不变价格两种计算方法,对比时要统一调整为不变价。实物量的计量单位,要统一用国际标准。

6.2 时间数列的水平分析

根据时间数列对社会经济现象的发展进行动态分析,需要使用一系列的动态分析指标。动态分析指标分为两大类:一类是水平指标,包括发展水平、平均发展水平、增长量、平均增长量;另一类是速度指标,包括发展速度、平均发展速度、增长速度、平均增长速度和增长1%的绝对值。本节主要阐述时间数列的水平指标的计算方法，时间数列的速度指标的计算方法将在下一节介绍。

6.2.1 发展水平

发展水平是指时间数列中的每一项指标数值，用来反映某种社会经济现象在不同发展时期或时点上实际达到的水平，是计算各种动态分析指标的基础。发展水平既可以是总量指标，也可以是相对指标和平均指标。

发展水平按其在时间数列中所处的位置不同，可分为最初水平、最末水平和中间水平。

最初水平是指时间数列中的第一项指标数值，通常用 a_0 表示，即表6-5中 a_0=582万元。

最末水平是指时间数列中的最后一项指标数值，通常用 a_n 表示，即表6-5中 a_n=698万元。

中间水平是指时间数列中除首、尾两项指标之外的其余中间各项指标数值，通常用 a_i (i=1, 2, 3, …, n-1) 表示，即表6-5中 a_1=591万元，a_2=603万元，a_3=662万元。

表6-5　2012—2016年某商场商品销售额

单位：万元

年　份	2012年	2013年	2014年	2015年	2016年
商品销售额	582	591	603	662	698

发展水平按其在时间数列中的作用不同，可分为报告期水平和基期水平。报告期水平是指在进行动态对比时被研究时期的发展水平，又称计算期水平，通常用 a_i 表示。基期水平是指在进行动态对比时，作为比较基础时期的发展水平，又称基数，通常用 a_0 或 a_{i-1} 表示。

> [阅读材料]
>
> **中国2016年1月继续减持美国国债**
>
> 根据美国财政部2016年3月15日发布的数据，中国2016年1月份减持美国国债82亿美元，再度刷新10个月以来新低，但仍为美国第一大债权国。
>
> 数据显示，截至2016年1月底，中国持有美国国债总额为1.2379万亿美元，较上月减少82亿美元。实际上，从2014年开始，中国就逐渐减持美国国债，更在2015年连续数月减持美国国债。
>
> "中国持续减持美国国债，重点是在调节外汇储备结构，从以前单一依赖美国国债投资，转化为多渠道投资。"中央财经大学中国银行业研究中心主任郭田勇表示，尽管

中国持有的美债降至 10 个月以来新低,但较中国持有美债总量而言,比重仍然较小。

美国财政部数据还显示,2016 年 1 月,美国第二大债权国日本增持 9 亿美元的美国国债,持有规模小幅升至 1.123 5 万亿美元。

资料来源:中国证券报。

6.2.2 平均发展水平

平均发展水平又称序时平均数,是根据时间数列中不同时期(时点)上的发展水平计算的平均值。它用来反映社会经济现象在较长时间内发展所达到的一般水平。平均发展水平可以根据绝对数时间数列计算,也可以根据相对数时间数列或平均数时间数列计算。其中,由绝对数时间数列计算平均发展水平是最基本的方法。

1. 根据绝对数时间数列计算平均发展水平

绝对数时间数列分为时期数列和时点数列,其计算方法分别如下。

1) 由时期数列计算平均发展水平

由时期数列计算平均发展水平采用简单算术平均法,即用各时期指标数值之和除以时间数列的项数,其公式为

$$\bar{a} = \frac{a_1 + a_2 + \cdots + a_n}{n} = \frac{\sum a}{n}$$

式中,$\bar{a}$ 表示平均发展水平;a_i($i=1,2,\cdots,n$)表示各期的发展水平;n 表示时期数列的项数;$\sum a$ 表示各时期数值之和。

【例 6-1】 根据表 6-1 中的国内生产总值时期数列计算 2011—2015 年间的年平均国内生产总值为

$$\bar{a} = \frac{\sum a}{n} = \frac{473\,104 + 518\,942 + 588\,019 + 636\,463 + 676\,708}{5}$$
$$= 578\,647.2(亿元)$$

2) 由时点数列计算平均发展水平

时点数列分为连续时点数列和间断时点数列,因掌握资料的情况不同,具体的计算方法也不同。

(1) 由连续时点数列计算平均发展水平

连续时点数列是指能够逐日登记指标数值的时点数列。具体有以下两种情况。

① 间隔相等的连续时点数列。是指数列中各项指标数值为逐日登记并且是逐日排

列。间隔相等的连续时点数列的平均发展水平,采用简单算术平均法计算,即用各时点数值之和除以时点数值的个数。计算公式为

$$\bar{a} = \frac{a_1 + a_2 + \cdots + a_n}{n} = \frac{\sum a}{n}$$

式中,$\sum a$ 为各时点数值之和,其他符号含义同前。

例如,已知某企业 1 个月内每天的工人数,要计算该月每天平均工人数,可用每天工人数相加之和除以该月的日历天数。

② 间隔不相等的连续时点数列。是指数列中的各项指标非逐日变动,只是在发生变动时进行统计。间隔不相等的连续时点数列的平均发展水平,采用加权算术平均法计算,即以每次变动持续的时间间隔长度(f)为权数对各时点数值(a)加权。计算公式为

$$\bar{a} = \frac{a_1 f_1 + a_2 f_2 + \cdots + a_n f_n}{f_1 + f_2 + \cdots + f_n} = \frac{\sum af}{\sum f}$$

【例 6 - 2】 某企业 3 月份职工人数变动记录如表 6 - 6 所示。

表 6 - 6 某企业 3 月份职工人数变动表

单位:人

时 间	1 日	6 日	18 日	23 日	31 日
职工人数	260	263	271	268	270

该企业 3 月份平均职工人数为

$$\bar{a} = \frac{\sum af}{\sum f} = \frac{260 \times 5 + 263 \times 12 + 271 \times 5 + 268 \times 8 + 270 \times 1}{5 + 12 + 5 + 8 + 1} = 265(人)$$

(2) 由间断时点数列计算平均发展水平

间断时点数列是指按期初或期末登记取得资料的时点数列。具体有以下两种情况。

① 间隔相等的间断时点数列。是指数列中各项指标数值表现为逐期期初或期末登记排列。间隔相等的间断时点数列的平均发展水平,采用"首末折半法"计算,即将首末两项时点数值折半,加上中间各项数值,再除以项数减 1。计算公式为

$$\bar{a} = \frac{\frac{a_1}{2} + a_2 + \cdots + a_{n-1} + \frac{a_n}{2}}{n-1}$$

【例 6-3】 某企业第三季度各时点上的职工人数资料如表 6-7 所示。

表 6-7 某企业第三季度职工人数资料表

单位：人

月 份	7 月	8 月	9 月	10 月
月初职工人数	2 004	2 010	2 016	2 118

该企业第三季度各月的平均职工人数分别为

$$7月份平均职工人数 = \frac{2\,004 + 2\,010}{2} = 2\,007(人)$$

$$8月份平均职工人数 = \frac{2\,010 + 2\,016}{2} = 2\,013(人)$$

$$9月份平均职工人数 = \frac{2\,016 + 2\,118}{2} = 2\,067(人)$$

$$第三季度平均职工人数 = \frac{\frac{a_1}{2} + a_2 + a_3 + \frac{a_4}{2}}{n - 1}$$

$$= \frac{\frac{2\,004}{2} + 2\,010 + 2\,016 + \frac{2\,118}{2}}{4 - 1} = 2\,029(人)$$

② 间隔不相等的间断时点数列。是指数列中各项指标数值表现为非均衡的期初或期末登记排列。间隔不相等的间断时点数列的平均发展水平，采用加权序时平均法计算，即以各时间间隔长度（f）为权数，对各相应时点的平均水平加权，应用算术平均法计算平均发展水平。计算公式为

$$\bar{a} = \frac{\frac{a_1 + a_2}{2}f_1 + \frac{a_2 + a_3}{2}f_2 + \cdots + \frac{a_{n-1} + a_n}{2}f_{n-1}}{f_1 + f_2 + \cdots + f_{n-1}}$$

$$= \frac{\frac{a_1 + a_2}{2}f_1 + \frac{a_2 + a_3}{2}f_2 + \cdots + \frac{a_{n-1} + a_n}{2}f_{n-1}}{\sum f}$$

【例 6-4】 某公司 2016 年各月银行存款余额资料如表 6-8 所示。

表 6-8 某公司 2016 年各月银行存款余额资料

单位：万元

日期	1月1日	4月1日	8月1日	10月1日	12月31日
银行存款余额	800	1 200	1 168	940	1 300

该公司 2016 年各月平均银行存款余额为

$$\bar{a} = \frac{\frac{a_1+a_2}{2}f_1 + \frac{a_2+a_3}{2}f_2 + \frac{a_3+a_4}{2}f_3 + \frac{a_4+a_5}{2}f_4}{\sum f}$$

$$= \frac{\frac{800+1\,200}{2} \times 3 + \frac{1\,200+1\,168}{2} \times 4 + \frac{1\,168+940}{2} \times 2 + \frac{940+1\,300}{2} \times 3}{3+4+2+3}$$

$$= 1\,100.33(万元)$$

课堂练习与活动

"首末折半法"适用于计算以下哪种情况的平均发展水平？
① 间隔相等的连续时点数列资料；
② 间隔相等的间断时点数列资料；
③ 间隔不等的间断时点数列资料。

2. 根据相对数时间数列计算平均发展水平

相对数时间数列是派生数列，它是由两个有联系的绝对数时间数列相对比所形成的数列。用来对比的两个绝对数时间数列可以皆为时期数列，也可以皆为时点数列，还可以一个是时期数列，另一个是时点数列。由于相对指标比较的基数不同，所以不能根据相对数时间数列中的各指标数值直接相加计算平均发展水平，而是先分别计算出分子数列和分母数列的平均发展水平，再将这两个平均发展水平对比求得。计算公式为

$$\bar{c} = \frac{\bar{a}}{\bar{b}}$$

式中，$\bar{a}$ 表示分子数列的平均发展水平；$\bar{b}$ 表示分母数列的平均发展水平；$\bar{c}$ 表示相对数时间数列的平均发展水平。

(1) 分子和分母都是时期数列

【例 6-5】 某企业第二季度各月产值计划完成程度如表 6-9 所示，要求计算第二季度月平均产值计划完成程度。

表 6-9 某企业第二季度各月产值计划完成程度资料

月　份	4月	5月	6月
实际产值 a/万元	300	560	680
计划产值 b/万元	350	520	660
计划完成程度 c/%	86	108	103

表 6-9 中分子数列为实际产值数列，分母数列为计划产值数列，两者均为时期数列，而计划完成程度数列是一个相对数时间数列，是由前两个时期数列对应项对比得到的，如果要计算该相对数时间数列的平均发展水平，必须分别计算分子数列的月平均实际产值和分母数列的月平均计划产值，再加以对比得出该企业第二季度月平均产值计划完成程度。计算过程如下。

$$\overline{a} = \frac{300+560+680}{3} = 513.33（万元）$$

$$\overline{b} = \frac{350+520+660}{3} = 510（万元）$$

$$\overline{c} = \frac{\overline{a}}{\overline{b}} = \frac{513.33}{510} = 100.65\%$$

（2）分子和分母都是时点数列

【例 6-6】 某企业第三季度各月末工人数资料如表 6-10 所示，要求计算第三季度工人占全部职工的平均比重。

表 6-10 某企业第三季度各月末工人数资料

月　份	6月末	7月末	8月末	9月末
全体职工 b/人	600	580	612	616
其中：工人 a/人	506	482	486	508
工人占全部职工比重 c/%	84	83	79	82

表 6-10 中工人占全部职工比重时间数列是一个相对数时间数列，由工人数时间数列和全体职工时间数列对比得到。因为时点数列的各项指标数值不能直接相加，需分别计算分子数列和分母数列的平均发展水平，再加以对比得出。计算过程如下。

$$\bar{a} = \frac{\frac{506}{2}+482+486+\frac{508}{2}}{4-1} = 492(人)$$

$$\bar{b} = \frac{\frac{600}{2}+580+612+\frac{616}{2}}{4-1} = 600(人)$$

$$\bar{c} = \frac{\bar{a}}{\bar{b}} = \frac{492}{600} = 82\%$$

(3) 分子和分母是两个性质不同的数列

【例 6-7】 某企业第三季度工业总产值与职工人数资料如表 6-11 所示，要求计算第三季度月平均劳动生产率。

表 6-11 某企业第三季度工业总产值与职工人数资料

月 份	7月	8月	9月	10月
工业总产值 a/万元	73	86	88	—
月初职工人数 b/人	106	112	126	130
劳动生产率 c/（万元/人）	0.669 7	0.722 6	0.687 5	—

表 6-11 中劳动生产率时间数列是一个相对数时间数列，由工业总产值时间数列和职工人数时间数列对比得到。工业总产值时间数列是一个时期数列，月初职工人数时间数列是一个时点数列，因为时点数列的各项指标数值不能直接相加，需分别计算分子数列和分母数列的平均发展水平，再加以对比得出。计算过程如下：

$$\bar{a} = \frac{73+86+88}{3} = 82.33(万元)$$

$$\bar{b} = \frac{\frac{106}{2}+112+126+\frac{130}{2}}{4-1} = 119(人)$$

$$\bar{c} = \frac{\bar{a}}{\bar{b}} = \frac{82.33}{119} = 0.691\ 8(万元/人)$$

3. 根据平均数时间数列计算平均发展水平

平均数时间数列分为两种：一种是由一般平均数所组成的时间数列；另一种是由动态平均数所组成的时间数列。由于两种时间数列的性质不同，计算平均发展水平的方法也不同。

(1) 一般平均数所组成的时间数列

通常，一般平均数所组成的时间数列的分子数列是标志总量数列，分母数列是总体单位总量数列，因此由一般平均数时间数列计算平均发展水平的方法，与相对数时间数列计算平均发展水平的方法相同，即分别计算出分子数列和分母数列的平均发展水平，然后再将这两个平均发展水平对比，就得到了结果。计算公式为

$$\bar{c} = \frac{\bar{a}}{\bar{b}}$$

(2) 动态平均数所组成的时间数列

如果已知间隔相等的平均数时间数列，计算平均发展水平时可直接采用简单算术平均法计算。计算公式为

$$\bar{a} = \frac{\sum a}{n}$$

【例 6-8】 某银行 2016 年第四季度各月吸收存款的余额如表 6-12 所示，要求计算第四季度的平均存款余额。

表 6-12 某银行 2016 年第四季度各月存款余额

单位：亿元

月 份	10月	11月	12月
存款余额 a	68	72	65

第四季度月平均存款余额为

$$\bar{a} = \frac{\sum a}{n} = \frac{68+72+65}{3} = 68.33(亿元)$$

如果已知间隔不等的平均数时间数列，计算平均发展水平时，以间隔作为权数，采用加权算术平均法计算。计算公式为

$$\bar{a} = \frac{\sum af}{f}$$

【例 6-9】 某地区小学 2016 年在校学生人数 6 月份平均为 420 人，7—8 月份平均每月 428 人，第四季度平均每月为 580 人。要求计算下半年平均每月在校学生人数。

解 下半年平均每月在校学生人数为

$$\bar{a} = \frac{\sum af}{\sum f} = \frac{420 \times 1 + 428 \times 2 + 580 \times 3}{1+2+3} = 503(人)$$

6.2.3 增长量

增长量又称增减量,是报告期水平与基期水平之差,用来反映社会经济现象在一定时期内数量变化的绝对水平。计算公式为

$$增长量 = 报告期水平 - 基期水平$$

增长量是一个绝对数,既可以是正数,也可以是负数,正数表示增加量,负数表示减少量。由于采用的基期不同,增长量可分为逐期增长量和累计增长量。

逐期增长量是指报告期水平与其前一期水平之差,表明现象逐期增加或减少的数量。计算公式为

$$逐期增长量 = 报告期水平 - 前一期水平$$

用符号表示为

$$a_1 - a_0, a_2 - a_1, \cdots, a_n - a_{n-1}$$

累计增长量是指报告期水平与某一固定时期水平(通常为时间数列的最初水平)之差,表明现象在较长时期内增加或减少的数量。计算公式为

$$累计增长量 = 报告期水平 - 固定期水平$$

用符号表示为

$$a_1 - a_0, a_2 - a_0, \cdots, a_n - a_0$$

逐期增长量与累计增长量之间的关系如下。

① 累计增长量等于相应时期逐期增长量之和。用符号表示为

$$(a_1 - a_0) + (a_2 - a_1) + \cdots + (a_n - a_{n-1}) = a_n - a_0$$

② 相邻两个时期累计增长量之差等于相应时期的逐期增长量。用符号表示为

$$(a_n - a_0) - (a_{n-1} - a_0) = a_n - a_{n-1}$$

【例 6-10】 我国 2011—2015 年粮食总产量如表 6-13 所示,要求计算逐期增长量和累计增长量。

表 6-13　2011—2015 年我国粮食总产量逐期增长量和累计增长量计算表

单位：万吨

指　标	2011 年	2012 年	2013 年	2014 年	2015 年
粮食总产量	57 121	58 958	60 194	60 703	62 144
逐期增长量	—	1 837	1 236	509	1 441
累计增长量	—	1 837	3 073	3 582	5 023

解　从表中可以看出，2015 年累计增长量等于 2011—2015 年各逐期增长量之和，即

$$5\ 023 = 1\ 837 + 1\ 236 + 509 + 1\ 441$$

6.2.4　平均增长量

平均增长量是逐期增长量的序时平均数，用来反映社会经济现象在一定时期内平均每期增长的数量。计算公式为

$$平均增长量 = \frac{逐期增长量之和}{逐期增长量的项数} = \frac{累计增长量}{时间数列的项数 - 1}$$

【例 6-11】　根据表 6-13 的资料，计算 2011—2015 年我国粮食总产量的平均增长量。

解　
$$平均增长量 = \frac{1\ 837 + 1\ 236 + 509 + 1\ 441}{5 - 1} = \frac{5\ 023}{5 - 1} = 1\ 255.75(万吨)$$

6.3　时间数列的速度分析

时间数列的速度分析指标包括：发展速度、增长速度、增长 1% 的绝对值、平均发展速度和平均增长速度。

6.3.1　发展速度

发展速度是同一事物在两个不同时期的发展水平的比值，用来反映社会经济现象发展变化的相对程度，常用百分数或倍数表示，计算公式为

$$发展速度 = \frac{报告期水平}{基期水平} \times 100\%$$

发展速度大于 100%（或 1）表示上升，小于 100%（或 1）表示下降。发展速度根据对比时所采用的基期不同，可分为环比发展速度和定基发展速度。

1. 环比发展速度

环比发展速度是时间数列中报告期水平与前一期水平之比，反映社会经济现象逐期发展变化的程度。计算公式为

$$环比发展速度 = \frac{报告期水平}{前一期水平} \times 100\%$$

用符号表示为

$$\frac{a_1}{a_0}, \frac{a_2}{a_1}, \frac{a_3}{a_2}, \cdots, \frac{a_n}{a_{n-1}}$$

2. 定基发展速度

定基发展速度是时间数列中报告期水平与某一固定基期水平之比，反映社会经济现象在一个较长时期内发展变化的程度。计算公式为

$$定基发展速度 = \frac{报告期水平}{固定基期水平} \times 100\%$$

用符号表示为

$$\frac{a_1}{a_0}, \frac{a_2}{a_0}, \frac{a_3}{a_0}, \cdots, \frac{a_n}{a_0}$$

环比发展速度与定基发展速度之间存在一定的数量关系。
① 定基发展速度等于相应时期各环比发展速度的连乘积。用符号表示为

$$\frac{a_n}{a_0} = \frac{a_1}{a_0} \times \frac{a_2}{a_1} \times \cdots \times \frac{a_n}{a_{n-1}}$$

② 相邻时期的两个定基发展速度之比等于相应的环比发展速度。用符号表示为

$$\frac{a_n}{a_0} \div \frac{a_{n-1}}{a_0} = \frac{a_n}{a_{n-1}}$$

【例 6-12】 根据某高校 2012—2016 年招生人数资料（见表 6-14），计算环比发展速度和定基发展速度。

表 6-14 某高校 2012—2016 年间招生人数资料

指标	2012 年	2013 年	2014 年	2015 年	2016 年
招生人数/人	1 800	2 000	2 200	2 600	3 000
环比发展速度/%	—	111.11	110.00	118.18	115.38
定基发展速度/%	100.00	111.11	122.22	144.44	166.67

解 从表中可以看出，定基发展速度等于相应时期内各环比发展速度的连乘积，即

$$166.67\% = 115.38\% \times 118.18\% \times 110.00\% \times 111.11\%$$

在实际工作中，为了消除季节变动的影响，更准确地说明本期发展水平与上一年同期发展水平的发展程度，可以采用年距发展速度。其计算公式为

$$年距发展速度 = \frac{本期发展水平}{上年同期发展水平} \times 100\%$$

6.3.2 增长速度

增长速度是报告期的增长量与基期发展水平的比值，用来反映社会经济现象在一定时期内增长的相对程度。计算公式为

$$增长速度 = \frac{增长量}{基期水平} \times 100\%$$

增长速度与发展速度之间关系十分密切，通过发展速度的计算公式也可求得增长速度。

$$增长速度 = \frac{报告期水平 - 基期水平}{基期水平} \times 100\% = \frac{报告期水平}{基期水平} \times 100\% - 1$$
$$= 发展速度 - 1$$

当发展速度大于 1 时，增长速度为正值，表明现象的发展水平是增长的；当发展速度小于 1 时，增长速度为负值，表明现象的发展水平是下降的。

增长速度根据对比时所采用的基期不同，可分为环比增长速度和定基增长速度。

（1）环比增长速度

环比增长速度是逐期增长量与前一期水平之比，说明社会经济现象逐期增长的程度。计算公式为

$$环比增长速度 = \frac{逐期增长量}{前一期水平} \times 100\% = \frac{报告期水平 - 前一期水平}{前一期水平} \times 100\%$$
$$= 环比发展速度 - 1$$

(2) 定基增长速度

定基增长速度是累计增长量与固定基期水平之比,说明社会经济现象在一定时期内增长的程度。计算公式为

$$\text{定基增长速度} = \frac{\text{累计增长量}}{\text{固定基期水平}} \times 100\% = \frac{\text{报告期水平} - \text{固定基期水平}}{\text{固定基期水平}} \times 100\%$$
$$= \text{定基发展速度} - 1$$

环比增长速度和定基增长速度都是发展速度的派生指标,它们只反映增长部分的相对程度,所以环比增长速度的连乘积不等于定基增长速度。

【例 6-13】 根据表 6-14 的资料,计算环比增长速度和定基增长速度如表 6-15 所示。

表 6-15 某高校 2012—2016 年招生人数资料

指　　标	2012 年	2013 年	2014 年	2015 年	2016 年
招生人数/人	1 800	2 000	2 200	2 600	3 000
环比发展速度/%	—	111.11	110.00	118.18	115.38
定基发展速度/%	100.00	111.11	122.22	144.44	166.67
环比增长速度/%	—	11.11	10.00	18.18	15.38
定基增长速度/%	—	11.11	22.22	44.44	66.67

在实际工作中,通常还使用年距增长速度指标,其计算公式为

$$\text{年距增长速度} = \frac{\text{年距增长量}}{\text{上年同期发展水平}} \times 100\% = \text{年距发展速度} - 1$$

阅读材料

中国"三桶油"2015 年利润均大幅下降

随着中国石油化工集团公司(以下简称"中国石化")2015 年业绩 29 日晚间公布,中国"三桶油"去年年报全部出炉。在国际油价暴跌的影响下,中国油企利润均大幅下降,更有企业难逃"史上最惨业绩"。

根据中国石化 29 日公布的业绩报告,按照国际财务报告准则,中国石化 2015 年实现营业额及其他经营收入为 2.02 万亿元(人民币,下同),同比下降 28.6%;实现经营收益为 570 亿元,同比下降 22.4%。其中,净利润为 324 亿元,下降约 30.2%。

中国海洋石油总公司（以下简称"中国海油"）本月 24 日发布财报，2015 年实现净利 202.5 亿元，同比下降 66.4%。

中国石油天然气集团公司（以下简称"中国石油"）23 日的 2015 年年报显示，按照国际财务报告准则，实现归属于母公司股东净利润 355.17 亿元，同比下降 66.9%。根据测算，该净利润仅为 2014 年的三分之一，为上市以来的最低。

对此，厦门大学中国能源经济研究中心主任林伯强接受中新社记者采访时表示，"三桶油"利润暴跌主要受累于国际油价走低和国内需求不足。

"中国石油去年的业绩是最差的，因为上游业务比较多，其次是中国海油。中国石化业务主要集中在下游，受国际油价影响比较小。"林伯强表示。

记者留意到，"三桶油"利润集体跳水，还拉低了中国中央企业 2015 年全年的利润总额。国务院国资委主任肖亚庆"两会"期间透露，去年中央企业整体利润出现了负增长，负增长 6.9%。剔除石油价格的影响后，去年央企总利润增长 7.5%。

林伯强认为，尽管"三桶油"利润出现下跌，但相较国际大型油企的亏损程度，中国油企的生存环境相对不错，这与体制分不开。他表示，成品油"地板价"的设定能在一定程度上保护中国油企的利益。

据了解，国家发改委 1 月 13 日宣布将对国内成品油价格机制设置调控上下限。当国际油价低于 40 美元时，汽、柴油最高零售价格不降低。

对于国际油价 2016 年的走势，林伯强预计，"到年底会有小幅回升，但从国内需求来看，'三桶油'的日子或许更加严峻"。

资料来源：中国经济网。

6.3.3 增长 1% 的绝对值

增长速度虽然能够说明增长的程度，但是不能反映社会经济现象增长的实际效果。为了更全面地对社会经济现象的发展进行分析，在分析社会经济现象的速度指标之外，还要分析增长 1% 的绝对值。

增长 1% 的绝对值是指报告期水平在基期水平基础上每增长 1% 时增长的绝对量，它表明增长速度所包含的实际内容，计算结果用绝对数表示。计算公式为

$$\text{增长 1\% 的绝对值} = \frac{\text{逐期增长量}}{\text{环比增长速度}} \times 1\% = \frac{\text{前期水平}}{100}$$

如表 6-15 中，2016 年比 2015 年增长 1% 的绝对值为：$\frac{2\,600}{100} = 26$，2014 年比 2013 年增长 1% 的绝对值为：$\frac{2\,000}{100} = 20$。

6.3.4 平均发展速度

平均发展速度是若干个环比发展速度的平均数，反映社会经济现象在一个较长时期内逐年平均发展变化的程度。

由于环比发展速度是根据时间数列中的两个指标对比得来的，所以不能按计算序时平均数的方法进行计算。平均发展速度通常采用两种方法计算，即几何平均法和方程式法。

1. 几何平均法

几何平均法又称水平法，是指各期环比发展速度的连乘积按环比发展速度项数求方根来计算平均发展速度的方法。计算公式为

$$\bar{x} = \sqrt[n]{x_1 x_2 \cdots x_n}$$
$$= \sqrt[n]{\frac{a_1}{a_0} \times \frac{a_2}{a_1} \times \cdots \times \frac{a_n}{a_{n-1}}} = \sqrt[n]{\frac{a_n}{a_0}}$$
$$= \sqrt[n]{R}$$

式中，$\bar{x}$ 表示平均发展速度，x_i（$i=1,2,\cdots,n$）表示各期环比发展速度，a_i（$i=1,2,\cdots,n$）表示各期的发展速度；n 表示环比发展速度的项数，R 表示总速度（即末期的定基发展速度）。

以上计算平均发展速度的三个公式，虽然形式不同，但其实质与计算结果完全相同。用哪个公式计算，主要取决于所掌握的资料。如果掌握的资料是各年的环比发展速度，用第一个公式；如果掌握的资料是最初水平和最末水平，用第二个公式；如果掌握的资料是末期的定基发展速度，用第三个公式。

【例 6-14】 根据表 6-15 的资料，计算 2012—2016 年某高校招生人数年平均发展速度。

解
$$\bar{x} = \sqrt[n]{x_1 x_2 \cdots x_n}$$
$$= \sqrt[4]{111.11\% \times 110.00\% \times 118.18\% \times 115.38\%}$$
$$= 113.62\%$$
$$\bar{x} = \sqrt[n]{\frac{a_n}{a_0}} = \sqrt[4]{\frac{3\,000}{1\,800}} = 1.1362 = 113.62\%$$
$$\bar{x} = \sqrt[n]{R} = \sqrt[4]{166.67\%} = 1.1362 = 113.62\%$$

---

2. 方程式法

方程式法又称累计法，是通过研究时期内各期的实际发展水平累计之和与基期水平对比所确立的代数方程来计算平均发展速度的方法。计算公式为

$$\overline{x} + \overline{x}^2 + \overline{x}^3 + \cdots + \overline{x}^n = \frac{\sum_{i=1}^{n} a_i}{a_0}$$

解这个方程式所得的正根,就是所求的平均发展速度。在时期较长的情况下,解这个方程是相当困难的,所以在实际工作中,通常借助《平均增长速度查对表》直接查得平均发展速度。具体步骤如下。

首先,计算出 $\frac{\sum_{i=1}^{n} a_i}{a_0}$ 的数值,并判断现象发展的增减性。如果计算出的数值大于 n,则资料属于递增型,应该查《平均增长速度查对表》中的增长速度表;如果计算出的数值小于 n,则资料属于递减型,应该查《平均增长速度查对表》中的下降速度表。

其次,根据年限,在《平均增长速度查对表》的累计部分查出计算值所对应的递增(减)率,即为平均增长速度,然后加1,就得到平均发展速度。

6.3.5 平均增长速度

平均增长速度是若干个环比增长速度的平均数,反映社会经济现象在一定时期内逐期平均增长的程度。计算公式为

$$平均增长速度 = 平均发展速度 - 1$$

如果平均发展速度大于1,则平均增长速度大于0,说明在一定时期内社会经济现象的发展水平是平均递增的;如果平均发展速度小于1,则平均增长速度小于0,说明社会经济现象的发展水平是平均递减的。

课堂练习与活动

(1) 环比增长速度的连乘积是否等于相应时期的定基增长速度?为什么?
(2) 用水平法与累计法计算平均发展速度有何不同?

6.4 时间数列的趋势分析

6.4.1 影响时间数列的因素

社会经济现象的发展变化错综复杂,影响时间数列的因素多种多样。如果按影响因素的作用方式归类,可分为长期趋势因素、季节变动因素、随机变动因素和循环变动因素4种。

(1) 长期趋势因素

长期趋势（用 T 表示）是指现象在较长一段时间内呈现的总的方向性趋势，这种趋势可以表现为上升、下降或持平。例如，科学技术的进步和劳动生产率的提高是影响社会商品零售总额和国内生产总值的长期趋势因素。认识和掌握现象的长期趋势，可以把握现象发展变化的基本特点。

(2) 季节变动因素

季节变动（用 S 表示）是指现象在一年或更短的时间内，随季节更替而出现的周期性波动。例如，棉服的销售量随着四季的交替变化而呈现出的周期性变化。认识和掌握季节变动，对生产、经营等活动有很大的帮助。

(3) 随机变动因素

随机变动（用 I 表示）是指现象由于突发事件或偶然因素引起的无周期性的变动。例如，地震、洪涝灾害或一些偶然因素或不明原因而引起的非周期性的变动。随机因素是不以人的意志为转移的，是无法控制的。

(4) 循环变动因素

循环变动（用 C 表示）是指现象受各种不同因素的影响，在若干年中发生的周期性涨落起伏波动。例如，产品一般要经历投入期、成长期、成熟期、衰退期，最终由另一种新产品替代的循环波动。循环变动由于时间长短和波动大小不一，且常与随机变动因素交织在一起，因而很难单独加以描述和分析。掌握不同现象之间循环变动的内在联系，可以为经营管理的预测和决策提供客观依据。

一般来说，社会经济现象的发展变化是由上述 4 种因素共同影响的，其分解模型分为加法模型和乘法模型两种。

加法模型是指 4 种要素相互独立，加总构成整个时间数列，用符号表示为

$$Y=T+S+C+I$$

乘法模型是指 4 种要素相互影响，乘积构成整个时间数列，用符号表示为

$$Y=T\times S\times C\times I$$

在实际工作中应采用哪一种模型进行分析，需要根据所研究对象的性质、目的和所掌握资料的情况来确定。下面介绍长期趋势因素和季节变动因素的测定。

6.4.2 长期趋势的测定

长期趋势测定是指运用一定的数学关系式，对时间数列进行整理和加工，排除季节变动因素、随机变动因素和循环变动因素的影响，显示出社会经济现象发展变化的趋势或规律，为科学预测和决策提供依据。测定长期趋势的方法有时距扩大法、移动平均法和最小平方法。

1. 时距扩大法

时距扩大法是将原时间数列中的时期进行合并，加工整理成时距较长的时间数列。加工后的时间数列可以消除由于时距短受随机变动因素和季节变动因素影响所引起的波动，能更清晰地显示现象长期变化的趋势。

【例 6-15】 某公司 2016 年各月销售量如表 6-16 所示。

表 6-16　某公司 2016 年各月销售量

单位：件

月　份	1	2	3	4	5	6	7	8	9	10	11	12
销售量	100	98	103	105	101	102	108	106	100	105	103	110

从表 6-16 可以看出，各月销售量有升、有降，波动较大，不能反映现象的发展趋势。如果将时距由月扩大为季度，就可以消除现象变动中随机变动因素的影响，显现出销售量逐期增长的趋势，如表 6-17 所示。

表 6-17　某公司 2016 年各季度销售量

单位：件

季　度	一	二	三	四
销售量	301	308	314	318

时距扩大法也可采用扩大时期后计算序时平均数的方法，由序时平均数组成一个新的时间数列。用表 6-17 中的资料计算各季平均月销售量，然后由各季的平均月销售量组成一个新的时间数列，如表 6-18 所示。

表 6-18　某公司 2016 年各季度平均月销售量

单位：件

季　度	一	二	三	四
平均月销售量	100	102	104	106

从表 6-18 也可以看出，各季平均月销售量显现出了逐期增长的趋势，说明 2016 年该公司销售量是逐季上升的。

时距扩大法的优点是简单易行，缺点是新数列的项数少，现象变得较为笼统，不能据此进行深入的趋势分析和预测。

2. 移动平均法

移动平均法是指从原时间数列的第一项开始，按一定项数要求，逐项向后移动，计算出一系列移动的序时平均数，形成由序时平均数组成的新的时间数列。此种方法通过移动对原时间数列进行修匀，消除了随机变动因素的影响，使现象长期趋势更明显。

【例 6-16】 以某企业 2007—2016 年产品产量资料为例，说明移动平均法的具体应用，如表 6-19 所示。

将某企业 2007—2016 年产品产量资料分别按三项（年）和四项（年）移动平均。

表 6-19 某企业 2007—2016 年产品产量资料

单位：万件

年份（甲）	产品产量（1）	三项（年）移动平均（2）	四项（年）移动平均（3）	四项（年）移动平均正位（4）
2007	8	—	—	—
2008	9	8	7.25	—
2009	7	7	6.75	7
2010	5	6	7	6.88
2011	6	7	7.5	7.25
2012	10	8.33	8.25	7.88
2013	9	9	9.5	8.88
2014	8	9.33	10.25	9.88
2015	11	10.67	—	—
2016	13	—	—	—

(1) 三项（年）移动平均

第一个平均数为 (8+9+7)÷3＝8，将这个数值对应于第二项数值（即 2008 年）；第二个平均数为 (9+7+5)÷3＝7，将这个数值对应于第三项数值（即 2009 年）。以此类推移动平均，得出三项（年）移动平均数列共 8 项，见表 6-19 中第 (2) 栏的数据。

(2) 四项（年）移动平均

第一个平均数为 (8+9+7+5)÷4＝7.25，将这个数值对应于第 2～3 项的中间（即 2008—2009 年的中间，为了美观，表中未作此处理，下同）；第二个平均数为 (9+7+5+6)÷4＝6.75，将这个数值对应于第 3～4 项的中间（即 2009—2010 年的中间）。以此类推移动平均，得出四项（年）移动平均数列共 7 项，见表 6-19 中第 (3) 栏的数据。

由于偶数移动平均值的位置与原时间数列中相对应的指标数值都相差半期，无法直接进行对比。因此，还需要进行一次移正平均，即再进行一次两项移动平均，以移正趋势值。(4) 栏中第一个数值为 (7.25＋6.75)÷2＝7，第二个数值为 (6.75＋7)÷2＝6.88，以此类推移动平均，得出四项（年）移动平均移正数列共 6 项。

3. 最小平方法

最小平方法又称最小二乘法，是依据时间数列的观察值与趋势值的离差平方和为最小值的基本要求，拟合一种趋势模型，然后用极值原理，推导出标准联立方程组，求解参数，以测定其长期趋势的方法。

如果时间数列的逐期增长量大致相等，就可以对现象的变动趋势拟合直线趋势模型。用符号表示为

$$y_c = a + bt$$

式中，y_c 表示趋势值；t 表示时间数列的时间单位；a、b 表示这条直线方程的两个参数。

$$\sum(y - y_c)^2 = 最小值$$

当长期趋势表现为直线型时，上面公式变为

$$\sum(y - a - bt)^2 = 最小值$$

根据极值原理，求解 a、b 两参数所需的两个标准方程为

$$\begin{cases} \sum y = a + b\sum t \\ \sum ty = a\sum t + b\sum t^2 \end{cases}$$

解得 a、b 为

$$\begin{cases} b = \dfrac{n\sum ty - \sum t \sum y}{n\sum t^2 - (\sum t)^2} \\ a = \dfrac{\sum y}{n} - \dfrac{b\sum t}{n} = \bar{y} - b\bar{t} \end{cases}$$

【例 6-17】 根据表 6-19 的资料，采用最小平方法拟合一条直线趋势方程，计算各产品产量的趋势值，并预测 2017 年的产品产量，如表 6-20 所示。

表 6-20　某企业 2007—2016 年产品产量最小平方法计算表

单位：万件

年　份	年份序号 (t)	产品产量 (y)	ty	t^2	y_c
2007	1	8	8	1	6.39

续表

年 份	年份序号(t)	产品产量(y)	ty	t^2	y_c
2008	2	9	18	4	6.88
2009	3	7	21	9	7.37
2010	4	5	20	16	7.86
2011	5	6	30	25	8.35
2012	6	10	60	36	8.84
2013	7	9	63	49	9.33
2014	8	8	64	64	9.82
2015	9	11	99	81	10.31
2016	10	13	130	100	10.80
合 计	55	86	513	385	—

$$b = \frac{n\sum ty - \sum t \sum y}{n\sum t^2 - (\sum t)^2} = \frac{10 \times 513 - 55 \times 86}{10 \times 385 - 55^2} = \frac{400}{825} = 0.49$$

$$a = \frac{\sum y}{n} - \frac{b\sum t}{n} = 8.6 - 0.49 \times 5.5 = 5.90$$

将 a、b 的值代入直线趋势方程为

$$y_c = 5.90 + 0.49t$$

将 2017 年时间序号 $t = 11$ 代入直线趋势方程，得到 2017 年预测值为

$$y_{2017} = 5.90 + 0.49 \times 11 = 11.29（万件）$$

课堂练习与活动

某电动车厂 2011—2016 年电动车销售量（万辆）分别为 40、42、44、46、48、50，试判断该企业电动车销售量是否呈直线发展趋势，如果是，采用最小平方法拟合一条长期趋势直线，并预测 2017 年的电动车销售量。

阅读材料

国家统计局：2015 年 12 月 39 个城市房价环比上涨

中国经济网北京 1 月 18 日讯，国家统计局今日发布 2015 年 12 月份 70 个城市住宅

销售价格变动情况。数据显示，去年12月份，39个城市房价出现环比上涨，最高涨幅出现在深圳，为3.2%。二手房房价环比上涨城市数量为37个，最高涨幅为3.3%。具体房价变动情况如下。

1. 新建商品住宅（不含保障性住房）价格变动情况

数据显示，与上月相比，70个大中城市中，价格下降的城市有27个，上涨的城市有39个，持平的城市有4个。环比价格变动中，最高涨幅为3.2%，最低为下降0.9%。

与上年同月相比，70个大中城市中，价格下降的城市有49个，上涨的城市有21个。12月份，同比价格变动中，最高涨幅为47.5%，最低为下降5.3%。

2. 二手住宅价格变动情况

二手房方面，与上月相比，70个大中城市中，价格下降的城市有24个，上涨的城市有37个，持平的城市有9个。环比价格变动中，最高涨幅为3.3%，最低为下降0.5%。

另外，与上年同月相比，70个大中城市中，价格下降的城市有34个，上涨的城市有35个，持平的城市有1个。12月份，同比价格变动中，最高涨幅为42.6%，最低为下降8.6%。

资料来源：中国财经网。

6.4.3 季节变动的测定

季节变动是社会经济现象随季节变化而呈现的周期性变动。例如，商品经营中时令商品的销售量，农业生产中的蔬菜、水果、禽蛋的生产量等。研究季节变动的目的是掌握季节变动的周期、数量界限及其规律，以便准确预测未来，及时采取措施。

测定季节变动的主要方法是计算季节比率。季节比率又称季节指数，用来反映季节变动的程度。季节比率高说明"旺季"，季节比率低说明"淡季"，季节比率波动不大，说明该社会经济现象不存在季节变动。计算季节比率通常有两种方法：月（季）平均法和移动平均趋势剔除法。

1. 月（季）平均法

月（季）平均法是仅考虑季节变动因素的影响，直接用原始时间数列计算。一般是先分别计算各年同月（季）平均数，再计算各年所有月（季）的总平均数，然后将各年同月（季）平均数与总平均数进行对比，求得季节比率。计算公式为

$$季节比率 = \frac{各年同月（季）平均数}{各年所有月（季）的总平均数} \times 100\%$$

【例6-18】 某商场2014—2016年毛线销售量资料如表6-21所示,要求按月(季)平均法计算季节比率。

表6-21 某商场2014—2016年毛线销售量季节比率计算表

单位:kg

月份 (甲)	2014年 (1)	2015年 (2)	2016年 (3)	三年平均 (4)	季节指数/% (5)=(4)÷127.58
1	210	210	240	220	172.44
2	220	220	250	230	180.28
3	160	140	180	160	125.41
4	100	90	110	100	78.38
5	80	90	100	90	70.54
6	70	80	60	70	54.87
7	60	59	70	63	49.38
8	51	48	60	53	41.54
9	90	100	110	100	78.38
10	95	100	120	105	82.30
11	120	130	110	120	94.06
12	200	220	240	220	172.44
合计	1 456	1 487	1 650	1 531	1 200.00
平均	121.33	123.92	137.50	127.58	100.00

季节比率计算如下。

① 计算各年同月平均数。如1月份为 $\frac{210+210+240}{3}=220$,其余月份类推。

② 计算所有月总平均数。把3年36个月的资料全部相加进行平均,或用12个月的平均数求其总平均数,即 $\frac{121.33+123.92+137.50}{3}=127.58$。

③ 计算各月的季节指数。将各月的平均数与总平均数进行对比,得出各月对应的季节比率。如1月份为 $\frac{220}{127.58}=172.44\%$,其余月份类推。

从计算结果可以看出:毛线销售量呈现明显的季节变动。每年的12月份至第二年的头三个月为销售旺季,其中2月份季节比率为180.28%,达到最高;从4月份开始直至11月份进入淡季,其中8月份季节比率为41.54%,达到最低。

按月(季)平均法计算简便、容易掌握,因为它不考虑长期趋势的影响,所以计算不够准确。在前后期月（季）水平波动较大的资料中，后期各月（季）水平较前期水平有较大提高，对平均数的影响大，因而影响了季节比率的准确性。这时可以用移动平均剔除法来测定季节变动。

例6-18中，按月（季）平均法计算的季节比率全年总计应为1 200%，如果大于或小于1 200%就需要进行调整。

2. 移动平均趋势剔除法

移动平均趋势剔除法是在考虑并消除长期趋势影响的情况下，根据月（季）编制的时间数列，先求各期的趋势值，再用实际观察值除以趋势值，得到一个相对数时间数列，最后用简单平均法计算同月（季）平均数即为应求的季节比率。

案例分析

某商场2010—2016年的商品销售量资料如表6-22所示。

表6-22 某商场2010—2016年的商品销售量资料表

年 份	2010年	2011年	2012年	2013年	2014年	2015年	2016年
销售量/千件	100	120	142	165	180	205	215

根据上述资料，你能采用最小平方法预测2017年的商品销售量吗？

分析：

首先要根据已有的资料拟合一条趋势直线，然后再进行预测。设所拟合的直线趋势方程为

$$y_c = a + bt$$

运用最小平方法求解参数 a、b 的数值为

$$b = \frac{n\sum ty - \sum t \sum y}{n\sum t^2 - (\sum t)^2} = \frac{7 \times 5\,061 - 28 \times 1\,127}{7 \times 140 - 28^2} = 19.75$$

$$a = \frac{\sum y}{n} - \frac{b\sum t}{n} = \frac{1\,127}{7} - 19.75 \times \frac{28}{7} = 82$$

将 a、b 的数值代入直线趋势方程即得

$$y_c = 82 + 19.75t$$

将2017年时间序号 $t=8$ 代入直线趋势方程，即得2017年的预测值为

$$y_{2017} = 82 + 19.75 \times 8 = 240(千件)$$

表 6-23 最小平方法计算表

年份	年份序号 t	销售量 y	t^2	ty
2010	1	100	1	100
2011	2	120	4	240
2012	3	142	9	426
2013	4	165	16	660
2014	5	180	25	900
2015	6	205	36	1 230
2016	7	215	49	15 05
合计	28	1 127	140	5 061

本章知识结构

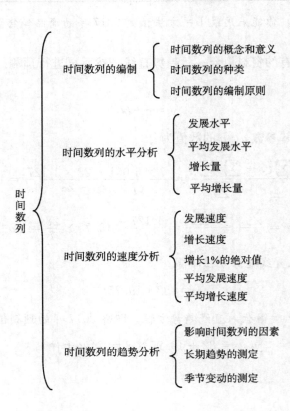

能力训练题

一、单项选择题

1. 已知某商场 2016 年的销售额比 2006 年增长了 1.2 倍,比 2011 年增长了 0.6 倍,则该商场的销售额 2011 年与 2006 年相比增长了（　　）倍。
   A. 0.6　　　　B. 0.5　　　　C. 2　　　　D. 0.375

2. 以 1949 年为基期、2000 年为报告期,计算产品产值的平均发展速度应开（　　）次方。
   A. 49　　　　B. 50　　　　C. 51　　　　D. 52

3. 某商场某种商品的销售量 2015 年与 2014 年相比增长了 6%,2016 年与 2014 年相比增长了 10%,则 2016 年比 2015 年增长了（　　）。
   A. 4%　　　　B. 3.77%　　　　C. 96.36%　　　　D. 66.67%

4. 已知一个时间数列的环比增长速度分别为 5%、9%、11%,则该数列的平均增长速度为（　　）。
   A. 7.91%　　　　B. 107.91%　　　　C. 108.3%　　　　D. 8.3%

5. 已知某企业 2016 年 1—4 月月初银行存款余额分别为:120 万元、150 万元、160 万元、180 万元,则该企业第一季度银行存款平均余额为（　　）万元。
   A. 153.3　　　　B. 143.3　　　　C. 152.3　　　　D. 163.3

6. 时间数列的构成要素是（　　）。
   A. 变量和次数　　　　B. 时间和指标数值
   C. 时间和次数　　　　D. 主词和宾词

7. 时间数列中,每个指标数值可以相加的是（　　）。
   A. 相对数时间数列　　　　B. 时期数列
   C. 间断时点数列　　　　D. 平均数时间数列

8. 定基增长速度与环比增长速度的关系是（　　）。
   A. 定基增长速度等于相应的各个环比增长速度的算术和
   B. 定基增长速度等于相应的各个环比增长速度的连乘积
   C. 定基增长速度等于相应的各个环比增长速度加 1 后的连乘积再减 1
   D. 定基增长速度等于相应的各个环比增长速度的连乘积加 1（或 100%）

9. 按季平均法测定季节比率时,各季的季节比率之和应等于（　　）。
   A. 100%　　　　B. 400%　　　　C. 120%　　　　D. 1 200%

10. 以1949年a_0为最初水平，1997年a_n为最末水平，计算钢产量的年平均发展速度时，须开（　　）。
    A. 41次方　　　　B. 47次方　　　　C. 48次方　　　　D. 49次方
11. 按水平法计算的平均发展速度推算可以使（　　）。
    A. 推算的各期水平之和等于各期实际水平之和
    B. 推算的期末水平等于实际期末水平
    C. 推算的各期定基发展速度等于实际的各期定基发展速度
    D. 推算的各期增长量等于实际的逐期增长量
12. 年距增长速度的计算公式是（　　）。
    A. 年距增长量÷最初水平　　　　B. 逐期增长量÷最初水平
    C. 逐期增长量÷前期水平　　　　D. 年距增长量÷上年同期发展水平
13. 时间数列中的发展水平（　　）。
    A. 只能是总量指标　　　　B. 只能是相对指标
    C. 只能是平均指标　　　　D. 上述三种指标均可以
14. 某农贸市场土豆价格2月份比1月份上升5%，3月份比2月份下降2%，则3月份土豆价格与1月份相比（　　）。
    A. 提高2.9%　　B. 提高3%　　C. 下降3%　　D. 下降2%
15. 某企业生产某种产品，其产量每年增加5万吨，则该产品产量的环比增长速度（　　）。
    A. 每年下降　　B. 每年增长　　C. 保持不变　　D. 无法做结论

二、多项选择题

1. 环比增长速度等于（　　）。
    A. 环比发展速度减1
    B. 逐期增长量与前一期水平之比
    C. 相邻两期定基发展速度对比后减1
    D. 两定基增长速度之比
    E. 环比发展速度连乘后减1
2. 定基增长速度等于（　　）。
    A. 定基发展速度减1
    B. 累计增长量除以最初水平
    C. 环比增长速度加1后连乘再减1
    D. 环比增长速度的连乘积
    E. 环比发展速度的连乘积

三、判断题

1. 如果某一时间数列的发展水平共有n项，则用几何平均法计算其平均发展速度应开n次方。（　　）
2. 对于同一时间数列资料，按水平法和累计法计算的平均发展速度总是一致的。（　　）
3. 当时间数列的观察值出现零或负数时，不宜计算速度指标。（　　）
4. 环比增长速度的乘积等于定基增长速度。（　　）

5. 时间数列中各指标值不能直接相加。（   ）
6. 总体的同质性是计算平均数和平均速度都应遵守的原则之一。（   ）
7. 年距增减水平是反映本期发展水平较上期发展水平的增减绝对量。（   ）
8. 把某大学历年招生的增加人数按时间先后顺序排列，形成的时间数列属于时点数列。（   ）
9. 若各期的增长量相等，则各期的增长速度也相等。（   ）
10. 某企业产品产值同去年相比增加了4倍，即翻了两番。（   ）
11. 如果季节比率等于1，说明没有季节变动。（   ）
12. 时间数列的指标数值只能用绝对数表示。（   ）
13. 一个时间数列，如中间年份的递增速度大于最末年份的递增速度，则按方程式法计算的平均发展速度大于按几何平均法计算的平均发展速度。（   ）
14. 根据最小平方法建立直线方程后，可以精确地外推任意一年的趋势值。（   ）

四、实训题

1. 某工业企业1—4月份工业总产值及工人数如表6-24所示。

表6-24 某企业1—4月份工业总产值及工人数

指标	一月	二月	三月	四月
工业总产值/万元	180	160	200	190
月初工人数/人	600	580	620	600

要求：计算1—4月份月平均劳动生产率。

2. 某地区2011—2016年粮食产量资料如表6-25所示。

表6-25 某地区2011—2016年粮食产量资料

年份	2011	2012	2013	2014	2015	2016
粮食产量/万吨	400					
定基增长量/万吨	—		50	40		
环比发展速度/%	—	110			110	95

要求：利用指标间的关系将表中所缺数字补齐。

3. 某乡镇企业2012—2016年的水泥产量资料如表6-26所示。

表6-26 某乡镇企业2012—2016年水泥产量资料

年份	2012	2013	2014	2015	2016
水泥产量/万吨	24	25	27	32	34

要求：(1) 用最小二乘法拟合水泥产量的直线趋势方程；
(2) 预测2017年的水泥产量（结果保留1位小数）。

五、思考题

1. 什么是时间数列？时间数列的构成要素有哪些？
2. 编制时间数列应注意什么问题？
3. 简述时期数列和时点数列的区别。
4. 相对数时间数列和平均数时间数列应如何进行计算？
5. 环比发展速度与定基发展速度之间有何关系？
6. 水平法与累计法计算平均发展速度有何不同？
7. 什么是季节变动？如何测定季节变动的发展趋势？

第 7 章

统计指数

> **学习目标**
>
> 统计指数是统计研究中广泛采用的一种相对数。通过本章的学习,要求学生理解统计指数的概念和作用;把握同度量因素的选择及其固定;熟练掌握综合指数和平均指数的编制方法;能够利用统计指数进行因素分析。

7.1 统计指数概述

7.1.1 统计指数的概念

统计指数简称指数,它有广义与狭义之分。广义的指数是指一切反映社会经济现象变动的相对数。这种指数不仅包括动态相对数,也包括静态相对数(例如,计划完成相对数、比较相对数)。狭义的指数是指用来说明不能同度量(不能直接相加)的复杂社会经济现象总体综合变动程度的相对数。本章阐述的指数主要是狭义的指数。

社会经济现象错综复杂,影响社会经济现象变动的因素也是多方面的,任何一个因素的变动都会对社会经济现象总的变动产生影响。例如,商品销售额的变动是由商品销售价格和商品销售量两个因素共同影响的结果,其中任何一个因素的变动都会引起商品销售额的变动。因为不同商品的计量单位不同,商品销售价格或商品销售量的变动对商品销售额变动的影响程度就不能采用直接加总后再相除的方法计算指数,必须采用狭义指数的计算方法计算各个因素的变动对社会经济现象总变动的影响程度。

7.1.2　统计指数的作用

（1）综合反映社会经济现象总体的变动方向和变动程度

复杂的社会经济现象总体往往是由许多不能直接相加的个别事物构成的，统计指数分析的首要任务是把这些复杂总体相加并进行对比分析，以反映其总体的变动方向和变动程度。例如，某地区商品零售价格总指数为120%，它反映该地区各种不同经济用途和不同计量单位的商品总的零售价格上涨了，上涨的幅度为20%。

（2）分析社会经济现象总变动中各因素变动的影响方式和影响程度

社会经济现象之间是相互联系和相互制约的，现象的发展是由它们的构成因素综合影响的结果。统计指数分析可以测定复杂社会经济现象总变动中，各构成要素的变动对社会经济现象总变动的影响情况。例如，商品销售额＝商品单价×商品销售量，编制商品的价格指数和销售量指数就可以分析它们的变动对商品销售额变动的影响。

（3）研究社会经济现象的长期变动趋势

同一个复杂社会经济现象总体，有时需要将连续若干个时期的统计资料编制成一个指数数列，从而对所研究的社会经济现象总体在长时间内的发展变化趋势进行分析。同时，还可以把反映不同现象而又联系密切的指数数列加以比较分析，以表明这些现象之间变化的差异和相互联系的程度。例如，将工业品零售价格指数和农产品收购价格指数两个指数数列进行对比，得到工农业产品的综合比价指数数列，进而分析工农业产品交换过程中价格的变化趋势。

（4）对社会经济现象进行综合评价和测定

许多社会经济现象可以运用统计指数进行综合评价和测定，从而对其发展水平作出综合的数量判断。例如，用综合经济动态指数测定一个地区和单位的经济效益的高低，用平均数指数测定技术进步的程度及其在经济增长中的作用等。

7.1.3　统计指数的种类

统计指数可以按不同标志进行分类，常用的分类有以下几种。

（1）按指数反映的对象范围不同，统计指数可分为个体指数和总指数

个体指数是反映社会经济现象总体中个别要素变动情况的相对数。例如，说明一种产品产量变动的个体产量指数。常用的个体指数有以下几种。

① 商品销售量个体指数。其计算公式为

$$k_q = \frac{q_1}{q_0}$$

式中，k_q 表示商品销售量个体指数；q_1 表示报告期某种商品销售量；q_0 表示基期同一商品销售量。

② 商品价格个体指数。其计算公式为

$$k_\mathrm{p} = \frac{p_1}{p_0}$$

式中，k_p 表示价格个体指数；p_1 表示报告期某种商品价格；p_0 表示基期同一商品价格。

③ 产品成本个体指数。其计算公式为

$$k_\mathrm{z} = \frac{z_1}{z_0}$$

式中，k_z 表示产品成本个体指数；z_1 表示报告期某种产品单位产品成本；z_0 表示基期同一产品单位产品成本。

总指数是综合反映社会经济现象中多种要素动态变化的相对数。例如，工业产品总产量指数、商品零售物价总指数等。在统计指数分析中，编制总指数有两种形式，即综合指数和平均指数。其中，综合指数是编制总指数的基础，平均指数是综合指数的变形。

介于总指数和个体指数之间的是类指数。类指数是综合反映某一类现象变动的相对数。例如，零售价格指数分为食品类、服装类、日用品类等价格指数。相对于个体指数它是总指数，相对于总指数它是个体指数，其计算方法与总指数的计算方法相同。

(2) 按指数说明现象的性质不同，统计指数可分为数量指标指数和质量指标指数

数量指标指数是反映社会经济现象总体数量变动的相对数。例如，商品销售量指数、工业产品产量指数等。

质量指标指数是反映社会经济现象相对水平或平均水平变动的相对数。例如，商品物价指数、产品单位成本指数等。

(3) 按指数采用的基期不同，统计指数可分为定基指数和环比指数

定基指数是指在指数数列中各个指数都以某一固定时期为对比基期编制的指数。例如，工业企业生产量，分别计算 2013 年、2014 年、2015 年、2016 年等年份均以 2012 年为基期的指数，就是定基指数。定基指数的基期不依分析时期的变化而变化，可用来反映社会经济现象在较长时期的变动情况。

环比指数是指在指数数列中各个指数都以前一期为对比基期编制的指数。例如，2016 年以 2015 年为基期计算的指数，2015 年以 2014 年为基期计算的指数，这些都是环比指数。环比指数的基期随报告期的变化而变化，可用来反映被研究现象逐期变动的情况。

(4) 按指数说明现象的时间状况不同，统计指数可分为动态指数和静态指数

动态指数是反映社会经济现象在不同时间上变动情况的相对数。它适用于某一同类社会经济现象的数量由于时间变化所引起的变动分析。例如，商品物价指数、产品产量指数等。

静态指数是反映社会经济现象在同一时间不同空间上综合对比的相对数。它适用于

同一时间或地点发生变化的同类现象的对比分析。例如，计划完成程度指标、地区间的价格分析比较指数等。

课堂练习与活动

你能正确判断下列指数的类型吗？
- 某商品价格指数　　　　　个体指数/总指数　　　数量指标指数/质量指标指数
- 全部商品销售量指数　　　个体指数/总指数　　　数量指标指数/质量指标指数
- 某种产品单位成本指数　　个体指数/总指数　　　数量指标指数/质量指标指数

阅读材料

居民消费价格指数

居民消费价格指数（CPI）是反映一定时期内城乡居民所购买的生活消费品价格和服务项目价格变动趋势和程度的相对数，是对城市居民消费价格指数和农村居民消费价格指数进行综合汇总计算的结果。居民消费价格指数分为食品、衣着、家庭设备及用品、医疗保健、交通和通信、娱乐教育和文化用品、居住、服务项目八个大类。国家规定了325种必报商品和服务项目，其中一般商品273种，餐饮业食品16种，服务项目36种。

新中国成立以来，我国一直将商品零售价格指数作为衡量物价总水平的主要指数。经国务院批准，自2001年1月1日起，我国将这一指数改换为居民消费价格指数。而与商品零售价格指数相比，居民消费价格指数除了反映消费品的价格变动外，还反映服务价格的变动，也就是说居民消费价格不仅包括消费者日常购买消费品的价格，还包括消费者接受服务消费的价格。因此，采用居民消费价格指数衡量物价总水平，能够更全面、真实地反映市场价格的实际变动状况。据介绍，世界上大多数国家都编制居民消费价格指数，并用其年度变化率来反映通货膨胀程度。

居民消费价格指数可以观察和分析消费品的零售价格和服务价格变动对城乡居民实际生活支出的影响程度，通常作为观察通货膨胀水平的重要指标。如果消费者物价指数升幅过大，表明通胀过度，会带来经济不稳定。因此，该指数过高的升幅往往不被欢迎。

例如，在2016年，居民消费价格指数上升2.3%，说明生活成本比上年平均上升2.3%。生活成本提高，金钱价值便随之下降。也就是说，一年前收到的一张100元纸币，今日只可以买到价值97.70元的货品及服务。一般来说，当CPI的增幅大于3%

时，我们称为 inflation，即通货膨胀；而当 CPI 的增幅大于 5% 时，我们称为 serious inflation，也就是严重的通货膨胀。

7.2 总指数的编制

进行统计指数分析的前提是编制相应的总指数。编制总指数有两种基本方法：一种是综合指数；另一种是平均指数。两种方法虽然有一定的联系，但各自又有不同的特点。

7.2.1 综合指数的编制

综合指数是总指数的一种基本形式，它通过同度量因素，把社会经济现象总体中不能直接相加对比的因素指标转化为能够相加对比的相对数。

同度量因素是指将不能直接相加对比的因素指标转化为能够相加对比的那个媒介因素。例如，在分析各种商品销售量总动态时，由于各种商品的计量单位不同，不能直接相加。如果将不能直接相加的事物转化为可以直接相加的总体，就需要将各种商品销售量乘上相应的商品价格，即商品销售量×商品价格＝商品销售额。从此式可以看出，商品价格起着媒介作用，使不能直接相加的各种商品销售量过渡到能够相加的商品销售额，商品价格就是同度量因素。在综合各种商品销售量的过程中，同度量因素还起着权衡轻重的作用，所以也称为权数。

下面简单介绍综合指数编制的步骤。

(1) 确定同度量因素

根据所研究社会经济现象的特点和联系，确定同度量因素，将不可同度量的现象转化为可以同度量。例如，产品产量×单位产品价格＝产品价值，单位产品价格就是同度量因素。

(2) 固定同度量因素

指数化指标乘上同度量因素还没有解决指数化的综合变动问题。例如，商品销售额中包含了销售量和价格两个因素的变动。只有把同度量因素固定，消除其变化，才能反映指数化指标的综合变动程度。至于同度量因素是固定在基期还是固定在报告期，要根据指数所说明问题的性质及统计研究的目的来确定。

(3) 将所计算的两个总量指标进行对比，即可得到综合指数的计算公式

综合指数的编制就是先综合、后对比。先综合就是把不能同度量的数量指标转化为

能够同度量的数量指标的计算过程；后对比就是将综合后的两个同类现象的总量指标进行对比、计算的过程。

1. 数量指标指数的编制

编制数量指标指数的一般原则是采用基期的质量指标作为同度量因素。这一原则有两层含义：一是编制数量指标指数是以质量指标作为同度量因素；二是将同度量因素固定在基期。计算公式为

$$\bar{k}_q = \frac{\sum q_1 p_0}{\sum q_0 p_0}$$

式中，$\bar{k}_q$ 表示数量指标指数；q_1 表示报告期数量指标；q_0 表示基期数量指标；p_0 表示基期质量指标。

下面以商品销售量指数为例，说明数量指标指数的编制过程。

【例 7-1】 根据表 7-1 的资料，计算三种商品的销售量个体指数和总指数。

表 7-1 某商场三种商品销售量和销售价格资料

商品名称	计量单位	销售量		销售价格/元	
		基期	报告期	基期	报告期
甲	台	900	1 000	2 000	1 900
乙	双	700	800	350	430
丙	套	1 300	1 150	800	910

解 三种商品的销售量个体指数分别为

$$甲商品：k_q = \frac{1\ 000}{900} = 1.1\ 111 = 111.11\%$$

$$乙商品：k_q = \frac{800}{700} = 1.1\ 429 = 114.29\%$$

$$丙商品：k_q = \frac{1\ 150}{1\ 300} = 0.8\ 846 = 88.46\%$$

根据表 7-1 的资料采用基期价格作为同度量因素，则商品的销售量总指数计算公式为

$$\bar{k}_q = \frac{\sum q_1 p_0}{\sum q_0 p_0}$$

列表计算如表 7-2 所示。

表 7-2 某商场综合指数计算表

商品名称	计量单位	销售量		销售价格/元		销售额/元		
		基期	报告期	基期	报告期	基期	报告期	假定期
		q_0	q_1	p_0	p_1	$q_0 p_0$	$q_1 p_1$	$q_1 p_0$
甲	台	900	1 000	2 000	1 900	1 800 000	1 900 000	2 000 000
乙	双	700	800	350	430	245 000	344 000	280 000
丙	套	1 300	1 150	800	910	1 040 000	1 046 500	920 000
合计	—	—	—	—	—	3 085 000	3 290 500	3 200 000

根据表 7-2 的资料，销售量总指数为

$$\bar{k}_q = \frac{\sum q_1 p_0}{\sum q_0 p_0} = \frac{3\ 200\ 000}{3\ 085\ 000} = 1.0\ 373 = 103.73\%$$

$$\sum q_1 p_0 - \sum q_0 p_0 = 3\ 200\ 000 - 3\ 085\ 000 = 115\ 000(元)$$

计算结果表明，该商场三种商品的销售量报告期比基期增长了 3.73%，由于销售量的增长使销售额增长了 115 000 元。

2. 质量指标指数的编制

编制质量指标指数的一般原则是采用报告期的数量指标作为同度量因素。这一原则有两层含义：一是编制质量指标指数应以数量指标作为同度量因素；二是将同度量因素固定在报告期。计算公式为

$$\bar{k}_p = \frac{\sum p_1 q_1}{\sum p_0 q_1}$$

式中，$\bar{k}_p$ 表示质量指标指数；q_1 表示报告期数量指标；p_1 表示报告期质量指标；p_0 表示基期质量指标。

下面以商品销售价格指数为例，说明质量指标指数的编制过程。

【例 7-2】 根据表 7-1 的资料，计算三种商品的销售价格个体指数和总指数。

解 三种商品的销售价格个体指数分别为

$$甲商品：k_p = \frac{1\ 900}{2\ 000} = 0.95 = 95\%$$

$$乙商品：k_p = \frac{430}{350} = 1.2\ 286 = 122.86\%$$

$$丙商品：k_p = \frac{910}{800} = 1.1\ 375 = 113.75\%$$

根据表 7-2 的资料采用报告期销售量作为同度量因素，则商品的销售价格总指数计算公式为

$$\bar{k}_p = \frac{\sum p_1 q_1}{\sum p_0 q_1}$$

根据表 7-2 的资料，销售价格总指数为

$$\bar{k}_p = \frac{\sum p_1 q_1}{\sum p_0 q_1} = \frac{3\,290\,500}{3\,200\,000} = 1.0283 = 102.83\%$$

$$\sum p_1 q_1 - \sum p_0 q_1 = 3\,290\,500 - 3\,200\,000 = 90\,500(元)$$

计算结果表明，该商场三种商品的销售价格报告期比基期上涨了 2.83%，由于销售价格的上涨使销售额增长了 90 500 元。

以上是用综合指数计算总指数的基本原理和基本过程。它的最大优势在于不仅可以反映复杂社会经济现象总体变动的方向和程度，而且还可以量化现象变动所产生的实际经济效果。但是运用综合指数编制总指数，需要掌握全面的、相应的质量指标和数量指标的原始资料，否则无法进行编制。

课堂练习与活动

已知某企业 2016 年生产甲、乙、丙三种产品，甲产品报告期产量为 6 500 件，基期产量为 6 300 件，报告期价格为 20 元，基期价格为 19 元；乙产品报告期产量为 2 000 套，基期产量为 1 800 套，报告期价格为 26 元，基期价格为 25 元；丙产品报告期产量为 1 200 个，基期产量为 1 300 个，报告期价格为 320 元，基期价格为 330 元。试计算：（1）个体产量指数和个体价格指数；（2）产量总指数及由于产量变动而增加（减少）的总产值；（3）价格总指数及由于价格变动而增加（减少）的总产值。

7.2.2　平均指数的编制

平均指数也称平均数指数，它是计算总指数的另一种方法，是以个体指数为基础，采取加权平均数形式编制的总指数。

综合指数与平均指数是编制总指数的两种方法，它们之间既有联系又有区别。从联系上看，在一定的权数下，两类指数之间有变形关系；从区别上看，综合指数是通过引进同度量因素，先计算出总体总量，然后进行对比，即先综合、后对比。而平均指数是在个体指数的基础上计算总指数，即先对比、后综合。

平均指数的计算形式基本上分为两种：一种是加权算术平均指数；另一种是加权调和平均指数。

1. 加权算术平均指数

加权算术平均指数是指以个体物量指数为变量值，以基期价值资料作权数计算的指数。加权算术平均指数主要用于数量指标指数的编制。编制数量指标指数时，如果掌握的资料只是个体指数和综合指数的分母，即基期的实际数值资料，就要用加权算术平均指数公式计算总指数。

现以商品销售量指数为例，说明加权算术平均指数的计算。

由于商品销售量综合指数的计算公式为

$$\bar{k}_q = \frac{\sum q_1 p_0}{\sum q_0 p_0}$$

商品销售量个体指数为

$$k_q = \frac{q_1}{q_0}$$

因而 $q_1 = k_q q_0$，如果用 $k_q q_0$ 代替综合指数公式中的 q_1，则可得

$$\bar{k}_q = \frac{\sum k_q p_0 q_0}{\sum p_0 q_0}$$

【例 7-3】 某商场四种商品销售量如表 7-3 所示，要求计算商品销售量总指数。

表 7-3 某商场四种商品销售量情况

商品名称	计量单位	销售量 基期 q_0	销售量 报告期 q_1	基期销售额/万元 $p_0 q_0$	销售量个体指数/% $k_q = q_1/q_0$	$k_q p_0 q_0$
甲	件	900	1 100	10	122.22	12.22
乙	套	300	305	8	101.67	8.13
丙	双	500	460	5	92.00	4.60
丁	辆	350	505	3	144.29	4.33
合 计	—	—	—	26	—	29.28

解 从表 7-3 来看，由于已知资料的限制，无法直接运用综合指数的计算公式来计算商品销售量总指数，需采用加权算术平均指数进行计算。即

$$\bar{k}_q = \frac{\sum k_q p_0 q_0}{\sum p_0 q_0} = \frac{29.28}{26} = 1.1256 = 112.56\%$$

$$\sum k_q p_0 q_0 - \sum p_0 q_0 = 29.28 - 26 = 3.28(万元)$$

计算结果表明，该商场四种商品的销售总量报告期比基期增长了 12.56%，由于销售量的增长使销售额增加了 3.28 万元。

2. 加权调和平均指数

加权调和平均指数是指以个体价格指数为变量值,以报告期的总值资料作为权数计算的指数。加权调和平均指数主要用于质量指标指数的编制。编制质量指标指数时,如果掌握的资料只是个体指数和综合指数的分子,即报告期的实际数值资料,就要用加权调和平均指数公式计算总指数。

现以商品销售价格指数为例,说明加权调和平均指数的计算。

由于商品销售价格综合指数的计算公式为

$$\bar{k}_p = \frac{\sum p_1 q_1}{\sum p_0 q_1}$$

商品价格个体指数为

$$k_p = \frac{p_1}{p_0}$$

因而 $p_0 = \frac{1}{k_p} p_1$,如果用 $\frac{1}{k_p} p_1$ 代替综合指数公式中的 p_0,则可得

$$\bar{k}_p = \frac{\sum p_1 q_1}{\sum \frac{1}{k_p} p_1 q_1}$$

【例 7-4】 某商场四种商品销售价格如表 7-4 所示,要求计算商品销售价格总指数。

表 7-4 某商场四种商品销售价格情况

商品名称	计量单位	销售价格/元 基期 p_0	销售价格/元 报告期 p_1	报告期销售额/万元 $p_1 q_1$	销售价格个体指数/% $k_p = p_1 / p_0$	$\frac{1}{k_p} p_1 q_1$
甲	件	111	100	11.00	90.09	12.21
乙	套	267	315	9.61	117.98	8.15
丙	双	100	120	5.52	120.00	4.60
丁	辆	86	80	4.04	93.02	4.34
合 计	—	—	—	30.17	—	29.30

解 从表 7-4 来看,由于已知资料的限制,无法直接运用综合指数的计算公式来计算商品销售价格总指数,需采用加权调和平均指数进行计算,即

$$\bar{k}_p = \frac{\sum p_1 q_1}{\sum \frac{1}{k_p} p_1 q_1} = \frac{30.17}{29.3} = 1.0297 = 102.97\%$$

$$\sum p_1 q_1 - \sum \frac{1}{k_p} p_1 q_1 = 30.17 - 29.3 = 0.87 (万元)$$

计算结果表明，该商场四种商品的销售价格报告期比基期上涨了 2.97%，由于销售价格的上涨使销售额增加了 0.87 万元。

课堂练习与活动

根据表 7-1 的资料，计算销售量的加权算术平均指数和销售价格的加权调和平均指数，并验证与综合指数的计算结果是否完全相同。

阅读材料

关于居民消费价格指数的采集方法

选定代表商品和确定价格调查点以后，接下来的工作就是要选择以什么方式来收集价格资料。目前，世界各国根据本国实际通常采用派人直接调查、电话调查、企业报表、网上收集等方式相结合收集计算 CPI 所需的原始价格资料。1984 年，经国务院批准，国家统计局在各地成立了直属调查队，自此以来一直采用派人直接调查方式收集原始价格资料，目前分布在 31 个省（区、市）500 个调查市县的价格调查员有 4 000 人左右。

为保证源头数据的真实性和可比性，调查员必须要按照统一规范的"三定原则"，即"定人、定点、定时"开展价格调查工作。"定人"是指同一个调查员一定时期内固定调查相同的商品项目，目的是让调查员更加专业、更加全面地熟悉和了解这些商品的特征及属性，避免因不熟悉商品而误将两种不同的商品视为同一种商品的情况发生；"定点"是指固定调查员采集价格的地方（调查点），目的是让调查员熟悉和了解价格调查点的基本情况，便于向销售人员或其他有关人员咨询有效的价格交易信息，准确采集不同采价日同一种商品同一地点的可比价格；"定时"是指固定调查员调查价格的具体时间，保证价格同"时"可比。比如调查农贸市场的蔬菜价格，上一次的调查时间是上午 9 时，下一次的调查时间也必须是上午 9 时，若改为 12 时或下午其他时间，这两次的价格就不可比，调查采集的价格就不能用于计算价格指数。

目前，对于 CPI 中的粮食、猪牛羊肉、蔬菜等与居民生活密切相关、价格变动相对比较频繁的食品，每 5 天调查一次价格；对于服装鞋帽、耐用消费品、交通通信工具等大部分工业产品，每月调查 2～3 次价格；对于水、电等政府定价项目，每月调查、核实一次价格。

资料来源：中华人民共和国国家统计局。

7.3 指数体系与因素分析

7.3.1 指数体系

社会经济现象之间不是孤立存在的，而是相互联系的，某一种社会经济现象往往可以分解为两个或多个现象的乘积。对于这种社会经济现象，仅仅靠一个指数进行分析是不行的，必须借助于指数体系作更深入的研究，才能说明多种影响因素的作用。

指数体系是指在经济上有联系、在数量上保持一定对等关系的三个或三个以上指数所形成的整体。指数体系中的各个指数在数量上有着密切关系。例如，

$$商品销售额指数 = 商品销售量指数 \times 商品销售价格指数$$
$$总产值指数 = 产品产量指数 \times 产品价格指数$$
$$总成本指数 = 产品产量指数 \times 单位产品成本指数$$

指数体系在社会经济现象分析中起着重要作用，其主要表现如下。

(1) 测定各个因素在现象总动态中的变动程度

利用指数体系可以对复杂社会经济现象的变动进行因素分析，说明各因素变动如何影响现象的变动，这种影响既包括相对数的影响，也包括绝对数的影响。例如，利用指数体系，可以分别测定商品销售量变动和商品价格变动对商品销售额变动的影响。

(2) 用于指数之间的相互推算

由于指数体系表现为指数之间的数量对等关系，所以可以利用指数体系中的已知指数推算未知指数。例如，已知商品的销售额指数和价格指数，就可以推算商品销售量指数，即

$$商品销售量指数 = \frac{商品销售额指数}{商品销售价格指数}$$

7.3.2 因素分析

编制指数体系的目的是从相对数和绝对数两个方面来测定各个因素变动在现象总体变动中的影响程度，因此指数体系是因素分析的依据。

因素分析是指利用指数体系从数量方面分析复杂社会经济现象总动态中各个因素变动的影响程度和绝对效果。

因素分析的步骤：首先，计算所分析指标的总变动程度和绝对效果；其次，计算各因素变动的影响程度和影响效果；最后，计算指数体系之间的等量关系并进行综合分析。

因素分析根据影响因素的多少，可分为两因素分析和多因素分析。因素分析根据指标的表现形式不同，可分为总量指标因素分析和平均指标因素分析。

1. 总量指标因素分析

进行总量指标因素分析，就是利用综合指数公式，从数量指标指数和质量指标指数所组成的指数体系进行分析。具体分为两因素分析和多因素分析。

（1）总量指标指数体系的两因素分析

总量指标指数体系的两因素分析是将总量指标分解为数量指标和质量指标两个因素，采用假定的方法，固定其中一个因素来测定另一个因素的影响方向和程度，分别从相对数和绝对数两方面测定各个因素在总动态中的变动程度。

总量指标指数体系通常是指由价值指数、数量指标指数和质量指标指数所构成的指数体系。例如，根据销售额与价格和销售量之间的关系，可用关系式表示为

销售额指数　＝　销售量指数　×　价格指数
（价值指数）　（数量指标指数）　（质量指标指数）

计算公式为

$$\bar{k}_{qp} = \bar{k}_q \times \bar{k}_p$$

$$\frac{\sum q_1 p_1}{\sum q_0 p_0} = \frac{\sum q_1 p_0}{\sum q_0 p_0} \times \frac{\sum p_1 q_1}{\sum p_0 q_1}$$

$$\sum q_1 p_1 - \sum q_0 p_0 = \left(\sum q_1 p_0 - \sum q_0 p_0 \right) + \left(\sum p_1 q_1 - \sum p_0 q_1 \right)$$

【例 7-5】 根据表 7-1 中的资料，计算某商场甲、乙、丙三种商品的销售额总指数，并进行两因素分析。

解　销售额总指数为

$$\bar{k}_{qp} = \frac{\sum q_1 p_1}{\sum q_0 p_0} = \frac{3\,290\,500}{3\,085\,000} = 1.0\,666 = 106.66\%$$

$$\sum q_1 p_1 - \sum q_0 p_0 = 3\,290\,500 - 3\,085\,000 = 205\,500（元）$$

商品销售量变动及影响程度为

$$\bar{k}_q = \frac{\sum q_1 p_0}{\sum q_0 p_0} = \frac{3\,200\,000}{3\,085\,000} = 1.0\,373 = 103.73\%$$

$$\sum q_1 p_0 - \sum q_0 p_0 = 3\,200\,000 - 3\,085\,000 = 115\,000（元）$$

商品销售价格变动及影响程度为

$$\bar{k}_p = \frac{\sum p_1 q_1}{\sum p_0 q_1} = \frac{3\,290\,500}{3\,200\,000} = 1.0\,283 = 102.83\%$$

$$\sum p_1 q_1 - \sum p_0 q_1 = 3\,290\,500 - 3\,200\,000 = 90\,500（元）$$

商品销售额及影响因素综合变动关系为

$$\frac{\sum q_1 p_1}{\sum q_0 p_0} = \frac{\sum q_1 p_0}{\sum q_0 p_0} \times \frac{\sum p_1 q_1}{\sum p_0 q_1}$$

$$106.66\% = 103.73\% \times 102.83\%$$

$$\sum q_1 p_1 - \sum q_0 p_0 = \left(\sum q_1 p_0 - \sum q_0 p_0\right) + \left(\sum p_1 q_1 - \sum p_0 q_1\right)$$

$$205\,500\,元 = 115\,000\,元 + 90\,500\,元$$

以上计算结果表明,某商场的销售额报告期比基期增长了 6.66%,是由于商品销售量的变动使商品销售额增长了 3.73%,商品价格的变动使商品销售额增长了 2.83%,是这两个因素共同作用的结果。同时,由于商品销售量增长,使商品销售额增加了 115 000 元;由于商品销售价格的上涨,使商品销售额增加了 90 500 元,这两个因素共同作用的结果使商品销售额共增加了 205 500 元。

(2) 总量指标指数体系的多因素分析

反映社会经济现象的总量指标是由两个以上密切联系的因素形成的,这就需要进行多因素的综合分析。例如,影响工业企业原材料支出总额的因素,可以分解为产品产量、单位产品原材料消耗量和原材料单位价格三个因素,即原材料支出总额=产品产量×单位产品原材料消耗量×原材料单位价格。构成总量指标变动的因素越多,分析过程就越复杂。

多因素分析是两因素分析的深入,只是由于包含了三个以上因素,因此需要合理地安排各个因素的前后顺序,测定其中一个因素变动的影响,要把其他因素都固定不变。

具体方法是:在分析第一个因素的影响时,把其他所有因素作为同度量因素固定在基期;在分析第二个因素的变动影响时,把已经分析过的因素固定在报告期,没有分析过的因素仍固定在基期;在分析第三个因素的变动影响时,把已经分析过的两个因素固定在报告期,没有分析过的因素仍然固定在基期,以此类推。

例如,

原材料支出总额=产品产量×单位产品原材料消耗量×原材料单位价格

指数体系表示为

原材料支出总额总指数=产品产量总指数×单位产品原材料消耗量总指数×原材料单位价格总指数

$$\bar{k}_{qmp} = \bar{k}_q \times \bar{k}_m \times \bar{k}_p$$

$$\frac{\sum q_1 m_1 p_1}{\sum q_0 m_0 p_0} = \frac{\sum q_1 m_0 p_0}{\sum q_0 m_0 p_0} \times \frac{\sum q_1 m_1 p_0}{\sum q_1 m_0 p_0} \times \frac{\sum q_1 m_1 p_1}{\sum q_1 m_1 p_0}$$

$$\sum q_1 m_1 p_1 - \sum q_0 m_0 p_0 = \left(\sum q_1 m_0 p_0 - \sum q_0 m_0 p_0\right) + \left(\sum q_1 m_1 p_0 - \sum q_1 m_0 p_0\right)$$

$$+ \left(\sum q_1 m_1 p_1 - \sum q_1 m_1 p_0 \right)$$

【例 7-6】 根据表 7-5 的资料，计算原材料支出总额指数，并进行多因素分析。

表 7-5　某企业两种产品产量、单位产品原材料消耗量及价格资料

产品名称	产量/万件		单位产品原材料消耗量/（kg/件）		原材料单位价格/（元/kg）	
	基期	报告期	基期	报告期	基期	报告期
甲	10	13	5	4	4	4.5
乙	8	9	7	8	6	6.3
合计	—	—	—	—	—	—

解　计算如表 7-6 所示。

表 7-6　某企业两种产品产量、单位产品原材料消耗量及价格指数计算表

产品名称	产量/万件		单位产品原材料消耗量/(kg/件)		原材料单位价格/(元/kg)		原材料支出总额/万元			
	基期	报告期	基期	报告期	基期	报告期	基期	假定期Ⅰ	假定期Ⅱ	报告期
	q_0	q_1	m_0	m_1	p_0	p_1	$q_0 m_0 p_0$	$q_1 m_0 p_0$	$q_1 m_1 p_0$	$q_1 m_1 p_1$
甲	10	13	5	4	4	4.5	200	260	208	234
乙	8	9	7	8	6	6.3	336	378	432	453.6
合计	—	—	—	—	—	—	536	638	640	687.6

原材料支出总额指数为

$$\overline{k}_{qmp} = \frac{\sum q_1 m_1 p_1}{\sum q_0 m_0 p_0} = \frac{687.6}{536} = 1.2828 = 128.28\%$$

$$\sum q_1 m_1 p_1 - \sum q_0 m_0 p_0 = 687.6 - 536 = 151.6(\text{万元})$$

产量变动及影响程度为

$$\overline{k}_q = \frac{\sum q_1 m_0 p_0}{\sum q_0 m_0 p_0} = \frac{638}{536} = 1.1903 = 119.03\%$$

$$\sum q_1 m_0 p_0 - \sum q_0 m_0 p_0 = 638 - 536 = 102(\text{万元})$$

单位产品原材料消耗量变动及影响程度为

$$\bar{k}_m = \frac{\sum q_1 m_1 p_0}{\sum q_1 m_0 p_0} = \frac{640}{638} = 1.0031 = 100.31\%$$

$$\sum q_1 m_1 p_0 - \sum q_1 m_0 p_0 = 640 - 638 = 2(万元)$$

原材料单位价格变动及影响程度为

$$\bar{k}_p = \frac{\sum q_1 m_1 p_1}{\sum q_1 m_1 p_0} = \frac{687.6}{640} = 1.0744 = 107.44\%$$

$$\sum q_1 m_1 p_1 - \sum q_1 m_1 p_0 = 687.6 - 640 = 47.6(万元)$$

原材料支出总额及影响因素综合变动关系为

$$\frac{\sum q_1 m_1 p_1}{\sum q_0 m_0 p_0} = \frac{\sum q_1 m_0 p_0}{\sum q_0 m_0 p_0} \times \frac{\sum q_1 m_1 p_0}{\sum q_1 m_0 p_0} \times \frac{\sum q_1 m_1 p_1}{\sum q_1 m_1 p_0}$$

$$128.28\% = 119.03\% \times 100.31\% \times 107.44\%$$

$$\sum q_1 m_1 p_1 - \sum q_0 m_0 p_0 = \left(\sum q_1 m_0 p_0 - \sum q_0 m_0 p_0\right) + \left(\sum q_1 m_1 p_0 - \sum q_1 m_0 p_0\right) + \left(\sum q_1 m_1 p_1 - \sum q_1 m_1 p_0\right)$$

$$151.6 \text{万元} = 102 \text{万元} + 2 \text{万元} + 47.6 \text{万元}$$

以上计算结果表明,某企业原材料支出总额报告期比基期增加了 28.28%,是由于产品产量的变动使原材料支出总额增加了 19.03%,单位产品原材料消耗量的变动使原材料支出总额增加了 0.31%,原材料单位价格的变动使原材料支出总额增加了 7.44%,是这三个因素共同作用的结果。同时,由于产品产量的增加,使原材料支出总额增加了 102 万元;由于单位产品原材料消耗量的增加,使原材料支出总额增加了 2 万元;由于原材料单位价格的上涨,使原材料支出总额增加了 47.6 万元,这三个因素共同作用的结果使原材料支出总额共增加了 151.6 万元。

阅读材料

国家统计局关于 2014 年国内生产总值 (GDP) 初步核实的公告

根据国家统计局《关于印发〈关于我国 GDP 核算和数据发布制度的改革〉的通知》(国统字〔2003〕70 号)的规定,年度国内生产总值(GDP)核算包括初步核算、初步核实和最终核实三个阶段。近日,国家统计局根据 2014 年统计年报资料、部分行业财务资料和抽样调查资料,对 2014 年 GDP 进行了初步核实,主要结果如下。

经初步核实,2014 年 GDP 现价总量为 636 139 亿元,比初步核算数减少 324 亿元,按不变价格计算的增长速度为 7.3%,比初步核算数降低 0.1 个百分点。其中,第一产业增加值为 58 336 亿元,比初步核算数增加 4 亿元,增长速度为 4.1%,与初步核算数持平。第二产业增加值为 271 764 亿元,比初步核算数增加 372 亿元,增长速度为 7.3%,与初步核算数持平。第三产业增加值为 306 038 亿元,比初步核算数减少 701 亿元,增长速度为 7.8%,比初步核算数降低 0.3 个百分点。

资料来源:中华人民共和国国家统计局。

2. 平均指标因素分析

平均指标指数是指同一社会经济现象在两个不同时期的平均指标值对比形成的指数,用来说明社会经济现象在两个时期总平均水平变动的方向和程度。例如,两个不同时期平均价格的对比,可以反映平均价格的变动方向及程度。

平均指标指数不是两个总量指标进行对比,而是两个总量指标的平均值进行对比。它适用于不便使用总量指标对比计算的社会经济现象的对比分析。

平均指标指数的表现形式为

$$\bar{k} = \frac{\bar{x_1}}{\bar{x_0}} = \frac{\dfrac{\sum x_1 f_1}{\sum f_1}}{\dfrac{\sum x_0 f_0}{\sum f_0}}$$

式中,$\bar{k}$ 表示平均指标指数;$\bar{x_1}$ 表示报告期平均指标;$\bar{x_0}$ 表示基期平均指标;f_1 表示报告期的权数;f_0 表示基期的权数。

将上式变形为

$$\bar{k} = \frac{\sum\left[x_1 \cdot \dfrac{f_1}{\sum f_1}\right]}{\sum\left[x_0 \cdot \dfrac{f_0}{\sum f_0}\right]}$$

平均指标指数所反映的某类社会经济现象平均变动程度受两个因素影响:一是受平均经济指标变动的影响;二是受总体内部各部分占总体的比重 $\left[\dfrac{f}{\sum f}\right]$ 变动的影响。

在平均指标指数体系中,有以下三种指数,即可变构成指数、固定构成指数和结构影响指数。

(1) 可变构成指数

可变构成指数是指反映总平均指标变动方向和影响程度的指数。其计算公式为

$$\bar{k}_{可变} = \frac{\bar{x}_1}{\bar{x}_0} = \frac{\dfrac{\sum x_1 f_1}{\sum f_1}}{\dfrac{\sum x_0 f_0}{\sum f_0}}$$

(2) 固定构成指数

固定构成指数是指将总体结构这一因素固定在报告期，测定各组平均水平变动影响程度的指数。其计算公式为

$$\bar{k}_{固定} = \frac{\bar{x}_1}{\bar{x}_n} = \frac{\dfrac{\sum x_1 f_1}{\sum f_1}}{\dfrac{\sum x_0 f_1}{\sum f_1}}$$

式中，$\bar{x}_n$ 表示假定期平均指标。

(3) 结构影响指数

结构影响指数是指将各组平均水平这一因素固定在基期，测定总体结构变动影响程度的指数。其计算公式为

$$\bar{k}_{结构} = \frac{\bar{x}_n}{\bar{x}_0} = \frac{\dfrac{\sum x_0 f_1}{\sum f_1}}{\dfrac{\sum x_0 f_0}{\sum f_0}}$$

在平均指标变动的两个影响因素中，各组水平为质量指标，各组比重为数量指标。依据综合指数的原则，得出平均指标指数体系及影响绝对量的关系式如下。

可变构成指数＝固定构成指数×结构影响指数

$$\frac{\dfrac{\sum x_1 f_1}{\sum f_1}}{\dfrac{\sum x_0 f_0}{\sum f_0}} = \frac{\dfrac{\sum x_1 f_1}{\sum f_1}}{\dfrac{\sum x_0 f_1}{\sum f_1}} \times \frac{\dfrac{\sum x_0 f_1}{\sum f_1}}{\dfrac{\sum x_0 f_0}{\sum f_0}}$$

平均指标变动额＝各组平均水平变动影响额＋结构变动影响额

$$\frac{\sum x_1 f_1}{\sum f_1} - \frac{\sum x_0 f_0}{\sum f_0} = \left(\frac{\sum x_1 f_1}{\sum f_1} - \frac{\sum x_0 f_1}{\sum f_1}\right) + \left(\frac{\sum x_0 f_1}{\sum f_1} - \frac{\sum x_0 f_0}{\sum f_0}\right)$$

【例7-7】 根据表7-7的资料，计算该企业工人的总平均工资的变动情况，并进行因素分析。

表 7-7 某企业工人工资变动资料

工人类别	平均工资/(元/人)		工人人数/人	
	基期	报告期	基期	报告期
技术工人	1 800	2 000	600	630
普通工人	1 500	1 600	400	720
合计	—	—	1 000	1 350

解 计算如表 7-8 所示。

表 7-8 某企业工人工资变动因素分析计算表

工人类别	平均工资/(元/人)		工人人数/人		工资总额/元		
	基期 x_0	报告期 x_1	基期 f_0	报告期 f_1	基期 $x_0 f_0$	报告期 $x_1 f_1$	假定期 $x_0 f_1$
技术工人	1 800	2 000	600	630	1 080 000	1 260 000	1 134 000
普通工人	1 500	1 600	400	720	600 000	1 152 000	1 080 000
合计	—	—	1 000	1 350	1 680 000	2 412 000	2 214 000

基期工人总平均工资:$\bar{x}_0 = \dfrac{\sum x_0 f_0}{\sum f_0} = \dfrac{1\ 680\ 000}{1\ 000} = 1\ 680(元/人)$

报告期工人总平均工资:$\bar{x}_1 = \dfrac{\sum x_1 f_1}{\sum f_1} = \dfrac{2\ 412\ 000}{1\ 350} = 1\ 787(元/人)$

假定期工人总平均工资:$\bar{x}_n = \dfrac{\sum x_0 f_1}{\sum f_1} = \dfrac{2\ 214\ 000}{1\ 350} = 1\ 640(元/人)$

该企业工人总平均工资的变动情况为

$$\bar{k}_{可变} = \dfrac{\bar{x}_1}{\bar{x}_0} = \dfrac{\dfrac{\sum x_1 f_1}{\sum f_1}}{\dfrac{\sum x_0 f_0}{\sum f_0}} = \dfrac{1\ 787}{1\ 680} = 1.063\ 7 = 106.37\%$$

$$\dfrac{\sum x_1 f_1}{\sum f_1} - \dfrac{\sum x_0 f_0}{\sum f_0} = 1\ 787 - 1\ 680 = 107(元)$$

各组工人平均工资变动对总平均工资的影响为

$$\bar{k}_{固定} = \frac{\bar{x}_1}{\bar{x}_n} = \frac{\dfrac{\sum x_1 f_1}{\sum f_1}}{\dfrac{\sum x_0 f_1}{\sum f_1}} = \frac{1\,787}{1\,640} = 1.0\,896 = 108.96\%$$

$$\frac{\sum x_1 f_1}{\sum f_1} - \frac{\sum x_0 f_1}{\sum f_1} = 1\,787 - 1\,640 = 147(元)$$

工人结构变动对总平均工资的影响为

$$\bar{k}_{结构} = \frac{\bar{x}_n}{\bar{x}_0} = \frac{\dfrac{\sum x_0 f_1}{\sum f_1}}{\dfrac{\sum x_0 f_0}{\sum f_0}} = \frac{1\,640}{1\,680} = 0.9\,762 = 97.62\%$$

$$\frac{\sum x_0 f_1}{\sum f_1} - \frac{\sum x_0 f_0}{\sum f_0} = 1\,640 - 1\,680 = -40(元)$$

该企业工人总平均工资及影响因素综合变动关系为

$$\frac{\dfrac{\sum x_1 f_1}{\sum f_1}}{\dfrac{\sum x_0 f_0}{\sum f_0}} = \frac{\dfrac{\sum x_1 f_1}{\sum f_1}}{\dfrac{\sum x_0 f_1}{\sum f_1}} \times \frac{\dfrac{\sum x_0 f_1}{\sum f_1}}{\dfrac{\sum x_0 f_0}{\sum f_0}}$$

$$106.37\% = 108.96\% \times 97.62\%$$

$$\frac{\sum x_1 f_1}{\sum f_1} - \frac{\sum x_0 f_0}{\sum f_0} = \left(\frac{\sum x_1 f_1}{\sum f_1} - \frac{\sum x_0 f_1}{\sum f_1}\right) + \left(\frac{\sum x_0 f_1}{\sum f_1} - \frac{\sum x_0 f_0}{\sum f_0}\right)$$

$$107\,元 = 147\,元 + (-40)\,元$$

以上计算结果表明，该企业工人总平均工资报告期比基期提高了 6.37%，是由于各组工人平均工资变动，使总平均工资提高了 8.96%；由于工人结构的变动，使总平均工资降低了 2.38%，是这两个因素共同作用的结果。同时，由于各组工人平均工资的提高，使总平均工资提高了 147 元；由于工人结构的变动，使总平均工资降低了 40 元，这两个因素共同作用的结果使总平均工资提高了 107 元。

案例分析

用同样多的钱却只能买到比原来少 20% 的商品，商品价格是如何变动的？

分析如下：

由题意可知,同样多的钱即销售额不变,所买的商品比原来少 20%,则销售量指数为 100%−20%=80%。根据指数体系

$$销售额总指数 = 销售量总指数 \times 销售价格总指数$$

可得到

$$100\% = 80\% \times 销售价格总指数$$
$$销售价格总指数 = 100\% \div 80\% = 125\%$$

由此可知,销售价格指数为 125%,即商品价格上涨了 25%。

本章知识结构

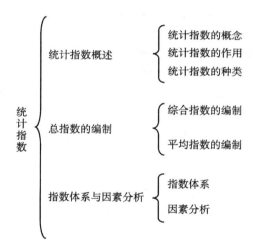

能力训练题

一、单项选择题

1. 若销售量增长 5%,销售额增长 10%,则价格增长(   )。
   A. 4.76%　　　　　B. 2%　　　　　C. 3.76%　　　　　D. 1%

2. 企业各类职工工资水平都有提高，则职工总平均工资（　　）。
   A. 必定上升　　　　　　　　　　B. 必定下降
   C. 不变　　　　　　　　　　　　D. 可能上升，也可能下降
3. 总指数的基本形式是（　　）。
   A. 简单指数　　　　　　　　　　B. 加权平均数指数
   C. 可变构成指数　　　　　　　　D. 综合指数
4. 能分解为固定构成指数和结构影响指数的平均指数，它的分子、分母通常是（　　）。
   A. 简单调和平均数　　　　　　　B. 简单算术平均数
   C. 加权调和平均数　　　　　　　D. 加权算术平均数
5. 编制综合指数数量指标（数量指标指数化）时，其同度量因素最好固定在（　　）。
   A. 报告期　　　　　　　　　　　B. 基期
   C. 计划期　　　　　　　　　　　D. 任意时期
6. 平均指标指数可以分解为两个指数，所以（　　）。
   A. 任何平均指标都能分解
   B. 加权算术平均指标和加权调和平均指标才能分解
   C. 只有加权算术平均指标才能分解
   D. 按加权算术平均法计算的平均指标，并有变量数值和权数资料时才能进行分解
7. 某企业报告期产量比基期增长了10%，生产费用增长了8%，则产品单位成本降低了（　　）。
   A. 1.08%　　　　B. 2%　　　　C. 20%　　　　D. 18%
8. 狭义指数是反映（　　）数量综合变动的相对数。
   A. 有限总体　　　　　　　　　　B. 无限总体
   C. 复杂总体　　　　　　　　　　D. 简单总体
9. 在由3个指数所组成的指数体系中，两个因素指数的同度量因素通常（　　）。
   A. 都固定在基期
   B. 都固定在报告期
   C. 一个固定在基期，一个固定在报告期
   D. 采用基期和报告期的平均数
10. 如果生活费用指数上涨了20%，则现在1元钱（　　）。
    A. 只值原来的0.8元　　　　　　B. 只值原来的0.83元
    C. 与原来1元钱等值　　　　　　D. 无法与原来比较
11. $\sum q_1 p_0 - \sum q_0 p_0$ 表示（　　）。
    A. 由于价格的变动而引起的产值增减数

B. 由于价格的变动而引起的产量增减数
C. 由于产量的变动而引起的价格增减数
D. 由于产量的变动而引起的产值增减数

12. 如果产值增加50%，职工人数增长20%，则全员劳动生产率将增长（　　）。
    A. 25%　　　　B. 30%　　　　C. 70%　　　　D. 150%

13. 某商品价格发生变化，现在的100元只值原来的90元，则价格指数为（　　）。
    A. 10%　　　　B. 90%　　　　C. 110%　　　　D. 111%

二、多项选择题

1. 加权平均数指数中通常使用的权数有（　　）。
    A. $\sum p_0 q_0$　　B. $\sum p_1 q_1$　　C. $p_0 q_0$　　D. $p_1 q_1$
    E. w（固定权数）

2. 某商场今年与去年比，各种商品的价格总指数为110%，这一结果说明（　　）。
    A. 商品零售价格平均上涨了10%
    B. 由于价格提高，使零售额增长了10%
    C. 商品零售额上涨了10%
    D. 商品零售量增长了10%
    E. 由于价格提高，使销售量减少了10%

三、判断题

1. 统计指数的本质是对简单相对数的平均。（　　）
2. 在编制综合指数时，虽然将同度量因素加以固定，但是同度量因素仍起权数作用。（　　）
3. 在编制总指数时经常采用非全面统计资料仅仅是为了节约人力、物力和财力。（　　）
4. 在平均指标变动因素分析中，可变构成指数是专门用于反映总体构成变化影响的指数。（　　）
5. 在由3个指数构成的指数体系中，两个因素指数的同度量因素指标时期是不同的。（　　）
6. 价格降低后，同样多的人民币可多购买15%的商品，则价格指数应为85%。（　　）
7. 固定权数的平均数指数公式在使用时，数量指标指数和质量指标指数有不同的公式。（　　）
8. 说明现象总的规模和水平变动情况的统计指数是数量指数。（　　）

四、填空题

1. 某乡粮食总产量增长了15%，粮食的播种面积减少了4%，则粮食亩产指数为（　　）。

2. 某省2016年与2015年相比,用同样多的人民币只能购买原有商品的95%,则物价指数为(   )。

3. 将同度量因素固定在基期的指数称为(   )指数。

4. 实际应用中,计算价格综合指数要选数量指标为权数,并将其固定在(   )期。

5. 结构影响指数的计算公式为(   )。

五、实训题

1. 某企业生产的三种产品的有关资料如表7-9所示。

表7-9 产量和单位成本

产品名称	产量			单位成本/元		
	计量单位	基期	报告期	计量单位	基期	报告期
甲	万件	100	120	元/件	15	10
乙	万只	500	500	元/只	45	55
丙	万个	150	200	元/个	9	7

要求:(1)计算三种产品的单位成本指数及由于单位成本变动使总成本变动的绝对额;

(2)计算三种产品的产量总指数及由于产量变动而使总成本变动的绝对额;

(3)利用指数体系分析、说明总成本(相对程度和绝对额)变动的情况。

2. 某公司三种商品销售额及价格变动率情况如表7-10所示。

表7-10 商品销售额及价格变动率

商品名称	商品销售额/万元		价格变动率/%
	基期	报告期	
甲	500	650	2
乙	200	200	−5
丙	1 000	1 200	10

要求:计算三种商品的价格总指数和销售量总指数。

3. (1) 已知同样多的人民币,报告期比基期少购买7%的商品,问物价指数是多少?

(2) 已知某企业产值报告期比基期增长了24%,职工人数增长了17%,问劳动生产率如何变化?

六、思考题

1. 什么是统计指数?它的主要作用是什么?

2. 如何编制综合指数和平均指数？它们之间是怎样区分的？
3. 编制综合指数时，如何确定同度量因素？
4. 平均指数有哪两种计算方法？其相应的权数如何确定？
5. 什么是指数体系？研究指数体系的主要目的是什么？
6. 什么是因素分析？
7. 可变构成指数、结构影响指数和固定构成指数的含义是什么？

第 8 章

抽样推断

> **学习目标**
>
> 抽样推断是统计研究中常用的一种统计分析方法,是在抽样调查方法的基础上进行的。通过本章的学习,要求学生理解抽样推断的基本概念和特点;明确推断中涉及的几个基本概念;了解各种抽样的组织形式和特点;掌握抽样平均误差和极限误差的计算;能够利用样本资料对总体指标值进行区间估计和计算样本单位数。

8.1 抽样推断概述

8.1.1 抽样推断的概念

抽样推断是指按随机原则从被研究社会经济现象的总体中抽取一部分单位进行调查,获得各项数据,并根据调查结果对所研究社会经济现象总体的数量特征作出一定可靠程度的估计和推断。例如,在某地区城镇居民中,通过随机抽样,抽取部分居民进行电视收视率调查,以此来推断该地区全部城镇居民的电视收视率。抽样推断既是搜集统计资料的方法,又是对调查对象进行科学估计和推断的方法,具有调查速度快、耗费资源少、调查结果可靠性高等优点。

抽样推断是认识社会经济现象总体的一种重要方法,它具有以下特点。

(1) 抽样推断是以部分特征推断总体特征

抽样推断是以抽样调查为基础,抽样调查是以抽取现象总体里的部分单位为调查对象。这些来自总体的部分单位包含了总体分布的重要信息,恰当有效地利用这些信息,就能够以部分特征推断总体特征。抽样调查是手段,抽样推断是目的。抽样推断以部分单位的数量表现为依据，实现对总体数量特征的认识。

（2）抽样推断遵循随机原则

随机原则是指抽取样本时，总体各单位选中与否不受主观因素的影响，每个单位都有同等被选中的可能性，即保证各单位被抽取的机会均等。根据随机原则来确定调查单位，才能够使抽取出来的部分单位的分布状况近似于总体的分布状况，对总体具有充分的代表性，避免了由于主观因素选取调查单位所带来的误差。

（3）抽样误差可以计算和控制

用样本指标推断总体指标，二者之间必然存在误差。但抽样误差范围可以事先通过有关资料加以计算，并且可以采取必要的组织措施来控制这个误差范围，从而保证抽样推断的结果达到一定的可靠程度。例如，在其他条件不变的情况下，可以通过增加单位数的方法来降低抽样误差。

8.1.2 抽样推断的作用

抽样推断作为一种常用的统计分析方法具有多方面的作用，主要表现在以下几个方面。

（1）运用抽样推断可以了解社会经济现象的全面情况

对于不可能进行全面调查但又需要掌握其全面情况的社会经济现象，只能采取抽样推断的方式。例如，要了解某种工业产品的质量，需要进行破坏性实验，但不能对全部产品都进行实际的检验，只能运用抽样推断。对于有些现象总体，其范围太大，单位分布分散，很难进行全面调查，也可以用抽样推断来估计其全面特征。

（2）应用抽样推断补充和修正全面调查的结果

全面调查是指对总体中的所有单位全部进行调查，以取得资料的调查方式。全面调查工作量大、参加人员多，调查结果容易出现错误。抽样调查范围小、组织简便，与全面调查相比省时省力，可以对现象进行深入细致的调查，从而补充和修正全面调查的不足。

（3）采用抽样推断可以节省费用和时间，提高调查的时效性和经济效果

由于抽样调查抽取的是总体中的一部分资料，所以调查成本低。全面调查本身工作量大，调查结果在总体全部登记后才能产生结果；抽样调查涉及的范围小，调查结果在很短的时间内就可以产生，增强了统计数据的时效性。

（4）抽样推断可以用于产品质量的检验和控制

抽样推断不仅可以应用于生产成果的估计，而且也可以应用于工业产品成批或大量连续生产过程中，检查生产过程是否正常，及时提供有关信息，进行质量控制，预防不合格品的产生。

8.1.3 抽样推断中的几个基本概念

抽样推断是围绕社会经济现象的数量特征和从中抽取的部分单位的数量特征展开的,因此产生了如下几组重要的概念。

1. 总体和样本

总体也称母体,是指所要认识的研究对象的全体,它由具有某种共同性质或特征的单位组成。总体单位数通常都是很大的,甚至是无限的,这样才有组织抽样调查的必要。

总体按其单位标志的性质不同可分为变量总体和属性总体。变量总体是指构成总体的单位可以用数量表示,如学生的身高、体重等。属性总体是指总体单位只能用文字描述,如学生的性别、民族等。

样本也称子样,是指从总体中随机抽选出来的单位所组成的小总体。样本相对于总体是很小的,单位数目小于 30 的样本叫小样本,单位数目大于 30 的样本叫大样本。

例如,要研究职工的收入水平,从全部职工中随机抽取一部分职工进行调查,全部职工便构成一个总体,抽取的部分职工就构成样本。

对于一个被研究的对象来说,总体是唯一确定的,而样本不是唯一确定的。一个总体可以有很多个样本,每次抽取哪个样本是不确定的,是可变的。

2. 总体指标和抽样指标

总体指标也称全及指标,是指反映总体某种数量特征的综合指标。因为总体是唯一确定的,所以根据总体计算的指标也是唯一确定的。不同性质的总体需要计算不同的总体指标,总体指标用大写字母表示。

对于变量总体,常用的总体指标需要计算总体的平均数 $\overline{X}$、总体的方差 σ^2。

设总体为 $X_1, X_2, \cdots, X_n$,则总体的平均数为

$$\overline{X} = \frac{\sum X}{N}$$

或

$$\overline{X} = \frac{\sum XF}{\sum F}$$

总体的方差为

$$\sigma^2 = \frac{\sum (X - \overline{X})^2}{N}$$

或

$$\sigma^2 = \frac{\sum (X - \overline{X})^2 F}{\sum F}$$

式中，F 表示总体的权数。

对于属性总体，常用的总体指标需要计算总体的成数 P、总体的方差 σ^2。

成数是指总体中具有某种属性的单位数在总体中所占的比重。例如，产品按质量分为合格品和不合格品，合格品就是一个成数。

设在单位数为 N 的总体中，有 N_1 个单位具有某种属性，N_0 个单位不具有某种属性，$N_1+N_0=N$，则

$$P = \frac{N_1}{N}$$

$$Q = \frac{N_0}{N} = \frac{N-N_1}{N} = 1-P$$

式中，P 表示总体中具有某种属性的单位数在总体中所占的比重，Q 表示总体中不具有某种属性的单位数在总体中所占的比重。

总体的方差为

$$\sigma^2 = P(1-P)$$

抽样指标也称样本指标，是指反映样本总体数量特征的综合指标。抽样指标是根据样本数据计算的样本指标，其数值决定于样本各单位的标志值。

与总体指标相对应的有下列抽样指标，抽样指标用小写字母表示。

对于变量总体，常用的抽样指标需要计算样本的平均数 $\bar{x}$、样本的方差 s^2。

设样本变量为 $x_1,x_2,\cdots,x_n$，则样本的平均数为

$$\bar{x} = \frac{\sum x}{n}$$

或

$$\bar{x} = \frac{\sum xf}{\sum f}$$

样本的方差为

$$s^2 = \frac{\sum(x-\bar{x})^2}{n}$$

或

$$s^2 = \frac{\sum(x-\bar{x})^2 f}{\sum f}$$

对于属性总体，常用的抽样指标需要计算样本的成数 p、样本的方差 s^2。

设在单位数为 n 的样本总体中，有 n_1 个单位具有某种属性，n_0 个单位不具有某种属性，$n_1+n_0=n$，则

$$p = \frac{n_1}{n}$$

$$q = \frac{n_0}{n} = \frac{n - n_1}{n} = 1 - p$$

式中，p 表示样本总体中具有某种属性的单位数在全部单位数中所占的比重，q 表示样本总体中不具有某种属性的单位数在全部单位数中所占的比重。

样本的方差为

$$s^2 = p(1 - p)$$

在抽样推断中，总体指标是未知的，抽样的目的就是要估计它。就一个样本而言，其指标值是可计算和确定的。由于从一个总体中可以抽取多个样本，每次抽到的样本是不确定的，不同的样本就有不同的样本指标值，因此样本指标就是随机变量。

3. 重复抽样和不重复抽样

根据抽取样本的方式不同，抽样可分为重复抽样和不重复抽样。

重复抽样也称重置抽样，是指从一个总体中每次抽取一个单位，把结果登记下来，又重新放回原总体，参加下一次抽取。因此，在重复抽样中，每个单位中选的机会在每次抽取中都完全相等。

例如，在总体中有 A、B、C、D 4 个单位，从中随机抽取 2 个单位构成一个样本。先从总体 4 个单位中抽取一个单位，登记后放回去，然后再从 4 个单位中抽取一个单位。显然，全部可能的样本是：AA、AB、AC、AD、BA、BB、BC、BD、CA、CB、CC、CD、DA、DB、DC、DD，共 16 个样本。

不重复抽样也称不重置抽样，是指每次从总体中抽取一个单位，连续进行 n 次抽取构成一个样本，但每次抽取出的单位不放回参加下一次的抽取。因此，在不重复抽样中，样本是由 n 次连续抽取的结果组成，每次抽取的结果不是相互独立的，每抽取一次总体的单位数就少一个。

例如，在总体中有 A、B、C、D 4 个单位，从中随机抽取 2 个单位构成一个样本。先从总体 4 个单位中抽取一个单位，结果登记后不放回去，然后再从剩余的 3 个单位中抽取 1 个单位，这两个单位就构成了一个样本。显然，全部可能的样本是：AB、AC、AD、BA、BC、BD、CA、CB、CD、DA、DB、DC，共 12 个样本。

由此可见，对于同一个总体，在相同的样本容量下，不重复抽样的样本可能数目要比重复抽样的样本可能数目少。不重复抽样中，因为每个单位只有一次被抽中的机会，当样本容量相同时，不重复抽样条件下样本的代表性要高于重复抽样，所以在实际工作中多采用不重复抽样的方法。

阅读材料

我国抽样调查方法的确立

我国对抽样调查的研究和应用始于 20 世纪三四十年代，以北京大学许宝騄教授为代表的中国统计学家，为抽样调查理论和方法的创建做出了杰出贡献。许教授的一系列论著达到了国际领先水平，他所著的《抽样论》，为开展大规模的抽样调查，如人口调查、能源调查、社会经济调查、森林木材调查、草原和农田估产、昆虫数量估计等，提供了方法依据，也为培养统计人才提供了良好教材。1943—1944 年，在清华大学陈达教授的主持下，我国进行了云南户籍示范人口普查，并按现代抽样方式抽取部分人口以核对普查结果，这是我国的首次抽样调查。1955 年，我国第一次在全国范围内，按统一方案、统一计划进行了抽样调查，即农民家计抽样调查，以等距抽样方法抽取调查乡，再按类型比例与等距抽样相结合的方法在全国抽取了 1.5 万～2 万户农户。1981 年 9 月，国家统计局在《关于加强和改革统计工作的报告》中提出："凡是适合用抽样调查的，就不用全面报表。"经过多年的艰苦努力，我国的抽样调查工作走上了专业化、正规化的道路，并在统计调查方法体系中占据越来越重要的地位。为了满足社会主义市场经济的需要，1994 年，经全国统计工作会议和国务院审批，我国确立了以周期性普查为基础，以经常性抽样调查为主体，同时辅之以重点调查、科学核算等综合运用的统计调查方法体系，抽样调查的主体方法地位得以正式确立。

资料来源：百度文库。

课堂练习与活动

请判断下列现象中哪些属于抽样推断？
- 在饮料生产线上每隔一小时抽取一瓶饮料进行质量检查；
- 根据小华的体重推断小华姐姐的体重；
- 根据某企业优秀员工的事迹推断该企业的文化；
- 在某社区发放健康调查问卷，以了解全市人口的健康状况。

8.2 抽样误差

抽样调查的目的是用样本指标来推算总体指标，二者之间的误差是不可避免的。所以，在对总体指标进行推断之前要研究抽样误差的有关问题。

8.2.1 抽样误差的概念

抽样误差是指抽样指标与总体指标之间的离差,是抽样调查工作本身所固有的一种误差。这种误差不包括登记性误差和技术性误差,此误差的产生是在遵循抽样的随机性原则的前提下,由于被抽选的样本单位的构成与总体的构成有出入而导致的误差。这种误差是抽样调查本身所固有的、偶然性的误差,而这种偶然性的误差是无法消除的,只要用样本的指标来推断总体的指标都会存在抽样误差。虽然抽样误差是抽样调查所固有的,但可以运用数理统计方法计算其误差的大小,并通过抽样设计程序控制其范围。

在由样本推断总体的过程中,通常是由样本的平均数 $\bar{x}$ 来推断总体的平均数 $\bar{X}$;用样本的成数 p 来推断总体的成数 P。因此抽样误差的表现形式为

$$|\bar{x}-\bar{X}| \text{ 和 } |p-P|$$

虽然抽样误差是无法消除的,但可以根据需要对其加以控制。为了控制抽样误差,提高精确程度,必须分析影响抽样误差的因素。

(1) 抽取样本单位的数目

根据大数定理,随着样本数目的增加,其抽样误差就越小;反之,抽样误差就越大。当抽取的样本单位数目达到总体单位总数时,就不存在抽样误差了。因此,抽取样本单位的数目决定着抽样推断的准确性。

(2) 总体各单位之间的差异程度

抽样误差的大小与总体各单位之间的差异程度成正比。总体各单位之间的差异程度越大,抽样误差就越大;反之,抽样误差就越小。如果总体各单位之间的差异程度相等,则抽样指标等于总体指标,此时不存在抽样误差。

(3) 抽样方法

在同一总体和相同样本容量的条件下,不重复抽样比重复抽样所产生的误差小。在重复抽样中,同一个样本中可能会多次出现同一个单位,这样会降低样本对总体的代表性;在不重复抽样中,避免了总体单位的重复选中,因而产生的抽样误差就小。

(4) 抽样调查的组织形式

抽样调查可以分为简单随机抽样、机械抽样、类型抽样和整群抽样等不同的组织形式。在其他条件都相同的条件下,采用不同的组织形式,会有不同的抽样误差。例如,机械抽样和类型抽样比简单随机抽样和整群抽样的误差小。

8.2.2 抽样平均误差

抽样平均误差是指所有可能出现的样本指标与总体指标的平均离差。它是反映抽样误差一般水平的指标。

由于从一个总体中可能抽取很多样本,而每一个样本指标与总体指标之间都有差

距,因而就产生了一些误差,这样就需要将这些误差加以综合,用一个指标来衡量抽样误差的一般水平。

通常用抽样平均数的标准差或抽样成数的标准差作为衡量误差一般水平的指标,这是因为抽样标准差正好反映了样本指标与总体指标之间的平均误差程度。为了区别于通常的标准差,用 $\mu_{\bar{x}}$ 表示抽样平均数的抽样平均误差,用 μ_p 表示抽样成数的抽样平均误差,用 M 表示样本的可能数目,则有

$$\mu_{\bar{x}} = \sqrt{\frac{\sum (\bar{x} - \overline{X})^2}{M}}, \mu_p = \sqrt{\frac{\sum (p - P)^2}{M}}$$

在实际抽样调查过程中,由于作为总体的平均数 $\overline{X}$ 和总体成数 P 是未知的,所以上面的公式只是抽样平均误差的理论公式,在实际工作中不能应用。数理统计证明,可用下列公式计算抽样平均误差。由于从总体中抽取样本的方式不同,因而具体计算抽样平均误差的公式也略有差异。

1. 抽样平均数的抽样平均误差

在重复抽样条件下,抽样平均数的抽样平均误差的计算公式为

$$\mu_{\bar{x}} = \sqrt{\frac{\sigma_{\bar{x}}^2}{n}} = \frac{\sigma_x}{\sqrt{n}}$$

式中,σ_x 表示平均数的标准差。

在不重复抽样条件下,抽样平均数的抽样平均误差的计算公式为

$$\mu_{\bar{x}} = \sqrt{\frac{\sigma_{\bar{x}}^2}{n}\left(1 - \frac{n}{N}\right)}$$

【例 8-1】 某企业生产一种新型灯件共 3 000 只,随机抽出 500 只做耐用时间测试。测试结果为:平均使用寿命为 4 600 小时,样本标准差为 300 小时,求抽样平均误差。

解 已知 $N = 3\ 000$,$n = 500$,$\bar{x} = 4\ 600$,$\sigma_x = 300$,故

重复抽样:$\mu_{\bar{x}} = \sqrt{\frac{\sigma_{\bar{x}}^2}{n}} = \frac{\sigma_x}{\sqrt{n}} = \frac{300}{\sqrt{500}} = 13.42$(小时)

不重复抽样:$\mu_{\bar{x}} = \sqrt{\frac{\sigma_{\bar{x}}^2}{n}\left(1 - \frac{n}{N}\right)} = \sqrt{\frac{300^2}{500} \times \left(1 - \frac{500}{3\ 000}\right)} = 12.22$(小时)

计算结果表明:根据部分产品推断全部产品的平均使用寿命时,采用不重复抽样比重复抽样的抽样平均误差要小。

2. 抽样成数的抽样平均误差

在重复抽样条件下,抽样成数的抽样平均误差的计算公式为

$$\mu_p = \sqrt{\frac{P(1-P)}{n}}$$

在不重复抽样条件下,抽样成数的抽样平均误差的计算公式为

$$\mu_p = \sqrt{\frac{P(1-P)}{n}\left(1-\frac{n}{N}\right)}$$

【例 8-2】 一批食品罐头 50 000 桶,随机抽查 200 桶,发现有 6 桶不合格,求合格率的抽样平均误差?

解 已知 $N=50\,000$,$n=200$,$n_1=6$,则样本合格率

$$P = \frac{200-6}{200} \times 100\% = 97\%$$

重复抽样:$\mu_p = \sqrt{\dfrac{P(1-P)}{n}} = \sqrt{\dfrac{0.97 \times 0.03}{200}} = 0.01206 = 1.206\%$

不重复抽样:$\mu_p = \sqrt{\dfrac{P(1-P)}{n}\left(1-\dfrac{n}{N}\right)} = \sqrt{\dfrac{0.97 \times 0.03}{200} \times \left(1-\dfrac{200}{50\,000}\right)}$
$= 0.01204 = 1.204\%$

计算结果表明:不重复抽样的抽样平均误差小于重复抽样的抽样平均误差。N 的数值越大,两种方法计算的抽样平均误差越接近。

从上述公式可以看出,在重复抽样和不重复抽样条件下,二者的抽样平均误差仅相差一个修正因子 $\left(1-\dfrac{n}{N}\right)$,且这个因子小于 1,因此不重复抽样平均误差小于重复抽样平均误差。一般来说,当 $\dfrac{n}{N}$ 趋于 0 时,$\left(1-\dfrac{n}{N}\right)$ 的数值接近于 1,这样两种抽样平均误差就相差无几了。所以,在实际工作中,经常用不重复抽样的方法来抽取调查单位,并进行计算和推测,用重复抽样的方法来计算抽样平均误差。

8.2.3 抽样极限误差

抽样极限误差是指样本指标与总体指标之间产生抽样误差被允许的最大可能范围,也称为允许误差,通常用 Δ 来表示。

前面介绍的抽样误差是说明抽样方案总的误差情况,但在进行抽样推断时实际上只抽取一个样本,因此实际的抽样误差可能大于也可能小于抽样平均误差。对于某一项抽样调查来说,根据客观要求一般应有一个允许的误差范围,这个误差范围就是抽样极限误差。

设 $\Delta_{\bar{x}}$ 与 Δ_p 分别代表抽样平均数与抽样成数的极限误差,则有

$$\Delta_{\bar{x}} = |\bar{x} - \overline{X}|, \quad \Delta_p = |p - P|$$

上式可变换为下列不等式

$$\overline{X} - \Delta_{\bar{x}} \leqslant \bar{x} \leqslant \overline{X} + \Delta_{\bar{x}}$$
$$P - \Delta_p \leqslant p \leqslant P + \Delta_p$$

以上不等式表明：样本平均数 $\bar{x}$ 以总体平均数 $\overline{X}$ 为中心，在 $\overline{X} \pm \Delta_{\bar{x}}$ 之间变动；抽样成数 p 以总体成数 P 为中心，在 $P \pm \Delta_p$ 之间变动。由于总体平均数和总体成数是未知的，它要依靠实测的抽样平均数和抽样成数来估计。因此，抽样极限误差的实际意义是希望总体平均数落在抽样平均数的范围内，总体成数落在抽样成数的范围内。以上两个不等式进行移项可得

$$\bar{x} - \Delta_{\bar{x}} \leqslant \overline{X} \leqslant \bar{x} + \Delta_{\bar{x}}$$
$$p - \Delta_p \leqslant P \leqslant p + \Delta_p$$

此两式即为总体平均数 $\overline{X}$ 和总体成数 P 的范围估计。

由于抽样平均误差是衡量样本指标和总体指标误差范围的尺度，基于理论上的要求，抽样极限误差通常需要以抽样平均误差为标准单位来衡量，所以抽样极限误差就用一定倍数的抽样平均误差来计算。其计算公式为

$$\Delta_{\bar{x}} = t\mu_{\bar{x}}, \Delta_p = t\mu_p$$

上式中的 t 称为抽样误差的概率度，它是测量估计可靠程度的一个参数。利用样本指标去推断总体指标，总是希望样本指标的估计值都能落在允许的误差范围内，但这并非都能保证。由于抽样误差是一个随机变量，因而不能保证其一定不超过限制的范围，而只能给出一定程度的概率保证。样本指标与总体指标的误差不超过一定范围的概率保证程度称为抽样估计的置信度，它是通过相应的概率 $F(t)$ 表示的。

t 值是根据抽样估计的置信度确定的。二者的关系是：概率度越大，表明抽样误差范围越大，则概率保证程度越大；反之，概率度越小，表明抽样误差范围越小，则概率保证程度越小。

概率论和数理统计证明：概率度 t 与概率 $F(t)$ 之间存在一定的函数关系，为了便于应用，在计算中可以查"正态分布概率表"（见附录A）。从表中，既可以根据概率度 t 查到概率 $F(t)$，也可以根据抽样推断要求的把握程度 $F(t)$ 查到概率度 t。例如，当 $t = 1.00$ 时，在正态分布概率表中查到 $F(t) = 0.682\ 7$；当 $t = 2.00$ 时，在正态分布概率表中查到 $F(t) = 0.954\ 5$。

课堂练习与活动

某服装厂对当月生产的 10 000 件衬衫进行质量检查，在抽查的 100 件衬衫中有 5 件是不合格品，要求计算合格率的抽样平均误差。

8.3 总体指标的推断

抽样推断就是根据抽样所得的样本指标来推断相应的总体指标。对总体指标的推断有两种形式,即点估计和区间估计。

8.3.1 点估计

点估计也称定值估计,是指用样本指标直接代替总体指标的估计方法。例如,在某校学生身高的调查中,获知抽取的 500 名学生的平均身高为 1.68 m,则该校 10 000 名学生的平均身高也是 1.68 m。这种推断就是对总体平均数作出的点估计。

点估计是统计推断中最直接、最简单的估计方法,主要理论依据是大数定律。在对总体特征进行估计时,并非所有的估计值都是优良的,从而产生了评价估计量是否优良的标准,具体如下。

(1) 无偏性

虽然每一次样本的抽样指标与总体指标都可能有误差,但要求在多次反复的估计中,抽样指标的平均数应当充分接近总体指标,即抽样指标估计总体指标(平均来说)是没有偏差的。

(2) 一致性

用抽样指标估计总体指标,要求抽取样本的单位数充分多时,抽样指标也充分靠近总体指标。也就是说,随着样本的单位数的无限增加,抽样指标与总体指标之间的绝对离差为任意小的可能性也趋于必然。

(3) 有效性

虽然每个样本的抽样指标与总体指标会有离差,但要求抽样指标的标准差比总体指标的标准差更小。

由于在实际的抽样调查中一次只能抽取一个样本,这样就导致估计值会因样本的不同而不同,有时甚至会产生很大的差异。

点估计的缺点是既没有解决参数估计的精确问题,也没有考虑估计的可靠性程度。但点估计直观、简单,对于那些要求不太高的判断和分析,可以使用此方法。

8.3.2 区间估计

区间估计也称数值范围估计,它是根据样本指标来估计总体指标所在的可能区间的一种方法。区间估计是在一定的把握程度下,根据样本指标(平均数指标或成数指标)和抽样误差范围,对总体指标估计值落入的区间范围作出的估计。

总体平均数区间估计表达式:$\bar{x} - \Delta_{\bar{x}} \leqslant \bar{X} \leqslant \bar{x} + \Delta_{\bar{x}}$

总体成数区间估计表达式:$p - \Delta_p \leqslant P \leqslant p + \Delta_p$

在对总体进行区间估计时，根据要求条件的不同，通常有以下两种方法。

① 根据已给定的置信度 $F(t)$ 的要求，利用"正态分布概率表"查出所对应的概率度 t，然后结合抽样所得的抽样平均误差，求出抽样极限误差，进行区间估计。

【例 8-3】 从某地区 5 000 名消费者中随机抽出 100 名，对其生活费支出进行调查，抽样调查结果为：平均生活费支出为 200 元，平均抽样误差为 5 元，要求在 95.45% 的概率保证程度下，推算全部消费者的生活费支出总额。

解 已知 $\bar{x}=200, \mu_{\bar{x}}=5, F(t)=0.9545, t=2$（查"正态分布概率表"得到），$N=5000$。根据给定的资料，求出抽样极限误差，计算总体平均数的上、下限：

$$\Delta_{\bar{x}} = t\mu_{\bar{x}} = 5 \times 2 = 10(元)$$

下限：$\bar{x} - \Delta_{\bar{x}} = 200 - 10 = 190$（元）

上限：$\bar{x} + \Delta_{\bar{x}} = 200 + 10 = 210$（元）

所以 $200-10 \leqslant \bar{x} \leqslant 200+10$，即 $190 \leqslant \bar{x} \leqslant 210$。则全部消费者的生活费支出总额为

$$190 \times 5\,000 \leqslant \bar{X} \leqslant 210 \times 5\,000$$
$$95（万元）\leqslant \bar{X} \leqslant 105（万元）$$

即全部消费者的生活费支出总额在 95 万元至 105 万元之间。

② 根据已给定的抽样极限误差，结合抽样所得的抽样平均误差，求出概率度，再从概率表中查出所对应的置信度 $F(t)$。

【例 8-4】 某企业欲制定工作定额，估计某项作业所需平均操作时间，随机抽取 49 人，测得平均操作时间为 30 分钟，抽样标准差为 3.5 分钟，假定要求抽样极限误差为 1 分钟，试确定置信度 $F(t)$。

解 已知 $\sigma=3.5, \Delta_{\bar{x}}=1$，则

$$\mu_{\bar{x}} = \sqrt{\frac{\sigma^2}{n}} = \frac{\sigma}{\sqrt{n}} = \frac{3.5}{\sqrt{49}} = 0.5$$

$$t = \frac{\Delta_{\bar{x}}}{\mu_{\bar{x}}} = \frac{1}{0.5} = 2$$

查正态分布概率表得 $F(t)=0.9545=95.45\%$，即置信度为 95.45%。

课堂练习与活动

1. 评价估计量是否优良的三条标准，你认为合理吗？

2. 点估计没有考虑概率分布，所以该方法不科学。你认为这种说法对吗？

8.4 样本容量的确定

样本容量又称"样本数"，是指一个样本的必要抽样单位数目，通常用 n 表示。在组织抽样调查时，抽样误差的大小直接影响样本指标代表性的大小，必要的样本单位数目是保证抽样误差不超过某一给定范围的重要因素之一，是保证样本指标具有充分代表性的基本前提。因此，在抽样设计时，必须充分考虑样本单位数目。一般情况下，应在保证满足抽样调查对数据的估计精确度和概率把握程度的条件下，尽量减少样本容量。

8.4.1 影响样本容量的因素

确定抽样调查的样本容量，需要考虑各种客观因素。影响样本容量的因素主要包括标志变异程度、允许误差、调查结果的把握程度、抽样方法与组织方式等。

（1）标志变异程度

标志变异程度是指被调查对象标志的差异程度的大小。在抽样误差范围一定的条件下，总体各单位之间的标志变异程度越大，需要抽取的样本单位数目越多；反之，则越少。其原因是总体单位之间的差异越大，一定数目的总体单位对总体的代表性就越低；总体单位之间的差异越小，一定数目的总体单位对总体的代表性就越高。当总体单位的标志值都相等时，一个总体单位的标志值就足以代表总体的平均水平。

（2）允许误差

抽样数目与允许误差之间存在反比例关系。允许误差越小，抽取的样本数目越多；反之，抽取的样本数目越少。允许误差的大小，主要取决于调查目的。

（3）调查结果的把握程度

调查结果的把握程度，即概率度 t 值大小。把握程度越大，样本数目应当越多；把握程度越小，样本数目相应也会少些。

（4）抽样方法与组织方式

在同等条件下，不重复抽样比重复抽样需要的样本单位数少。类型抽样和等距抽样比简单随机抽样需要的样本数目少。

8.4.2 样本容量的确定方法

样本容量是指在事先给定的抽样误差范围条件下所确定的一定能够反映总体特征和接近总体分布状况的必要样本单位数。确定必要样本数目的计算公式，可以根据允许误差公式推导，这里只介绍简单随机抽样方式下必要样本数目的计算公式。

1. 平均数必要样本数目的计算

重复抽样：因为

$$\Delta_{\bar{x}} = t\mu_{\bar{x}} = t\sqrt{\frac{\sigma_{\bar{x}}^2}{n}} = t\frac{\sigma_{\bar{x}}}{\sqrt{n}}$$

$$\Delta_{\bar{x}}^2 = \frac{t^2\sigma_{\bar{x}}^2}{n}$$

所以

$$n = \frac{t^2\sigma_{\bar{x}}^2}{\Delta_{\bar{x}}^2}$$

式中，n 表示样本单位数；$\sigma_{\bar{x}}^2$ 表示方差；t^2 表示概率度的平方；$\Delta_{\bar{x}}^2$ 表示平均数允许误差的平方。

不重复抽样：因为

$$\Delta_{\bar{x}} = t\mu_{\bar{x}} = t\sqrt{\frac{\sigma_{\bar{x}}^2}{n}\left(1-\frac{n}{N}\right)}$$

$$\Delta_{\bar{x}}^2 = \frac{t^2\sigma_{\bar{x}}^2}{n}\left(1-\frac{n}{N}\right)$$

所以

$$n = \frac{t^2\sigma_{\bar{x}}^2 N}{N\Delta_{\bar{x}}^2 + t^2\sigma_{\bar{x}}^2}$$

式中，N 表示总体单位数。

【例 8–5】 对某市 36 万户开展职工家计调查，根据历史资料记载：该市职工家庭平均年收入的标准差为 250 元，现采用抽样调查方法，要求在 95.45% 的概率保证程度下，平均收入的极限误差不超过 20 元，求样本必要的单位数。

解 已知 $N = 360\,000$ 户，$\sigma_{\bar{x}} = 250$ 元，$F(t) = 95.45\%$，$\Delta_{\bar{x}} = 20$ 元，则根据给定的概率保证程度，查正态分布概率表得概率度 $t = 2$。

重复抽样：$n = \dfrac{t^2\sigma_{\bar{x}}^2}{\Delta_{\bar{x}}^2} = \dfrac{2^2 \times 250^2}{20^2} = 625$（户）

不重复抽样：$n = \dfrac{t^2\sigma_{\bar{x}}^2 N}{N\Delta_{\bar{x}}^2 + t^2\sigma_{\bar{x}}^2} = \dfrac{2^2 \times 250^2 \times 360\,000}{360\,000 \times 20^2 + 2^2 \times 250^2} = 623$（户）

---

2. 成数必要样本数目的计算

重复抽样：因为

$$\Delta_p = t\mu_p = t\sqrt{\frac{p(1-p)}{n}}$$

$$\Delta_p^2 = t^2\frac{p(1-p)}{n}$$

所以
$$n = \frac{t^2 p(1-p)}{\Delta_p^2}$$

不重复抽样：因为
$$\Delta_p = t\mu_p = t\sqrt{\frac{p(1-p)}{n}\left(1-\frac{n}{N}\right)}$$
$$\Delta_p^2 = t^2 \frac{p(1-p)}{n}\left(1-\frac{n}{N}\right)$$

所以
$$n = \frac{t^2 NP(1-P)}{N\Delta_p^2 + t^2 P(1-P)}$$

【例 8-6】 某校对高中一年级 1 200 名学生进行数学及格率调查，已知上届学生的数学成绩及格率为 95%，试确定在 95.45% 的概率保证程度下，允许误差不超过 3%，应该抽取多少学生进行抽样调查？

解 已知 $N=1\,200$ 人，$p=95\%$，$F(t)=95.45\%$，$\Delta_p=3\%$，则根据给定的概率保证程度，查正态分布概率表得概率度 $t=2$。

重复抽样：$n = \dfrac{t^2 p(1-p)}{\Delta_p^2} = \dfrac{2^2 \times 0.95 \times (1-0.95)}{0.03^2} = 211$（人）

不重复抽样：$n = \dfrac{t^2 NP(1-P)}{N\Delta_p^2 + t^2 P(1-P)} = \dfrac{2^2 \times 1\,200 \times 0.95 \times (1-0.95)}{1\,200 \times 0.03^2 + 2^2 \times 0.95 \times (1-0.95)}$
$= 179$（人）

课堂练习与活动

从 2 000 名学生中进行随机抽样，来推断学生的平均考试成绩。根据以往经验，学生成绩的标准差为 5 分，现以 95% 的可靠程度要求学生平均成绩估计的最大允许抽样误差不超过 1 分。分别计算在重复抽样和不重复抽样的条件下至少应抽取的学生人数。

8.5　抽样的组织方式

根据统计任务要求和现象总体特征的不同，在随机抽取样本单位时，可采用不同的组织形式。常用的抽样组织方式有简单随机抽样、类型抽样、等距抽样、整群抽样和多阶段抽样。

1. 简单随机抽样

简单随机抽样也称纯随机抽样，是指对总体单位不经任何分组、排队，排除任何有目的的选择，完全按随机原则抽取调查单位。从随机抽样的意义上说，简单随机抽样是一种随机抽样的原形。简单随机抽样最基本的样本抽选方法是抽签法和随机数字表法。

抽签法适用于总体单位数较少的总体。具体过程是：先给总体的每个单位编上序号，并做成号签，把号签混合之后，任意抽取所需单位数，抽到哪个就调查哪个单位，直到抽足所需样本单位数为止。例如，要在某商场的 300 名营业员中抽取 20 名进行技术考核，就可以对这 300 名营业员编号，并制成号签（从 001 到 300），充分混合后取出一个号码，重新混合再次抽取，直到抽满 20 个号签，然后找出对应的 20 名营业员进行考核。

随机数字表法适用于总体单位数较多的总体。随机数字表是包含许多随机数字的表格。随机数字表的抽样过程是：首先把总体所有单位编号，然后从任意列、任意行的某数字开始，向任何方向顺序抽选，遇到总体单位编号范围外的随机数字或重复的随机数字则将其去掉，在编号范围内的数字则留下来，直到抽够规定的样本数量。表 8－1 是一部分随机数字表。

表 8－1　随机数字表

03	47	43	73	86	36	96	47
97	74	24	67	62	42	81	14
16	76	62	27	66	56	50	26
12	56	85	99	26	96	96	68
55	59	57	35	64	38	54	82
16	22	77	94	39	49	55	43
84	42	17	53	13	57	24	33
63	01	63	78	59	16	25	67
35	21	72	34	29	78	64	56

【例 8－7】　假定要对某地区 90 户居民进行购买力调查，要从中抽取 10 户进行抽样调查。可以将居民根据住址编号为 01 至 90，然后利用随机数字表法，抽取时可以从任何一行、任何一列、任何一个数字开始，并将随机数字表的数字两位数组成一组。例如，在表 8－1 中，从随机数字表的第二行第六列起，自上而下、自左而右取样，顺序取得的样本号为 42、56、38、49、57、16、78、81、50、54。

简单随机抽样虽然最符合随机原则，但它不能保证所取得的样本在总体中均匀分布，所抽取的样本可能缺乏代表性。这种抽样方法比较适合于在总体单位标志变异度较小、总体单位数不多的情况。

2. 类型抽样

类型抽样又称分层抽样，这种方法不是直接从调查总体中抽取样本，而是先按某种分类标准将总体分类,再按一定比例从各类型中随机抽取单位组成样本。这种方法适用于总体范围大、总体中各单位间差异大且分布不均匀的情况。类型抽样的具体形式有等比例抽样和不等比例抽样两种。

等比例抽样是指按各类型中的单位数量占总体单位数量的比例分配各类型的样本数量。这种方法简便易行,分配合理,计算方便,适用于各层次之间差异不大的分类调查。但如果各层次之间差异过大,则不宜采用,而应采用不等比例抽样。

【例 8-8】 某地共有居民 20 000 户,按经济收入多少进行分类,其中高收入的居民为 4 000 户,占总体的 20%,中收入为 12 000 户,占总体的 60%,低收入为 4 000 户,占总体的 20%。要从中抽选 400 户进行购买力调查,则各类型应抽取的样本单位数如下。

高收入的样本单位数为:400×20%=80(户)
中收入的样本单位数为:400×60%=240(户)
低收入的样本单位数为:400×20%=80(户)

不等比例抽样是指不是按各类型中单位数占总体单位数的比例分配样本单位,而是根据各组标志变动程度来确定。变动程度大的多抽取一些,变动程度小的少抽取一些,没有统一规定的比例关系。

3. 等距抽样

等距抽样又称机械抽样,是指先将总体各单位按某一标志依次排列,然后按照一定的间隔抽取样本单位。其抽样间隔的计算公式为

$$抽样间隔 = \frac{总体数(N)}{样本数(n)}$$

【例 8-9】 某地区有零售店 110 户,采用等距抽样方法抽取 11 户进行调查。其计算步骤如下。

第一步,将总体调查对象(110 户零售店)进行编号,即从 1 号至 110 号。

第二步,确定抽样间隔。已知调查总体数 $N=110$ 户,样本数 $n=11$ 户,故抽样间隔=110/11=10。

第三步,确定起抽号数。用 10 张卡片(即抽样间隔)从 1 号至 10 号编号,然后从中随机抽取 1 张作为起抽数号。如果抽出的是 2 号,则 2 号为起抽号数。

第四步,确定被抽取单位。从起抽号开始,按照抽样间隔选择样本。本例从 2 号起每隔 10 号抽选一个,直至抽足 11 个为止。计算方法是

$$2$$
$$2+10=12$$
$$2+10\times2=22$$
$$\vdots$$
$$2+10\times10=102$$

即所抽的样本是编号为 2、12、22、32、42、52、62、72、82、92、102 的 11 个零售店。

等距抽样的优点是抽取方式简单,容易实施,所以这种方式在实际工作中被广泛应用。由于等距抽样能使抽出的样本均匀地分布在总体中,因此调查的精度高于简单随机抽样。

4. 整群抽样

整群抽样又称集团抽样,是指先将总体各单位按一定的标志分成若干群,然后以群作为抽样单位,从总体中随机抽取一部分群,对中选群内的所有单位进行全面调查的一种抽样方式。例如,对某城市居民家庭进行消费倾向调查,就可以从该城市中抽出若干个居委会,然后对抽中的居委会的每一户居民家庭进行全面调查,这种方式即为整群抽样。

整群抽样中的"群"可分为两类:一类是根据行政、地域及自然形成的群体,如学校(或班级)、工厂(或车间)等,抽取这一类群主要是为了方便和节约费用;另一类是一个连续的总体,可由调查者根据需求来确定群体的大小。

整群抽样组织方便,抽选的单位比较集中,可节省人力、物力和财力。但由于样本单位集中,这样就影响了样本单位在总体中的均匀分布。因此,与其他抽样方式相比,在样本容量相同时,整群抽样的抽样误差较大。

5. 多阶段抽样

多阶段抽样又称多级抽样,是指将整个抽样过程分成若干个阶段,然后逐阶段进行抽样。例如,我国农作物产量抽样调查,第一阶段从省抽县;第二阶段从中选的县抽乡;第三阶段从中选的乡抽村,再从中选的村抽地块,最后再从中选地块抽具体的样本点,并以样本点测量的实际资料来推算平均亩产和总产。

多阶段抽样比较灵活,便于组织。在实际工作中,当总体单位很多且分布广泛时,几乎不可能从总体中直接抽取总体单位,此时常采用多阶段抽样。

阅读材料

国外抽样应用的发展

1934 年,波兰的统计学家尼曼根据概率论的原理,提出了置信区间的推断理论。他提出了类型抽样的样本最优分配原理,导出了最佳分配方法。此外,他还改进了整群抽样设计,充分肯定了随机抽样的优越性。印度的马哈拉诺比斯也从 1930 年开始,在他所创办的印度统计学院进行了一系列的抽样调查,特别是在水稻、小麦、黄麻等农作物产量的抽样调查方面做了许多试验。他采用简单随机抽样、等距抽样、类型抽样、整群抽样、不等概抽样、多阶段抽样、多次抽样等多种抽样方式,研究解决了许多方法技术问题,并创立了交叉网络抽样、多主题抽样、抽样设计的费用函数及适度抽样法等新的抽样理论。在他的推动下,印度政府在1950年成立了国家抽样调查组织,将抽样方法应用于大规模的社会经济调查中,尤其是农业抽样调查新程序及控制非抽样误差的理论和方法,使当时印度的抽样应用走在了世界前列。在美国,著名的统计学家科克伦对抽样方法的改进和发展做出了重大贡献,20世纪50年代出版的《抽样技术》一书是这一领域的权威性著作。

资料来源:百度文库。

课堂练习与活动

1. 各种抽样组织方式中,属于不重复抽样的有哪些?
2. 为了反映居民消费结构的总体百分数,在某地进行的调查中,有意识地抽取50%的高收入居民、30%的中收入居民、20%的低收入居民,这是何种抽样调查形式?

案例分析

要调查10 000件产品的合格率,根据以往的资料,产品的合格率曾有98%、96%、93%三种,现在要求允许误差不超过1%、推断把握程度为95.45%时:

(1) 用哪一种合格率作为样本容量的计算依据,为什么?

(2) 应抽取多少件产品进行调查?

分析:

(1) 用93%的合格率作为样本容量的计算依据,原因是产品的合格率越远离100%,总体单位标志值的变异程度就越大,而总体的变异程度是影响样本容量的一个重要因素。如果总体单位被研究标志的变异程度大,为了保证样本的代表性,则应抽取较多的样本单位;反之,则应抽取较少的样本单位。

(2) 根据给定的概率保证程度 $F(t) = 95.45\%$,查正态分布概率表得到概率度 $t = 2$。重复抽样所需的样本容量为

$$n = \frac{t^2 p(1-p)}{\Delta_p^2} = \frac{2^2 \times 93\% \times 7\%}{1\%^2} = 2\ 600(件)$$

不重复抽样所需的样本容量为

$$n = \frac{t^2 NP(1-P)}{N\Delta_p^2 + t^2 P(1-P)} = \frac{2^2 \times 10\ 000 \times 93\% \times 7\%}{10\ 000 \times 1\%^2 + 2^2 \times 93\% \times 7\%} = 2\ 066(件)$$

若采用重复抽样的方式应抽取 2 600 件产品，若采用不重复抽样的方式应抽取 2 066 件产品。

本章知识结构

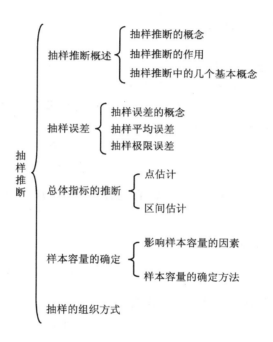

能力训练题

一、单项选择题

1. 抽样调查的主要目的是（　　）。
   A. 用样本指标来推算总体指标　　B. 对调查单位做深入研究
   C. 计算和控制抽样误差　　D. 广泛运用数学方法
2. 抽样调查必须遵循的基本原则是（　　）。
   A. 准确性原则　　B. 随机性原则

C. 可靠性原则 D. 灵活性原则

3. 反映抽样指标与总体指标之间抽样误差的可能范围的指标是（　　）。
   A. 抽样平均误差 B. 抽样误差系数
   C. 概率度 D. 抽样极限误差

4. 抽样平均误差反映了样本指标与总体指标之间的（　　）。
   A. 实际误差 B. 实际误差的绝对值
   C. 平均误差程度 D. 可能误差范围

5. 抽样误差是指（　　）。
   A. 调查中产生的登记性误差
   B. 调查中产生的系统性误差
   C. 随机抽样产生的代表性误差
   D. 由于违反了随机抽样原则而产生的误差

6. 事先将总体各单位按某一标志排列，然后依排列顺序和按相同的间隔来抽取调查单位的抽样称为（　　）。
   A. 简单随机抽样 B. 类型抽样
   C. 等距抽样 D. 整群抽样

7. 在其他条件不变的情况下，如果允许误差缩小为原来的 $\frac{1}{2}$，则样本容量（　　）。
   A. 扩大为原来的 4 倍 B. 扩大为原来的 2 倍
   C. 缩小为原来的 $\frac{1}{2}$ D. 缩小为原来的 $\frac{1}{4}$

8. 类型抽样影响抽样平均误差的方差是（　　）。
   A. 组间方差 B. 组内方差
   C. 总方差 D. 允许误差

二、多项选择题

1. 抽样误差是（　　）。
   A. 抽样估计值与总体未知参数之差
   B. 抽样估计值与总体未知特征值之差
   C. 登记性误差
   D. 系统性误差
   E. 偶然性误差

2. 抽样估计中的抽样误差（　　）。
   A. 是不可避免的 B. 是可以通过改进调查方法来消除的
   C. 是可以事先计算出来的 D. 只能在调查结束之后才能计算

E. 其大小是可以控制的
3. 影响抽样误差的有（　　）。
　　A. 是有限总体还是无限总体　　B. 是变量总体还是属性总体
　　C. 是重复抽样还是不重复抽样　　D. 总体被研究标志的变异程度
　　E. 抽样单位数的多少
4. 从全及总体中抽取样本单位的方法有（　　）。
　　A. 简单随机抽样　　B. 重复抽样
　　C. 等距抽样　　D. 不重复抽样
　　E. 类型抽样
5. 总体参数的区间估计必须同时具备的三个要素是（　　）。
　　A. 样本单位数　　B. 抽样指标、相应总体指标的估计值
　　C. 抽样误差范围　　D. 概率保证程度
　　E. 抽样平均误差
6. 常用的抽样组织形式包括（　　）。
　　A. 重复抽样　　B. 简单随机抽样
　　C. 不重复抽样　　D. 等距抽样
　　E. 类型抽样和整群抽样
7. 简单随机抽样（　　）。
　　A. 适用于总体各单位呈均匀分布的总体
　　B. 适用于总体各单位标志变异程度较大的总体
　　C. 在抽样之前要求对总体各单位加以编号
　　D. 最符合随机原则
　　E. 是抽样中最基本也是最简单的抽样组织形式
8. 优良估计量的标准是（　　）。
　　A. 无偏性　　B. 随机性
　　C. 一致性　　D. 有效性
　　E. 代表性
9. 计算抽样平均误差，总体标准差常常是未知的，经常采用的替代办法有（　　）。
　　A. 用过去同类问题的全面调查或抽样调查的经验数据
　　B. 用样本的标准差
　　C. 凭抽样调查者经验确定
　　D. 用总体方差
　　E. 先组织试验性抽样，用试验样本的标准差
10. 抽样估计的特点是（　　）。
　　A. 在逻辑上运用归纳推理　　B. 在逻辑上运用演绎推理

C. 在方法上运用数学分析法　　　　D. 在方法上运用概率分析法
E. 抽样估计存在抽样误差，抽样误差和抽样估计的可靠程度有关

三、判断题

1. 抽样平均误差总是小于抽样极限误差。（　　）
2. 所有可能的样本平均数的平均数等于总体平均数。（　　）
3. 类型抽样应尽量缩小组间标志值变异，增大组内标志值变异，从而降低影响抽样误差的总方差。（　　）
4. 计算抽样平均误差而缺少总体方差资料时，可以用样本方差代替。（　　）
5. 整群抽样中，为了降低抽样平均误差，在总体分群时应注意增大群内方差、缩小群间方差。（　　）
6. 抽样估计的置信度就是表明抽样指标和总体指标的误差不超过一定范围的概率保证程度。（　　）
7. 在抽样推断中，作为推断对象的总体和作为观察对象的样本都是确定的、唯一的。（　　）

四、实训题

1. 某铸造厂生产某种铸件，现从该厂某月生产的 500 吨铸件中随机抽取 100 吨。已知一级品率为 60%，试求其一级品率的抽样平均误差。

2. 某工业企业有 1 000 名工人，随机抽取其中的 100 名工人来调查工资水平。经计算得到平均工资为 650 元，标准差为 50 元。若以 95.45% 的可靠性进行推断，试求极限误差和该企业工人的月平均工资的置信区间。

3. 某高校有 4 500 名学生，随机抽选 20% 调查在校期间撰写论文的篇数，所得分布数列如表 8-2 所示。

表 8-2　某高校学生在校期间撰写论文情况

撰写论文篇数/篇	4 以下	4~6	6~8	8~10	10 以上	合　计
学生人数比重/%	8	22	40	25	5	100

要求：试以 $F(t)=95.45\%$ 的概率保证程度推断：
(1) 全校学生在校期间平均每人撰写论文的篇数；
(2) 撰写论文篇数在 6 篇以上的比例。

4. 某油田有 2 500 口油井，根据以往的调查得知油井年产量的标准差为 250 吨，若要求最大允许误差不超过 21 吨，概率保证程度为 95.45%，分别按重复抽样和不重复抽样估计应抽查多少口油井？若其他条件不变，而要求最大允许误差再缩小 1/3，分别按重复抽样和不重复抽样估计应抽查多少口油井？

5. 一个电视节目主持人想了解观众对某个电视专题节目的喜爱情况，她选取了 500 个观众作样本，结果发现喜爱该节目的有 175 人。试以 95% 的概率保证程度估计观众

喜爱这一专题节目的区间范围。若该节目主持人希望估计的极限误差不超过 5%，问有多大把握程度？

五、思考题

1. 什么是总体？什么是样本？两者有何异同？
2. 什么是抽样误差？影响抽样误差的因素有哪些？
3. 抽样平均误差、抽样极限误差和概率保证程度之间的关系如何？
4. 总体指标的估计有哪些方法？如何进行区间估计？
5. 如何理解估计量选择中的优良标准？
6. 什么是样本容量？影响它的因素有哪些？
7. 什么是类型抽样？什么整群抽样？它们各自有什么特点？

第9章 相关分析与回归分析

学习目标

相关分析与回归分析是分析现象之间相互关系的统计分析方法。通过本章的学习,要求学生了解相关关系的概念和种类;掌握现象之间相关的方向和程度;理解相关分析与回归分析之间的关系;掌握相关分析与回归分析的方法;能够利用简单直线回归模型对现象进行分析和预测。

9.1 相关关系概述

9.1.1 相关关系的概念

在客观世界中,任何现象的存在都不是孤立的,每一种现象的发展都影响周围一些事物的发展,同时又受周围一些事物的制约。这种联系通常表现为数量上的依存关系,即当某些现象的数量发生了变动,必然要影响另一有联系的现象的数量也发生相应的变动,这种关系通常称为变量关系。例如,商品在销售过程中会产生销售费用,在一定条件下销售费用的多少会影响商品的销售量,销售费用增加,商品的销售量也会相应增加;销售费用减少,商品的销售量也会随之减少,二者之间的变动关系虽然是不确定的,但可以通过数量关系来反映。现象之间的数量关系存在两种不同的类型:函数关系和相关关系。

1. 函数关系

函数关系又称确定性关系,是指现象变量之间具有严格确定的数量依存关系,即当一个变量取某个数值时,另一个变量有一个确定的数值与之相对应。函数关系一般可用方程 $y=f(x)$ 来表示。在掌握了现象间的函数关系后,已知一个变量就可以确定另一个变量的取值。例如，在产品价格不变的条件下，销售额可以由销售量来确定。设产品的价格为 p，销售量为 x，销售额为 y，则可以得到函数 $y=px$。在社会经济领域中，函数关系较少，大量存在的是相关关系。

2. 相关关系

相关关系又称非确定性关系，是指现象之间客观存在的一种非确定性的数量依存关系。当某个变量取某个数值时，另一个变量并不表现为一个确定的值。例如，成本与利润，在相同的成本条件下，由于受市场供应状况、消费者的消费倾向、替代商品等因素的影响，企业的利润水平可以有很大的不同，存在一种非确定性的关系。虽然这些数值表现出一定的波动性，但它们总是围绕平均值并遵循一定的规律变动，其平均值在大量观察下趋向于一个确定的值。

在相关关系中，变量之间通常存在一定的因果关系，其中起影响作用的变量称作自变量，用 x 来表示；随自变量发生变动的变量称为因变量，用 y 来表示。

函数关系与相关关系虽然是两种不同类型的变量关系，但是它们之间并无严格的界限，在一定的条件下是可以互相转化的。具有函数关系的变量，当存在观察误差时，其函数关系往往通过相关的形式表现出来；相关关系不能准确确定现象变量之间相互影响的准确数值，必须通过模型拟合确定一个函数关系表达式来进行反映。

9.1.2 相关关系的种类

现象之间联系的复杂性使得现象之间相关关系的表现形式是多样的，它们以不同的方式、不同的程度影响着相关现象的数量变动。现象之间的相关关系从不同的角度可以分为不同的类型。

(1) 按照变量之间相关关系的方向不同，相关关系可分为正相关和负相关

正相关是指当一个变量值增加或减少时，另一个变量值也相应增加或减少，相关的两个变量之间变动的方向完全一致。例如，工人劳动生产率提高，产品产量也随之增加；个人支配收入增加，居民的消费水平也随之提高。

负相关是指当一个变量值增加或减少时，另一个变量值随之减少或增加，相关的两个变量之间变动的方向完全相反。例如，商品价格降低，商品的销售量随之增加；单位成本降低，利润随之增加。

(2) 按照变量之间相关关系的表现形式不同，相关关系可分为线性相关和非线性相关

线性相关又称直线相关，是指相关关系的变量之间的变动近似地表现为一条直线的关系。例如，人均消费水平与人均收入水平之间通常呈线性关系。

非线性关系又称为曲线相关，是指相关关系的变量之间的变动近似地表现为一条曲线的关系。例如，在一定时间界限内工人加班加点，可以使产量增加，一旦加班加点时间超过了一定的界限，产量反而可能会下降，这就反映了一种非线性关系。

(3) 按照变量之间相关程度的不同,相关关系可分为完全相关、不完全相关和不相关。

完全相关是指一个变量的数值完全由另一个变量的数值的变动所决定。这种关系是相关关系的特例,实际上就是函数关系。例如,在价格不变的条件下,销售额与销售量之间的正比例函数关系就是完全相关。

不相关是指一个变量的数值完全不受另一个变量的数值变动的影响。两个变量之间完全独立,彼此不受影响。例如,黄金价格与气温的高低是不相关的。

不完全相关是指两个变量之间的相关关系介于完全相关与不相关之间。因为大多数相关关系属于不完全相关,所以它是相关分析研究的重点。

(4) 按照相关关系变量(或因素)的多少,相关关系可以分为单相关、复相关和偏相关。

单相关又称为一元相关,是指两个变量之间的相关关系。例如,广告费的支出与产品销售量之间的相关关系。

复相关又称为多元相关,是指一个变量对两个或两个以上其他变量的相关关系。例如,商品的需求量与商品的价格、人们收入水平之间的相关关系。

在一个变量与两个或两个以上的变量相关的条件下,当假定其他变量不变时,其中两个变量的相关关系称为偏相关。例如,在假定商品价格不变的条件下,该商品的需求量与消费者收入水平的相关关系即为偏相关。偏相关是相关分析的基本内容。

阅读材料

不变价格

在统计工作中,计算不同时期的价值指标而采用的某一时期的价格称为不变价格。

用不变价格计算总产值和国民收入等指标,可以消除价格变动的影响,使不同时期的计算单位换算成统一的标准,以便对不同时期的生产规模和发展速度进行对比,以观察国民经济的发展变化情况。换算的方法一般是采用系数法,即在不变价格更替的年份里,将按两个不变价格计算的计算期的总产值加以对比,求得不变价格换算系数。例如,

$$换算系数 = \frac{按 1980 年不变价格计算的 1984 年总产值}{按 1952 年不变价格计算的 1984 年总产值}$$

用换算系数乘以计算期以前各年总产值,就换算成按现行不变价格计算的总产值。例如,按 1980 年不变价格计算的某年总产值,等于按 1952 年不变价格计算的某年总产值乘以换算系数。经换算后,各年工农业产品总产值就具有可比性。使用不变价格需要有一定的稳定性,但是随着生产的发展,新产品不断增加,价格水平变化较大,为了使不变价格能够比较准确地反映价格变动的实际情况,经过一段时间,不变价格也需重新规定。

中国工农业产品的不变价格,由国家统计局统一规定。第一个五年计划时期,采用

1952 年的全国平均价格为不变价格；1958—1970 年，采用 1957 年的全国平均价格为不变价格；1971—1980 年采用 1970 年的全国平均价格为不变价格；1981 年起又改用 1980 年全国平均价格为不变价格。

资料来源：阿里巧巧网。

9.1.3 相关分析的主要内容

相关分析就是用变量来表明现象间相互依存关系的密切程度和相关方向的一种统计分析方法。运用相关分析的目的在于对相关现象之间密切程度和变化规律有一个数量上的认识，以便对某种现象作出判断，并进行相关推算和预测。相关分析的内容大致可以归纳为以下几点。

(1) 确定现象之间相关关系的状态

进行相关分析之前，要根据相关知识对现象进行定性判断，判断现象之间是否存在相关关系，这是相关分析的基础环节。当确认现象之间具有相关关系后，才能运用相关分析方法进行定量分析，即通过编制相关表、绘制相关图及计算相关系数来研究相关关系所表现的状态。

(2) 确定现象之间相关关系的密切程度

由于现象之间的相关关系是一种不严格的数量关系，所以相关分析就是要从这种松散的数量关系中判断其相关关系的密切程度和方向。只有当相关关系的密切程度达到一定的标准时，对其研究才具有实际意义。测定相关关系密切程度的主要方法是计算相关系数或相关指数。

(3) 建立相关变量之间的数学表达式

把相关变量之间的变化用数学表达式进行表达，目的在于根据已知的变量来推算未知的变量。如果现象之间表现为线性关系，就采用线性方程拟合；如果现象之间表现为曲线关系，就采用曲线方程拟合。数学表达式是进行判断、推算和预测的前提。

(4) 检验变量估计值的可靠程度

根据数学方程式进行预测，实际上是用确定的函数关系表达不确定的相关关系，必然存在估计值与实际值之间的误差。这种误差越小，估计值的可靠程度越高；反之，估计值的可靠程度越低。

 课堂练习与活动

请判断下列现象之间的相关类型。
① 工资与其受教育程度、职称、职务。
(单相关/复相关、线性相关/曲线相关、正相关/负相关)

② 商品销售价格与商品销售量。
(单相关/复相关、线性相关/曲线相关、正相关/负相关)
③ 家庭总收入与其日用品消费额。
(单相关/复相关、线性相关/曲线相关、正相关/负相关)

9.2 相关分析

相关分析是分析现象之间相互关系的统计分析方法之一。现象的数量之间是否存在相关关系、相关关系的密切程度如何，可以通过编制相关表、绘制相关图及计算相关系数来判断。

9.2.1 相关表

相关表是一种反映变量之间相关关系的统计表。通过相关表可以初步判断相关关系的形式、密切程度和相关方向，它是相关分析的原始数据。根据资料是否分组，相关表可以分为简单相关表和分组相关表。

1. 简单相关表

简单相关表是资料未经分组的相关表，它是先把某一变量的变量值按从小到大的顺序排列，然后再将与其相关的另一变量的变量值平行排列而形成的表格。

【例9-1】 为研究某市工业企业产量和单位成本的关系，调查并搜集12家同类企业的原始资料如表9-1所示。

表9-1 某市12家同类企业产量和单位成本调查资料

产量/件	30	40	30	50	40	50	80	80	60	70	50	60
单位成本/元	17	16	16	16	15	15	13	13	15	14	15	14

根据上述资料，编制简单相关表如表9-2所示。

表9-2 某市12家同类企业产量和单位成本的简单相关表

产量/件	30	30	40	40	50	50	50	60	60	70	80	80
单位成本/元	17	16	15	16	15	15	16	15	14	14	13	13

从表9-2中可以直观发现，随着产量的增加，单位成本有降低的趋势。尽管在同样产量的情况下，单位成本存在差异，但是仍然可以体现产量和单位成本之间存在一定的相关关系。

2. 分组相关表

分组相关表是指将原始资料按某一变量的变量值进行统计分组，并计算相对应的变量值的平均数以后整理形成的表格。

【例 9-2】 以表 9-1 为例，编制分组相关表。

按产量分组编制的分组相关表如表 9-3 所示。

表 9-3　某市 12 家同类企业按产量分组编制的分组相关表

产量/件	企业数	平均单位成本/元
30	2	16.5
40	2	15.5
50	3	15.3
60	2	14.5
70	1	14.0
80	2	13.0

将分组相关表与简单分组表对比，很容易发现分组相关表能更清晰地反映两个变量之间的相关关系。从表 9-3 中可以看出，产量每增加 10 件，平均单位成本大致降低均等的量（约 1 元），由此可以初步判断产量与单位成本之间存在线性正相关关系。

在多数情况下，通过相关表不能清晰地反映两个变量之间相关关系的形式，因此还需要利用相关表的资料进一步绘制相关图。

阅读材料

2016 年上半年我国省（区、市）城镇居民人均收入排行榜（前 20 名）

表 9-4 是 2016 年上半年我国省（区、市）城镇居民人均收入排行（前 20 名）情况。

表 9-4　2016 年上半年我国省（区、市）城镇居民人均收入排行榜（前 20 名）

编号	省（区、市）	人均收入/元
1	上海	29 030
2	北京	28 448
3	浙江	24 519
4	江苏	20 925
5	天津	19 786

续表

编号	省（区、市）	人均收入/元
6	广东	19 777
7	福建	19 267
8	山东	16 965
9	内蒙古	16 339
10	重庆	15 569
11	湖北	14 967
12	湖南	14 825
13	安徽	14 542
14	四川	14 308
15	海南	14 265
16	陕西	14 154
17	云南	14 151
18	广西	14 024
19	江西	13 716
20	河北	13 585

资料来源：新华网。

9.2.2 相关图

相关图又称散点图，是指在直角坐标系中，将两个变量间相对应的变量值用坐标点的形式描绘出来，以表明相关点分布状况的图形。通过相关图可以直观反映现象变量间的相关性质和相关方向，为进一步进行相关分析提供了必要条件。

(1) 完全正线性相关

当变量 X 的数值增大时，变量 Y 的值也随之增大，相关点的分布呈直线状，反映这两个变量之间是完全正线性相关，如图 9-1 所示。

(2) 完全负线性相关

当变量 X 的数值增大时，变量 Y 的数值随之减少，相关点的分布呈直线状，反映这两个变量之间是完全负线性相关，如图 9-2 所示。

(3) 正相关

当变量 X 的数值增大时，变量 Y 的数值也随之增大，但相关点的分布比较分散，反映这两个变量之间是正相关，如图 9-3 所示。

(4) 负相关

当变量 X 的数值增大时，变量 Y 的数值随之减少，但相关点的分布比较松散，反映这两个变量之间是负相关,如图 9-4 所示。

(5) 非线性相关

图形中各相关点的分布呈曲线状,反映变量之间是非线性相关,如图 9-5 所示。

(6) 不相关

图形中各相关点很分散,反映变量之间没有相关关系,如图 9-6 所示。

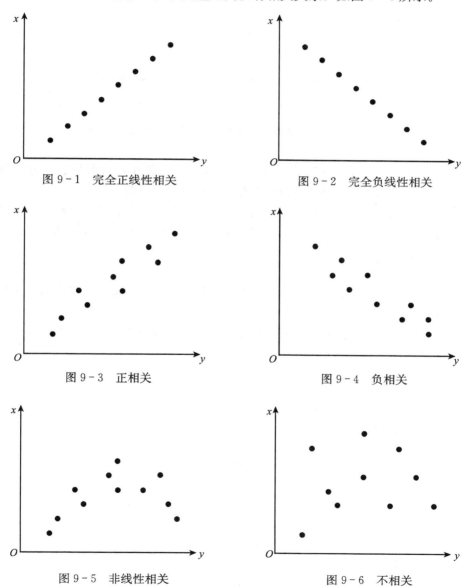

图 9-1 完全正线性相关　　图 9-2 完全负线性相关

图 9-3 正相关　　图 9-4 负相关

图 9-5 非线性相关　　图 9-6 不相关

根据表 9-3 的资料可以绘制相关图,如图 9-7 所示。

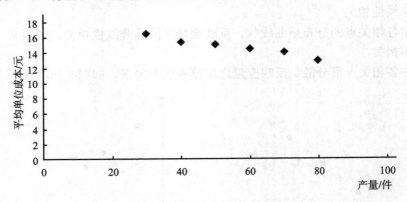

图 9-7 某市 12 家同类企业产量与平均单位成本的相关图

从图 9-7 中可以看出:产量值越大,平均单位成本越小,近似地表现为直线下降趋势,由此可以判断产量与平均单位成本存在完全负线性相关关系。

相关图可以直观地反映变量变动之间是否存在相关关系及相关的方向,但无法反映变量在数量上相关程度的高低。要从数量上来测定相关的程度,只能借助于相关系数。

9.2.3 相关系数

相关系数是在线性相关条件下,测定两个变量之间相关关系密切程度的统计分析指标,通常用 r 表示。

计算相关系数最简单的一种方法是积差法,它是用两个变量的协方差与其标准差的乘积之比来计算的。计算公式为

$$r = \frac{\sigma_{xy}^2}{\sigma_x \sigma_y}$$

相关系数由以下三部分组成。

X 变量的标准差

$$\sigma_x = \sqrt{\frac{\sum (x - \overline{x})^2}{n}}$$

Y 变量的标准差

$$\sigma_y = \sqrt{\frac{\sum (y - \overline{y})^2}{n}}$$

X、Y 的协方差

$$\sigma_{xy}^2 = \frac{\sum (x - \overline{x})(y - \overline{y})}{n}$$

$$r = \frac{\sum(x-\bar{x})(y-\bar{y})}{\sqrt{\sum(x-\bar{x})^2}\sqrt{\sum(y-\bar{y})^2}}$$

运用积差法公式，需要先计算平均数，再求离差平方，很复杂，而且当平均数有除不尽的小数时，容易影响计算数字的准确性。所以在实际问题中，可以将上述公式转化为直接运用原始资料的简捷法计算。计算公式为

$$r = \frac{n\sum xy - \sum x \sum y}{\sqrt{n\sum x^2 - (\sum x)^2}\sqrt{n\sum y^2 - (\sum y)^2}}$$

运用简捷法公式，只需要计算 x^2、y^2、xy，整个计算过程比较简捷和准确。

相关系数的取值范围是：$-1 \leqslant r \leqslant 1$，即 r 的取值介于 -1 与 1 之间。当 $r>0$ 时，表示正相关；当 $r<0$ 时，表示负相关。当 r 的数值越接近 ± 1 时，相关关系越强；当 r 的数值越接近 0 时，相关关系越弱。当 $r=1$ 或 $r=-1$ 时，表示两个变量完全线性相关。当 $r=0$ 时，表示两个变量不存在线性关系，但并不意味它们之间不存在其他类型的关系。当 $0<|r|<1$ 时，表示 X 与 Y 存在一定的线性相关，一般分为四个等级，判断标准如下：

若 $0<|r|\leqslant 0.3$，表明 X 与 Y 为微弱相关；
若 $0.3<|r|\leqslant 0.5$，表明 X 与 Y 为低度相关；
若 $0.5<|r|\leqslant 0.8$，表明 X 与 Y 为显著相关，又称中度相关；
若 $0.8<|r|<1$，表明 X 与 Y 为高度相关。

【例 9-3】 以表 9-5 的资料为例，计算某企业生产性固定资产平均价值与总产值之间的相关程度。

表 9-5 某企业生产性固定资产平均价值与总产值资料

单位：百万元

年 份	生产性固定资产平均价值 x	总产值 y	xy	x^2	y^2
2007	2	6	12	4	36
2008	3	6	18	9	36
2009	4	8	32	16	64
2010	5	11	55	25	121
2011	6	13	78	36	169
2012	8	16	128	64	256
2013	9	10	90	81	100
2014	10	12	120	100	144
2015	12	15	180	144	225

续表

年 份	生产性固定资产平均价值 x	总产值 y	xy	x^2	y^2
2016	13	17	221	169	289
合 计	72	114	934	648	1 440

从表 9-5 中可知

$$n=10, \sum x=72, \sum y=114, \sum xy=934, \sum x^2=648, \sum y^2=1\,440$$

将数据代入简捷法公式得

$$r = \frac{n\sum xy - \sum x \sum y}{\sqrt{n\sum x^2 - (\sum x)^2}\sqrt{n\sum y^2 - (\sum y)^2}}$$

$$= \frac{10 \times 934 - 72 \times 114}{\sqrt{(10 \times 648 - 72^2) \times (10 \times 1\,440 - 114^2)}} = 0.839$$

由此可以判断：生产性固定资产平均价值与总产值之间存在高度正相关关系。

课堂练习与活动

若产品的销售量和单位产品成本的相关系数为 -0.90，产品的销售量和销售费用的相关系数为 0.83，那么两者各是什么相关关系？哪一个相关程度高？

9.3 回归分析

通过相关分析，只能判断变量间相关的方向和程度，不能说明变量间的数量变动关系。为了补充相关分析的不足，人们经过多年的研究，确定了另外一种分析方法，即回归分析。

9.3.1 回归分析概述

1. 回归分析的含义

回归分析是指通过选择一个合适的数学表达式来表示具有相关关系变量间的数量变动关系，以进行估计或预测的一种统计分析方法。

在回归分析中两个变量不是对等的，进行回归分析时应先根据研究目的确定自变量（x）和因变量（y）。回归分析可以依据回归方程，用自变量的数值估计、推算因变量的数值。回归方程要求自变量是给定的数值，因变量是随机变量。将给定的自变量数值代入回归方程中，求出的因变量的估计值不是一个确定的数值，而是许多可能数值的平均数，因此可以计算估计值的标准误差。

2. 回归分析的种类

回归分析在研究变量间的数量变动关系时，可以按不同的标准进行分类。

（1）按自变量的多少不同，回归分析可分为一元回归分析和多元回归分析

一元回归分析是指研究一个因变量与一个自变量之间的相关关系的回归分析。多元回归分析是指研究一个因变量与多个自变量之间的相关关系的回归分析。

（2）按变量间的表现形式不同，回归分析可分为线性回归分析和非线性回归分析

线性回归分析是指回归方程的表现形式为一条直线的回归分析。如果研究的是一个因变量与一个自变量之间的线性相关关系，称为简单线性回归分析；如果研究的是一个因变量与多个自变量之间的线性相关关系，称为多元线性回归分析。

非线性回归分析是指回归方程的表现形式为一条曲线的回归分析。

本节重点介绍简单线性回归分析，它是回归分析的基础。

3. 回归分析与相关分析的关系

回归分析与相关分析是研究变量之间相互关系的两种统计方法，它们之间既有区别又有着密切的联系。

回归分析与相关分析的区别如下。

① 在相关分析中，两个变量处于平等的地位，没有自变量和因变量之分；在回归分析中，两个变量之间处于非平等地位，必须根据研究目的，确定自变量和因变量。

② 在相关分析中，自变量和因变量都是随机变量；在回归分析中，自变量是给定变量，因变量是随机变量。

③ 相关分析是通过相关系数来研究两个变量之间的密切程度；回归分析是在相关分析的基础上进行变量之间数量变化的分析，根据回归方程进行数量上的预测和控制。

回归分析与相关分析的联系：相关分析是回归分析的基础和前提，回归分析是相关分析的深入和继续；相关分析需要依靠回归分析来表明现象数量相关的具体形式，回归分析需要依靠相关分析来表明变量之间数量变化的相关程度。只有把两种关系结合起来，才能达到统计分析的目的。

9.3.2 简单线性回归分析

简单线性回归分析是回归分析中应用最广泛的分析方法。它是通过对具有相关关系的两个变量之间的数量变化进行测定，然后根据测定的数据拟合一条直线，用以估计和预测两个变量之间关系的统计方法。此时，拟合的直线称为回归直线，其方程称为线性回归方程。

线性回归方程的一般表现形式为

$$y_c = a + bx$$

式中，x 表示自变量；y_c 表示因变量的估计值；a 表示拟合直线的起点值，数学上称为截距；b 表示拟合直线的斜率，又称回归系数，其经济含义是当自变量增加一个单位时

因变量的平均增加（减少）量，其中，当 $b>0$ 时，表示增加，当 $b<0$ 时，表示减少。a 和 b 都是待定参数，要确定简单线性回归方程，必须首先确定回归参数 a 和 b。

在简单线性回归分析中，拟合一条什么样的直线来代表两个变量所有相关点的变动趋势是最关键的问题。数理统计知识证明，用最小平方法拟合的直线进行简单线性回归分析最合适，也最具有代表性。

设 $Q = \sum(y-y_c)^2 = $ 最小值，将 $y_c = a+bx$ 代入可得

$$Q = \sum(y-a-bx)^2 = 最小值$$

对其求偏导数可得

$$\begin{cases} \sum y = na + b\sum x \\ \sum xy = a\sum x + b\sum x^2 \end{cases}$$

经过整理可求得参数 a、b 的值为

$$\begin{cases} b = \dfrac{\sum xy - \dfrac{1}{n}\sum x \sum y}{\sum x^2 - \dfrac{1}{n}(\sum x)^2} \\ a = \dfrac{\sum y}{n} - b\dfrac{\sum x}{n} = \bar{y} - b\bar{x} \end{cases}$$

把两个变量的实际数值代入上式，可计算出简单线性回归方程中的待定参数 a、b，并将 a 与 b 的具体数值代入简单线性回归方程 $y_c = a+bx$，即可求出最合适的拟合直线。

【例 9-4】 以表 9-5 的资料为例，求出生产性固定资产平均价值与总产值的回归线性方程，并预测当生产性固定资产达到 14 百万元时，总产值能达到什么水平？

解 根据计算公式求出参数 a 和 b 得

$$b = \frac{\sum xy - \frac{1}{n}\sum x \sum y}{\sum x^2 - \frac{1}{n}(\sum x)^2} = \frac{934 - (72 \times 114)/10}{648 - 72^2/10} = 0.873$$

$$a = \frac{\sum y}{n} - b\frac{\sum x}{n} = \bar{y} - b\bar{x} = \frac{114}{10} - 0.873 \times \frac{72}{10} = 5.11$$

线性回归方程为

$$y_c = a + bx = 5.11 + 0.873x$$

当生产性固定资产达到 14 百万元时，即 $x=14$，代入线性回归方程得

$$y_c = a + bx = 5.11 + 0.873x = 5.11 + 0.873 \times 14 = 17.33（百万元）$$

即当生产性固定资产达到 14 百万元时，总产值能达到 17.33 百万元。

9.3.3 估计标准误差

通过简单线性回归分析建立的回归方程模型，是应用"离差平方和最小"拟合出来的，回归直线反映了两个变量之间的平均趋势。各实际观测点围绕着此回归直线分布，如果各观测点离回归直线较近，说明回归直线代表性较高；如果各观测点离回归直线较远，说明回归直线代表性较低。回归方程的代表性如何，一般是通过估计标准误差来检验的。

估计标准误差是指因变量实际值（y）与估计值（y_c）离差的平均值。其计算原理与标准差基本相同，计算公式为

$$S_y = \sqrt{\frac{\sum(y-y_c)^2}{n-2}}$$

式中，S_y 表示估计标准误差；y 表示实际值；y_c 表示按线性回归方程计算所得的估计值；n 表示期数。

将 $y_c = a + bx$ 代入上式，并进行数学处理，可得出简便公式为

$$S_y = \sqrt{\frac{\sum y^2 - a\sum y - b\sum xy}{n-2}}$$

【例 9 - 5】 根据表 9-5 的资料，计算估计标准误差。

$$S_y = \sqrt{\frac{\sum y^2 - a\sum y - b\sum xy}{n-2}} = \sqrt{\frac{1\,440 - 5.11 \times 114 - 0.873 \times 934}{10-2}} = 2.293 \text{（百万元）}$$

估计标准误差为 2.293 百万元。

在回归分析中，估计标准误差的作用主要体现在两个方面：一是可以测定以回归直线为中心的各观测点的分布情况；二是可以说明回归方程代表性的大小。

课堂练习与活动

已知 $n=10$，$\sum x = 57$，$\sum y = 12$，$\sum x^2 = 393$，$\sum y^2 = 18$，$\sum xy = 85$。要求：（1）计算相关系数；（2）建立线性回归方程；（3）计算估计标准误差。

案例分析

为了研究某市家庭收入与家庭支出的关系，通过抽样调查获得了10个社区的月收入与月平均支出的资料如表 9-6 所示。以月收入为自变量，月平均支出为因变量。

表 9-6　10 个社区月收入与月平均支出资料表

单位：元

月收入	1 500	1 890	2 300	1 200	1 050	2 180	1 120	2 450	1 760	1 530
月平均支出	1 420	1 780	2 260	1 150	980	2 000	1 000	2 370	1 690	1 470

根据以上资料，计算和分析下列问题：

（1）10 个社区的月收入与月平均支出是否存在相关关系？相关程度如何？

（2）对两个变量建立回归方程，并解释 b 值的经济含义。

分析：

从上述资料来看，10 个社区月收入与月平均支出是否存在相关关系，可以先编制相关表，从中观察两个变量之间变动的方向和变动的量。如果存在相关关系，就必须计算相关系数进行定量分析，在此基础上建立线性回归方程。

（1）编制相关表观察两个变量之间变动的方向和变动的量（见表 9-7）。

表 9-7　10 个社区月收入与月平均支出相关表

单位：元

序号	月收入	月平均支出
1	1 050	980
2	1 120	1 000
3	1 200	1 150
4	1 500	1 420
5	1 530	1 470
6	1 760	1 690
7	1 890	1 780
8	2 180	2 000
9	2 300	2 260
10	2 450	2 370

从表 9-7 中可以看出：10 个社区随着月收入的增加，月平均支出也随着增加，可见两个变量之间存在相关关系。相关程度的高低，需要计算相关系数，如表 9-8 所示。

表 9-8　10 个社区月收入与月平均支出相关系数计算表

单位：元

序号	月收入 x	月平均支出 y	xy	x^2	y^2
1	1 050	980	1 029 000	1 102 500	960 400
2	1 120	1 000	1 120 000	1 254 400	1 000 000

续表

序 号	月收入 x	月平均支出 y	xy	x^2	y^2
3	1 200	1 150	1 380 000	1 440 000	1 322 500
4	1 500	1 420	2 130 000	2 250 000	2 016 400
5	1 530	1 470	2 249 100	2 340 900	2 160 900
6	1 760	1 690	2 974 400	3 097 600	2 856 100
7	1 890	1 780	3 364 200	3 572 100	3 168 400
8	2 180	2 000	4 360 000	4 752 400	4 000 000
9	2 300	2 260	5 198 000	5 290 000	5 107 600
10	2 450	2 370	5 806 500	6 002 500	5 616 900
合 计	16 980	16 120	29 611 200	31 102 400	28 209 200

10 个社区月收入与月平均支出的相关系数为

$$r = \frac{n\sum xy - \sum x \sum y}{\sqrt{n\sum x^2 - (\sum x)^2}\sqrt{n\sum y^2 - (\sum y)^2}}$$

$$= \frac{10 \times 29\ 611\ 200 - 16\ 980 \times 16\ 120}{\sqrt{10 \times 31\ 102\ 400 - 16\ 980^2}\sqrt{10 \times 28\ 209\ 200 - 16\ 120^2}}$$

$$= 0.997$$

通过计算相关系数可以看出，10 个社区月收入与月平均支出呈高度线性正相关关系。

(2) 对 10 个社区月收入与月平均支出建立线性回归方程：

$$y_c = a + bx$$

利用公式求出 a 和 b 两个参数：

$$b = \frac{\sum xy - \frac{1}{n}\sum x \sum y}{\sum x^2 - \frac{1}{n}(\sum x)^2} = \frac{29\ 611\ 200 - \frac{1}{10} \times 16\ 980 \times 16\ 120}{31\ 102\ 400 - \frac{1}{10} \times 16\ 980^2} = 0.986$$

$$a = \frac{\sum y}{n} - b\frac{\sum x}{n} = \frac{16\ 120}{10} - 0.986 \times \frac{16\ 980}{10} = -62$$

将求出的 a 和 b 代入线性回归方程得

$$y_c = a + bx = -62 + 0.986x$$

从方程中可以看出，$b = 0.986$ 表示月收入每增加 1 元，月平均支出增加 0.986 元。

本章知识结构

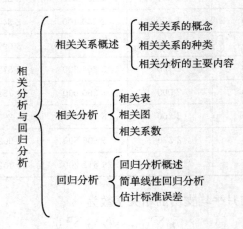

能力训练题

一、单项选择题

1. 在计算相关系数时,首先应对两个变量进行(　　)。
   A. 定性分析　　　B. 定量分析　　　C. 回归分析　　　D. 因素分析

2. 在相关分析中,由于两个变量的关系是对等的,因而变量 x 与 y 相关和变量 y 与 x 相关是(　　)。
   A. 同一问题　　　　　　　　　　B. 完全不同的问题
   C. 有时相同,有时不同的问题　　D. 有一定联系,但意义不同的问题

3. 确定回归方程时,对相关的两个变量的要求(　　)。
   A. 都是随机变量　　　　　　　　B. 都不是随机变量
   C. 只需因变量是随机变量　　　　D. 只需自变量是随机变量

4. 年劳动生产率 x(千元)和职工工资 y(千元)之间的线性回归方程为 $y = 10 + 70x$。这意味着年劳动生产率每提高 1 千元时,职工工资平均(　　)。
   A. 增加 70 元　　　　　　　　　B. 减少 70 元
   C. 增加 80 元　　　　　　　　　D. 减少 80 元

5. 合理施肥量与农作物亩产量之间的关系是（　　）。
   A. 函数关系　　　　　　　　　B. 单向因果关系
   C. 互为因果关系　　　　　　　D. 严格的依存关系
6. 相关关系是指变量之间（　　）。
   A. 严格的关系
   B. 不严格的关系
   C. 任意两个变量之间关系
   D. 有内在关系但不严格的数量依存关系

二、判断题

1. 如果变量 X 与 Y 的相关系数 $r=0$，说明二者之间不存在相关关系。（　　）
2. 一般来说，两个变量之间的相关系数值越大，相关程度越高；相关系数值越小，相关程度越低。（　　）
3. 当两个变量之间的相关系数 $r=-0.985$ 时，说明这两个变量的相关程度很低。（　　）
4. 某企业职工的平均工资与劳动生产率之间的相关系数为 1.08。（　　）
5. 在相关分析中，要求变量 X 和 Y 都是随机变量，而在回归分析中，则要求 X 为非随机变量。（　　）
6. 相关系数是测定两个变量之间相关关系密切程度的唯一方法。（　　）
7. 甲产品的产量与单位成本的相关系数是 -0.9，乙产品的产量与单位成本的相关系数是 0.8，因此乙比甲的相关程度高。（　　）
8. 零相关就是不相关。（　　）
9. 两个变量中不论假定哪个变量为自变量 x，哪个为因变量 y，都只能计算一个相关系数。（　　）

三、填空题

1. 在线性回归方程中，若已知 $n=20$，$\sum y=1\,200$，$\sum x=320$，$b=12.5$，则 $a=$（　　）。
2. 若两个随机变量 X 和 Y 的协方差为 270，变量 Y 的方差为 260，变量 X 的方差为 340，则 X 和 Y 的相关系数为（　　）。
3. 若已知 $n=5$，$\sum x=15$，$\sum y=158$，$\sum xy=506$，$\sum x^2=55$，则线性回归方程 $\hat{y}=$（　　）。
4. 完全相关关系即为（　　）关系，其相关系数 $r=$（　　）。

四、实训题

1. 为研究某商品的月需求量和价格之间的关系，随机抽取了 10 个家庭进行分析，资料如表9-9所示。

表9-9　10个家庭某商品月需求量和价格调查表

家庭编号	需求量/千克	价格/元
1	4	8
2	6.5	5
3	6	5
4	5.7	5.3
5	5.4	5.5
6	5.5	5.6
7	5	5.8
8	4.5	6
9	4.2	6.3
10	4.2	6.5

实训要求：
(1) 编制商品月需求量与价格的相关表。
(2) 绘制散点图。
2. 某企业某种产品的产量与单位成本的资料如表9-10所示。

表9-10　某企业某种产品的产量与单位成本资料

月　份	产量/件	单位成本/（元/件）
1	42	83
2	38	82
3	49	81
4	52	79
5	50	80
6	55	75
7	54	76
8	53	77
9	56	74
10	43	83
11	48	81
12	57	70

实训要求：计算相关系数并判断其相关方向和程度。
3. 某市10个企业生产某种产品的月产量与生产费用资料如表9-11所示。

表 9-11 某企业生产某种产品的月产量与生产费用资料

企业编号	月产量/吨	生产费用/万元
1	4	72
2	4	96
3	5.1	90
4	5.8	120
5	7	125
6	8.1	142
7	9.2	145
8	10	170
9	11	176
10	13	183

实训要求：

(1) 建立线性回归方程（以月产量为自变量），并解释 b 的经济含义。

(2) 假定月产量为 15 吨时，估计生产费用为多少元？

(3) 计算估计标准误差。

五、思考题

1. 相关关系与函数关系有何不同？
2. 判断现象的数量之间是否存在相关关系，可以通过什么方法来实现？
3. 相关关系有哪些种类？
4. 相关系数怎样计算？如何利用相关系数的取值判断变量之间的相关方向和密切程度？
5. 计算相关系数最简单的一种方法是什么？
6. 回归分析与相关分析有何区别？
7. 线性回归方程 $y_c = a + bx$ 中，待定参数 a、b 是怎样求的？具有什么经济意义？
8. 回归方程的代表性如何？一般是通过什么来检验的？

第10章 统计综合分析

> **学习目标**
>
> 统计综合分析是统计工作的最高阶段,是统计工作的决定性环节。通过本章的学习,掌握综合统计分析的程序和方法,明确统计分析报告的特点及其一般结构,初步掌握统计分析报告的写作技巧,提高分析问题的能力。

10.1 统计综合分析概述

10.1.1 统计综合分析的概念、作用和特点

1. 统计综合分析的概念

统计综合分析是指根据分析研究的目的,运用统计方法,以统计资料为依据,结合具体情况,定性与定量相结合,对社会经济现象总体的规模、水平、速度、质量等方面作出系统的分析研究,阐明问题产生的原因,揭示事物之间的内在联系,从而认识事物的本质和发展规律的一种统计分析方法。统计综合分析是统计工作的重要内容,是充分发挥统计信息、咨询和监督的全部职能作用的一项重要工作,特别是对一个国家(或地区)、部门进行统计综合分析和评价,对把握宏观经济发展态势、制定正确的方针、政策等具有重要意义。

现实社会经济活动中,如果需要对某客观现象进行综合分析,一般会用多个指标组成的指标体系进行综合分析。例如,影响消费者选购电视机品牌的主要因素有:价格、耐用时间、耗电量、外观、售后服务等。所以,在评价消费者对某型号、某品牌电视机的满意度时,就需要对以上各个指标进行综合分析。

2. 统计综合分析的作用

统计综合分析的作用有以下两个方面。

（1）统计综合分析可以对客观事物进行综合评价和认识

统计综合分析是采取多指标综合的评价方法，即通过将事物不同角度观察的评价指标综合在一起，实现对事物综合性的认识。例如对企业进行效益考核评价时，就需要将企业的主要经济指标，如劳动消耗的效益、资金使用的效益、投资效果效益等，运用某种综合评价分析的方法进行综合分析，最后获得对企业经济效益状况的总体评价。

（2）统计综合分析可以实现不同国家、不同地区、不同单位之间的综合对比分析

如果需要对不同地区或单位之间的综合评价结果进行比较分析，就必须运用统计综合分析方法。例如，可以运用统计综合评价方法进行国家之间综合国力的比较。

3. 统计综合分析的特点

统计综合分析与其他分析方法相比较，具有数量性、综合性和相对性的特点。

（1）数量性

数量性是统计综合分析区别于其他分析方法的显著特征。虽然在分析研究时要以定性分析为基础，但其目的还是进行定量分析，是通过定性的界定来研究事物的数量表现。同时，在分析时也常常将客观事物的性质区别过渡到数量的差异，使通过事物的数量表现对被研究现象的总体进行更深刻、更全面的认识，以综合掌握和评价事物的联系和变化过程。

（2）综合性

统计综合分析除了具有多因素、多层次的综合性以外，其评价方法本身就具有综合性特征。在进行综合分析时不局限在统计分析方法的应用，还综合应用如系统工程学、计量经济学等学科中的方法，以便更科学、更公正、更客观地评价被研究现象。

（3）相对性

统计综合分析的结果具有相对性，并不是绝对的结论。统计综合分析采用相应的数学模式、计量方法，取得的结果用数值表示，但这些数据只有相对意义。综合分析的结果一般适用于性质相同的客观事物之间的比较或排序。另外，采取不同的分析结果也有可能得出不同的结论。

需要指出的是，上述综合统计分析的概念、作用和特点是针对统计综合分析的实践活动而言的。统计学中所阐述的统计综合分析是以统计数据为基础，采取定性分析和定量分析相结合，综合运用多种方法，对客观事物进行分析研究，是认识事物本质和规律性的方法论。

10.1.2 统计综合分析的种类

根据任务和研究重点的不同,统计综合分析可分为以下 4 种。

1. 专题性分析

专题性分析是就社会经济现实状况某一方面或某一问题而进行的专题调查的研究分析。专题性分析的范围虽然可以是一个部门,题目可大也可小,内容可多也可少,但是一般都强调内容的专门性、形式的多样性、表达的灵活性和剖析的深刻性。这种分析一般不受时间和空间的限制,要求分析研究具有针对性,单刀直入,深刻解剖,摆观点、揭矛盾、提建议。这种分析最忌面面俱到,泛而不专。这种分析同其他分析相比,目标更集中,重点更突出,认识更深刻,是统计综合分析中最常用的一种分析。

2. 总结性分析

总结性分析是从多方位和一定过程的角度进行综合研究,其主要特点是全面性、系统性和综合性。例如,对微观企业的人、财、物、供、产、销运营情况进行综合分析。此种分析的目的是对全局作出总评价,反映总变动趋势,从错综复杂的联系和发展中揭示存在的主要问题,找出原因,探寻对策。分析过程要求实事求是,正确总结,科学评价,切不可浮夸虚假。

3. 进度性分析

进度性分析是从事物发展的历程角度进行的分析,如生产进度、工程进度、工作进程等分析。进度性分析分为一般性进度分析和战略性进度分析两种。前者主要是就各级领导关心和社会敏感性很强的问题进行分析;后者主要是就影响全局未来发展的、较大的趋势性问题进行研究。进度性分析有很强的时效性,最忌讳"雨后送伞"。

4. 预测决策性分析

预测决策性分析是在分析历史和现实的基础上,运用统计预测方法,对所研究事物的未来发展趋势作出的科学判断和定量预测。预测的目的是增强预见性。预测决策性分析的要求是:赖以预测的基础数据要准确,进行预测计算时要定量分析与定性分析紧密结合,提出预测的分析结果具有置信区间和可信度。在进行预测分析的基础上,进行一定的决策分析,为实施正确决策提供参考依据。

10.1.3 统计综合分析的一般方法

统计的各种方法已在有关章节阐述,下面从综合运用各种方法的角度作简要概述。

1. 统计综合分析中多层次、多种方法的综合运用

这是指分析方法的多层性问题,它并非分析阶段所特有的,但在分析阶段,这个问题特别重要,必须正确认识和运用。

① 使用最高层次的哲学方法,即唯物辩证法。在统计分析阶段它不仅直接发生作用,而且对于统计分析特有方法的选择、确定和使用起着指导作用。这就是说,统计分

析必须在哲学方法指导下进行。

② 使用一般性的科学方法，如数学方法、社会调查研究方法、系统工程方法等。这些方法的结合运用会扩展统计综合分析的领域，保证统计综合分析的质量，提高统计综合分析的水平。

③ 使用统计综合分析所特有的方法，即对于社会经济总体的数量方面的分析方法。统计综合分析不是封闭的，而是开放的，只要有助于社会经济总体数量方面的分析，不论属于哪门科学，都可引用。

2. 问题与方法的交错性

统计综合分析中所要研究的是统计综合分析的问题，如现状分析、历史分析、预测决策分析。分析所应用的手段，则是指分析的方法。问题与方法是交错的，一个问题可以用多种方法来分析，一种方法可以应用于多种问题的分析研究。在统计综合分析中，要善于运用多种方法。

3. 统计综合分析中质与量的结合

统计综合分析中质与量的结合即定性与定量的结合，它贯穿于统计的全过程，但各个阶段各有侧重。统计工作中的统计设计阶段，是从定性到定量的过渡，即设计统计指标和统计分组的质规定性和量化方法；统计整理阶段，是从采集的个体的数字资料中整理出反映总体的数值，达到对总体现象的与定性相结合的定量认识；统计分析阶段，则是在取得大量统计资料的基础上，通过进一步的质与量相结合的分析，达到对事物更深刻的认识。

统计综合分析中质与量的结合主要有以下几个方面。

(1) 从量变到质变分析中的质与量的结合

研究事物从量变到质变问题，首先要从定性分析入手，明确有关事物的含义，即质的规定性。例如，研究人民生活水平由贫困变为温饱再变为小康的问题，首先要明确贫困、温饱、小康、粗放型、集约型等概念的含义，然后根据科学的含义，从有关的事物中筛选出具有代表性的若干指标，再搜集这些指标的具体数字，并且采用必要的方法进行分析，得出结论性意见。定量研究的结果反过来又可以深化对事物的定性认识。

(2) 从现象到原因分析中的质与量的结合

分析事物的变化，不论是一般的量的变化，还是达到质变关节点的变化，都是回答"是什么"的问题。但是，这远远不够，统计综合分析还必须探讨"为什么"的问题，即分析其发生的原因。这是一个从表面现象认识逐步向实质性认识发展的过程。

(3) 从原因到决策分析中的质与量的结合

在对社会经济现象产生的原因进行分析之后，还要进行决策分析。这就是说在回答了"为什么"之后，还要回答"怎么办"的问题。这是一个从事物现状的认识到改造事物的认识逐步深化的过程，而改造事物是为了推动它发生符合决策目标的量的变化或质的变化。

(4) 统计综合分析结果得出正确判断的质与量的结合

统计综合分析要通过多层交叉比较研究的方法,对所分析的事物作出正确判断。这同样要定性分析与定量分析相结合,反复思考和认识研究。在这个问题上要注意:统计综合分析结果的判断要有科学的理论指导;综合分析结果的正确判断要掌握适当的度;综合分析结果的正确判断要置于系统之中。

10.1.4　统计综合分析的程序

统计综合分析从选题到写出报告,一般程序是:选择并确定研究课题;课题研究的设计;采集、积累与鉴别资料;运用各种方法进行系统周密的分析;得出结论,提出建议;根据分析结果形成分析报告。

(1) 选择并确定研究课题

统计综合分析要有针对性,这是进行统计综合分析首先需要解决的问题,它集中体现在研究课题上。研究课题体现着研究目的和所要分析的问题。所以,选择并确定课题是统计综合分析的初始环节,是课题研究设计的前提。

研究课题的选择与确定是否恰当直接影响统计综合分析的效果。研究课题要从实际出发,根据客观需要来选择和确定。选择和确定的课题,应当是关键问题,并且要有相当的预见性,能超前提出即将出现的问题。具体来说有多种渠道、多方面来源,既可以根据党和政府在各时期的方针、政策和工作重心的要求,选择领导关心的问题,也可根据生产经营管理工作中的难点来选择问题;既可选择社会各界关注的热点、焦点和有争论的问题,也可选择改革、开放中出现的新情况、新问题。

在选题中要正确处理好需要与可能的关系。课题虽好,但尚无条件,可暂时不做;课题虽不太好,但已掌握材料,并能反映值得重视的问题,就可以做。前一种情况可积极创造条件,后一种情况可进一步努力提高质量。

(2) 课题研究的设计

选择并确定课题之后,接着就要设计课题研究的计划,这是统计综合分析的重要一环。课题研究的设计的内容一般包括:分析研究的目的、要求;课题研究的必要性和可行性;指导思想、理论、政策和法规依据;分析研究的内容纲目;分析研究所需资料及其来源;课题研究的实施步骤、方法与组织。课题研究设计是指导性文件,但在具体实施时并不是一成不变的,还要根据分析研究中所发现的新情况和新问题进行补充、修改。

(3) 采集、积累与鉴别资料

统计综合分析以统计数据资料为基础。因此,在选定课题并进行设计之后,就要采集足够丰富和充分可靠的资料。不仅要采集有关普查、抽样调查、重点调查的资料,还要进行科学推算;不仅要适当利用定期统计报表资料,还要积累有关会议文件、总结和简报资料;不仅要采集并积累平时掌握的比较丰富的系统的材料,还要根据需要，深入实际，深入群众，进行调查研究，掌握典型材料，补充新材料，探索解决矛盾的切实办法。采集、积累什么资料，主要取决于研究课题的内容和所涉及的领域。有的主要是本单位、本地区或本国的资料，有的则要用到外单位、外地区或外国的资料。

由于所采集和涉及的资料不同、来源各异，从而资料的总体范围、指标口径、计算方法、准确程度等都会有差别，这就需要对资料进行审查和鉴别。对所采集的资料要进行质量评价，根据需要决定取舍，并进行调整、估计和换算。特别是在利用外国资料和历史资料时，要特别注意资料的范围、口径、计算方法，各自的条件如何，要根据具体情况进行必要的调整、换算，否则就会导致结论错误。

对经过审查、鉴别、调整、换算的资料，要根据课题研究设计需要，进一步加工整理，使其成为系统、完整的资料，以提供分析研究的直接依据。

（4）运用各种方法进行系统周密的分析

这是统计综合分析中最重要的环节，它是依据经过鉴别、整理的资料，进行刻苦、细致的思考和系统周密分析的过程。进行系统周密的分析，要运用各种统计方法，如分组法、综合指标法、时间数列法、指数法、抽样推断法、相关分析法与回归分析法、预测估算法等。这些方法中既有静态分析，又有动态分析；既有描述方法，又有推算方法；既有实际的剖析，又有预测分析。方法是达到目的的手段，了解并掌握每种方法的作用、应用条件和实施过程，对于搞好统计综合分析十分重要。这些方法已在有关章节讲述了，这里不再赘述。但从系统周密分析角度，从总体上研究其运用问题则十分必要。

① 要根据所研究对象的特点和分析研究的任务来选用适当的有效方法，它既可以是几种方法的有机结合，也可以是多种方法的综合运用。

② 从各种方法的特点出发，灵活运用比较和对照，既可进行纵向对比，也可进行横向比较。综合分析错综复杂的现象并进行对比时，要注意比得合理、比得恰当、比得有效。

③ 从统计认识活动的总任务出发，深刻认识事物的本质和规律性，把比较法、剖析法、分解法结合起来。为了认识事物的本质，要进行比较对照，层层剖析，细细分解，以便揭露矛盾，抓住症结。

④ 运用一般分析方法进行逻辑推理和判断，准确分清一般与个别，正确划分正常与非正常、主要与次要、必然与偶然、系统与非系统，综合概括，作出正确的结论。

⑤ 在运用统计方法进行系统周密的分析时，切忌单纯地用统计方法反复计算纷繁的数字，就数字论数字，脱离实际，胡乱发表议论，而应当将数字与情况结合，将定量与定性结合，实事求是地下结论。

（5）得出结论，提出建议

这是系统周密分析的深化过程，也可以说是系统周密分析的结果。这一过程并非凭空臆想，而是以实际资料为依据，将丰富的感性资料加以去粗取精、去伪存真，由此及彼、由表及里地改造制作，形成概念和理论的系统，从感性认识上升到理性认识。在这个环节中一定要抓住主要矛盾，找出根本原因，透过现象看本质，通过数据的变化看趋势，得出结论，提出积极建议。

(6) 根据分析结果形成分析报告

这是统计综合分析的最后程序，分析报告是分析研究成果的集中表现。统计综合分析中，应根据研究目的和内容，采用灵活多样的形式来表现，以供有关方面使用或参考。一般来说，搞好统计分析的关键是真实丰富的材料、完整的内容和正确的观点，但恰当的表现形式也是统计分析发挥作用的重要方面。统计综合分析结果的表现形式有多种，其中分析报告是主要的。分析报告是写给别人看的，因而一定要认真考虑叙述的逻辑问题，写好分析报告。

10.1.5 统计比较

统计比较是统计综合分析的方法之一。

1. 统计比较的意义

统计比较是对被研究现象的总体规模的大小、发展水平的高低、发展速度的快慢及内部构成状况作出评价和判断，并研究事物之间的联系、结构和比例关系等。

统计比较是认识和分析社会经济现象的常用方法，其作用如下。

(1) 通过统计比较能认识总体的数量关系及差别

因为比较是同一定的标准或一定的参照物相联系进行的对比，在这样的对比中，通过分析研究总体数量的差别及其变化特征，可以得到若干综合性的、结论性的认识。一个单独的统计指标数据只能说明总体的实际数量状况，无法从中得到综合和更为深刻的认识。通过统计比较可以帮助人们作出评价和判断。

(2) 通过统计比较可以进行监督和检查

当研究某一总体（一个地区、一个单位）的发展状态并与历史的、计划规定的或者其他相关的标准进行比较，看其是否达到规定的要求或者期望的目标时，就是发挥统计比较在认识社会经济现象中的监督和检查作用。通过比较分析，如果出现偏差，可以及时纠正，以免造成更大的损失。

(3) 通过统计比较提高管理水平

虽然监督和检查也能加强管理，但是统计比较对管理水平的促进作用更为明显。一般来说，差异的出现是由于管理不到位或者管理制度的缺陷导致的，如果能及时地把各地区、各单位的具体指标进行比较，就能发现地区、单位之间的差距和不足，及时发现问题，以帮助管理者改善管理方式和提高管理水平。

2. 统计比较的分类

统计比较可以从不同的角度进行分类。

（1）按照比较的时间状况的不同，可分为静态比较和动态比较

静态比较就是横向比较，是对同一时期或时点条件下的不同总体之间的某一数量特征进行的比较，包括不同地区的比较、不同行业的比较、同一行业内不同企业之间的比较等，以反映地区之间、企业之间的差别。例如，某行业所属的各个企业之间的劳动生产率的比较或排序、各行业的平均劳动报酬的比较等。

动态比较也称纵向比较，是对同一总体的某项指标在不同时间上进行的比较，表示所研究的总体在时间上的发展变化状态和趋势。例如，把我国 2016 年国内生产总值与上年比较、把企业的劳动生产率与上年或者历史最高水平比较等。

在实际应用时，静态比较和动态比较既可以单独应用，也可以结合应用。

（2）按照比较方式的不同，可分为相对比较和相差比较

相对比较是将被研究对象与确定的比较标准相对比，比较的结果表现为相对数，一般用倍数、系数、成数等来表示。其结果表示相差的比率，是相对指标。

相差比较是将比较对象和比较的标准相减，其结果表示相差的绝对量。

在实际应用中，相对比较和相差比较要结合应用，这样对事物的认识才更加全面和完整。

（3）按照被比较对象范围的不同，可分为单项比较和综合比较

单项比较也称局部比较，是对比分析总体现象的某一方面、某一部分或者某一指标，根据比较分析的目的不同，可以是单独一项统计指标的比较，也可以是某一部分的若干指标联合起来的比较。例如，各个国家人均 GDP 的比较和排序、粮食总产量的比较和排序。

综合比较是指对整个总体的全部或者若干方面的全面综合评价和比较。例如，各个国家的综合社会经济发展情况的比较、各个国家综合国力的比较等。

3. 统计比较的标准

要进行统计比较，必须有比较的标准。根据研究目的的不同，有各种比较标准，常用的比较标准有如下几种。

（1）经验数据标准

经验数据标准是以对现象的长期观察和了解或者是对以往同类研究的经验积累的数据为标准进行比较。例如，我国多年来的 GDP 年增长率在 8% 左右、通常情况下的积累率为 25%～30% 等数据。在实际工作中可以将实际数据与相关的经验数据进行对比。

（2）理论数据标准

理论数据标准是在比较分析时，以根据有关科学理论确定的正常值、理论值作为比较标准。这种理论值不是经验数据，是根据基本理论计算出来的。

（3）时间数据标准

时间数据标准是在比较分析时以过去历史时间上的数据作为比较标准，来分析研究

现象本身的发展变化趋势。时间数据标准又分为前期数据标准、历史最高水平时期数据标准、历史转折时期的数据标准等。例如,为了说明我国改革开放以来取得的巨大成果,常常把1978年的经济指标数据作为比较标准。

(4) 空间数据标准

空间数据标准是以某一空间数据作为比较的标准。通常是将同一时间上的某项指标与其他系统、单位或地区的数据进行比较,目的是分析不同国家、不同单位、不同地区、不同系统之间的差距。空间数据标准有平均水平标准、先进水平标准、相似空间标准等。

平均水平标准是指以一定范围内的实际平均水平作为比较标准,比较的结果表示各个被比较单位与平均水平的差距。例如,研究分析我国人均GDP水平时,常以发展中国家人均GDP的平均水平为标准或者以发达国家的水平为标准,以反映我国人均GDP与发展中国家平均水平或者与发达国家的距离。

先进水平标准是指以一定范围内的最好水平作为比较标准,比较的结果反映与最好水平的差距,目的在于促进落后的单位或地区发展。

相似空间标准是指在比较分析时选择与被比较对象情况或条件大体相同的或相似的其他空间数据作为标准。例如,在分析我国农业生产状况时,可以选择同我国国情和自然条件基本相似的国家作为比较标准。

(5) 计划标准或者规定标准

计划标准或者规定标准是以下达的计划或者规定的指标数据作为比较的标准。例如,我国有关部门规定在"十二五"期间,工业企业能源消耗总量降低20%,所以在"十二五"期末考核企业是否完成能源降低的规定标准时,就以能源消耗是否降低20%为标准,如果不能达到20%,就没有完成能源降低计划。

以上的几种比较标准,是根据实际工作中的具体情况进行的归纳和分类,在实际应用时可以将这些标准结合使用,以便使比较分析的结果更加符合实际,从而实现对被研究现象的清晰、明了、全面的正确认识。

 课堂练习与活动

统计比较的标准有(　　)。
A. 经验数据标准　　B. 理论数据标准　　C. 时间数据标准
D. 空间数据标准　　E. 计划标准或规定标准

阅读材料

2016年1月份居民消费价格同比上涨1.8%

2016年1月,全国居民消费价格总水平同比上涨1.8%。其中,城市上涨1.8%,

农村上涨 1.5%；食品价格上涨 4.1%，非食品价格上涨 1.2%；消费品价格上涨 1.5%，服务价格上涨 2.2%。

1 月份，全国居民消费价格总水平环比上涨 0.5%。其中，城市上涨 0.5%，农村上涨 0.5%；食品价格上涨 2.0%，非食品价格上涨 0.2%；消费品价格上涨 0.6%，服务价格上涨 0.4%。

1. 各类商品及服务价格同比变动情况

1 月份，食品烟酒价格同比上涨 3.6%，影响 CPI 上涨约 1.07 个百分点。其中，鲜菜价格上涨 14.7%，影响 CPI 上涨约 0.37 个百分点；畜肉类价格上涨 10.8%，影响 CPI 上涨约 0.47 个百分点（猪肉价格上涨 18.8%，影响 CPI 上涨约 0.44 个百分点）；水产品价格上涨 2.7%，影响 CPI 上涨约 0.05 个百分点；粮食价格上涨 0.7%，影响 CPI 上涨约 0.02 个百分点；鲜果价格下降 6.8%，影响 CPI 下降约 0.12 个百分点；蛋价下降 3.9%，影响 CPI 下降约 0.03 个百分点。

1 月份，其他七大类价格同比五涨二降。其中，医疗保健、衣着、教育文化和娱乐、居住、生活用品及服务价格分别上涨 2.9%、1.9%、1.7%、1.4%、0.6%；交通和通信、其他用品和服务价格分别下降 1.6%、0.4%。

2. 各类商品及服务价格环比变动情况

1 月份，食品烟酒价格环比上涨 1.4%，影响 CPI 上涨约 0.42 个百分点。其中，鲜菜价格上涨 7.2%，影响 CPI 上涨约 0.19 个百分点；鲜果价格上涨 4.0%，影响 CPI 上涨约 0.06 个百分点；蛋价上涨 3.3%，影响 CPI 上涨约 0.02 个百分点；水产品价格上涨 2.3%，影响 CPI 上涨约 0.04 个百分点；畜肉类价格上涨 1.5%，影响 CPI 上涨约 0.07 个百分点（猪肉价格上涨 2.5%，影响 CPI 上涨约 0.07 个百分点）。

1 月份，其他七大类价格环比五涨一降一平。其中，其他用品和服务、教育文化和娱乐、医疗保健、居住、生活用品及服务价格分别上涨 0.7%、0.6%、0.3%、0.1%、0.1%；衣着价格下降 0.4%；交通和通信价格持平。

资料来源：国家统计局网站。

10.2 统计分析报告

10.2.1 统计分析报告概述

统计分析报告是指运用丰富的统计资料和科学的统计分析方法，用独特的表达方式和结构特点表现所研究事物本质和规律的一种应用文。

统计分析报告的特点如下。

(1) 运用系统的统计分析方法

统计分析报告是各种统计方法的综合应用，根据实际研究的需要可以同时应用动态分析法、对比分析法、指数分析法、因素分析法、相关和回归分析法、统计抽样推断法，全面、系统地分析研究社会经济现象的发展变化。

(2) 应用统计表和统计图来描述社会经济现象的发展变化状况

统计图、统计表是统计数据的生动表现，是统计分析最基本、最常用的方法。统计图、统计表反映问题更加生动、鲜明，若配以简练、生动的文字表述，则会使统计分析报告更加生动活泼。

(3) 注重定量分析为主、定性分析为辅

要注重从现象的数量方面来分析研究其发展规模、发展水平、结构比例、发展速度、质量和效益等，注意定量分析与定性分析的结合。

(4) 提出的方法和对策要具有实用性

统计分析报告是统计工作的最终成果，它根据统计数据所反映的信息，为未来的工作提供建议并作出预测和决策。因此，统计分析报告提出的预测方法和决策方法要具有较强的实用性，提出的建议要可行，不能脱离实际；要明确指出数据资料反映出来的问题，找出存在的原因。

因为统计分析报告一般是为了满足政府和社会各界了解社会经济形势、制定政策、编制计划、经济管理、检查监督、总结评比、科学研究等方面的实际需要，所以写好统计分析报告要坚持实用、实效和准确的原则。

10.2.2 统计分析报告的作用

(1) 统计分析报告是党政领导决策的重要依据

现代社会经济管理必须要有科学的决策，而科学的决策又必须依据准确和真实的统计数据。统计分析报告把原始资料信息加工成决策信息，它比一般的统计资料更能深入地反映客观实际，更便于党政领导和社会各界使用。因而，统计分析报告是党政领导决策的重要依据。

(2) 统计分析报告是衡量统计工作水平的综合标准

前面讲过统计分析报告是统计工作的最终成果，在一定意义上，也是统计设计、统计调查、统计整理、统计分析全部工作水平的综合。所以，统计分析报告的质量如何，也就反映了统计工作的水平如何，这是一个非常重要的综合标准。

(3) 统计分析报告是传播统计信息的有效工具

现代社会是信息的时代，信息已成为重要资源。统计信息又是社会信息的主体，而且是最全面、最稳定、较准确的信息。统计信息要通过载体传播，而统计分析报告是主要载体之一，适合在报纸杂志上发表且具有较大的信息覆盖面，是传播统计信息的有效工具。

(4) 统计分析报告是统计服务与统计监督的主要手段

统计分析报告把数据、情况、问题、建议等融为一体，既有定量分析又有定性分析，比一般的统计数据更集中、更系统、更鲜明、更生动地反映了客观实际，又便于人们阅读、理解和利用，是表现统计成果的较好形式与传播统计信息的有效工具，自然也就成了统计服务与统计监督的主要手段。

(5) 统计分析报告有利于促进统计工作自身的发展

统计分析报告的质量反映了统计工作的水平。撰写统计分析报告能有效地检验统计工作各个环节的工作质量，发现问题，及时改进，使统计工作得到改善、加强和提高。另外，经常撰写统计分析报告，能提高写作人员的素质，全面增长统计人员的才干。

10.2.3 统计分析报告的类型

(1) 说明型

说明型统计分析报告是对统计报表进行说明的统计分析报告，又称为"文字说明"。这种说明，主要是对报表的数据作文字的补充叙述，配合报表进一步反映社会经济情况。补充叙述主要是针对报表中某些变化较大的统计数字。说明型统计分析报告的基本作用是帮助单位领导审查报表，以保证数字的质量。

说明型统计分析报告附属于统计报表，不能独立成篇，也无完整的文章形式，由于它也具备统计分析报告的基本特点，所以可以把它看成是统计分析报告的雏形。

写说明型统计分析报告并没有严格的要求，但要掌握以下几个要点。

① 文字说明的情况要与统计报表的情况有关，与报表无关的内容不应写进文字中。

② 写文字说明时，既可以对整个报表作综合说明，也可以只对报表中的某些统计数字加以说明。

③ 写文字说明时可作出简要的分析，但不宜论述过多。如需要深入研究，应另写专题分析。

④ 说明型统计分析报告没有标题，也一般没有开头和结尾。文中的各个段落，各有其独立的内容，结构呈并列式；最好用"一、二、三、四……"来分段叙述，使说明更有条理、更清晰。

⑤ 文字要简明、直截了当。全篇文字一般为五六百字。

(2) 快报型

快报型统计分析报告是一种期限短、反映快的统计分析报告，一般是按日、周、旬、半月写作的定期统计分析报告。快报型统计分析报告的突出特点是"快"。按日写作的统计分析报告，常在第二天上午上班不久就要递交给主管领导，以此类推。由于"快"，快报型统计分析报告常用于反映生产进度、工程进度等，以便领导了解情况，对生产和工作进行及时指导。所以，快报型统计分析报告在企业中用得比较普遍。

快报型统计分析报告的写作特点如下。

① 统计指标要少而精。因为它是一种简要的统计分析报告，指标项目要少，但要有代表性，能反映各个主要方面的数量情况。

② 要有连续性。为了观察进度的连续变化和便于对比，报告中的指标项目要相对稳定。

③ 标题要基本固定。例如，《××一月上旬生产情况简析》《××一月中旬生产情况简析》。

④ 结构多是简要式。通常全文分两部分：前面列出反映情况的主要数字，后面写文字情况。

⑤ 在文字上要简明扼要。全篇文字在1 000字以下。

(3) 计划型

计划型统计分析报告是检查计划执行情况的统计分析报告。按月、季、半年和年度检查计划执行情况的定期统计分析报告，都属于这种类型。

计划型统计分析报告的写作要点如下。

① 检查计划是文章的中心。不但有实际数、计划数，而且要有计划完成相对数。

② 检查计划执行情况的主要目的，不是单纯地进行数字对比，而是通过分析，找出计划执行过程中存在的问题，提出对策、建议，以保证计划的顺利完成。

③ 统计指标要相对稳定。在同一个计划期内，统计指标与计划指标的项目要一致，并相对稳定，以便进行对比检查。

④ 标题有两种形式。一种比较固定，如《××四月份计划执行情况》《××五月份计划执行情况》；另一种是可以变化，以突出某些特点。例如，

战高温　争效益　完成一千台
——××八月份计划执行情况分析

这是运用了双标题，有正标题和副标题。

⑤ 正文的结构多是总分式。开头总说计划完成情况，然后进行分析，提出一些建议等。

(4) 总结型

总结型统计分析报告是对一定时期社会经济发展情况进行总结分析的统计分析报告。通过分析总结，可以全面认识一个地区、部门、单位的社会经济形势，以便发扬成绩，总结经验教训，制定新的措施，为今后工作创造更好的条件。

总结型统计分析报告，大多是半年、一年或三五年的统计分析报告。从内容上看，有综合总结、部门总结及专题总结。综合总结是对地区的整个社会经济或企业生产经营的总结；部门总结是对部门经济（农业、工业、商业）或某个车间的总结；专题总结是对某些方面进行的专题总结。

总结型统计分析报告的写作要点如下。

① 总结型的对象应是本地区、本部门或本单位的社会经济发展情况，并不是工作情况。

② 一般有三个写作重点：一是分析社会经济发展形势；二是总结经验教训；三是提出建设性的意见。

③ 要注意运用统计资料和统计分析方法。主要采用统计数字与文字论述相结合的方法，从数量上分析社会经济现象，从定量认识发展到定性认识。

④ 正文结构大都采用总分式。开头是简要总说，接着写情况、形势，再写经验体会与教训，然后写今后的方向和目标，最后写几点建议，每个部分应设小标题，以使层次更分明。

⑤ 标题可以适当变化，形式不拘一格。篇幅可以稍长一些，但语句要简洁精练，全篇文字宜在二三千字，地区与部门的总结型统计分析报告也不应超过四五千字。

（5）公报型

公报型统计分析报告是政府统计机关向社会公告重大社会经济情况的统计分析报告，也称统计公报。统计公报是政府的一种文件，一般应由级别较高的统计机关发布。级别较低的统计机关不宜发布公报，但是可以采用统计公报的写作形式公布本地的社会经济发展情况。

公报型统计分析报告的写作要点如下。

① 要具有较强的政策性和权威性。

② 要充分反映本地区社会经济全面情况，主要由反映事实的统计资料来直接阐述，不作过多的分析。

③ 标题是一种公文式的标题，正文的结构是总分式。

④ 行文严肃，用语郑重，文字简练明确，情况高度概括。

（6）调查型

调查型统计分析报告是通过非全面的专门调查来反映部分单位社会经济情况的统计分析报告。其基本特点是：只反映部分单位的社会经济情况，一般不直接反映和推论总体情况；它的资料和情况来源于非全面调查，即抽样调查、重点调查和典型调查等。

调查型统计分析报告的写作要点如下。

① 要有明显的针对性，要具有十分具体、明确的调查目的。

② 要大量占有第一手资料，用实事说话，要有一定的深度，要解剖"麻雀"，以发现其实质和典型意义。

③ 统计资料与实际情况相结合，对于调查方法和过程应该少写或不写。

④ 标题应灵活多样，结构形式也可以不拘一格。一般的顺序是：首先概述调查目的、调查形式和调查单位，然后较大篇幅阐述调查情况，概括地进行分析研究，并得出结论，最后提出一些建议。全篇文字以一千字至三千字为宜。

(7) 分析型

分析型统计分析报告是通过分析，着重反映社会经济现象具体状态的统计分析报告。它既可以反映部分单位的情况，也可以反映总体的情况，并以总体情况为主。它的资料来源是多方面的，可以是部分单位的调查资料，也可以是全面统计中的报表资料等，其中全面统计中的报表资料较多。目前，统计人员写作的统计分析报告大多属于这种类型。

分析型统计分析报告的写作要点如下。

① 它的主要内容和写作重点是反映某个社会经济现象的具体状态，一般不涉及规律性问题，要做到具体事情具体分析。

② 具体分析的主要方法有以下几种。

- 从总体的各个方面分解和比较。例如，一个企业有产、供、销，居民家庭有收、支、存等。
- 从结构上分解和比较。例如，产业结构可以分成第一产业、第二产业、第三产业等。
- 从因素上分解和比较。例如，影响农民收入增长的各种因素、影响工业增加值的各种因素等。
- 从联系上分解和比较。例如，农民收入与社会消费品零售总额的联系等。
- 从心理、思想上的分解和比较。例如，对改革的看法、对物价的看法等。
- 从时间上分解和比较。例如，报告期与基期、"十二五"时期与"十一五"时期的比较等。
- 从地域上分解和比较。例如，与别的地区之间的比较、与外省的对比等。

③ 标题应灵活多样，结构也要有多种形式。整篇文章以三千字左右为宜。

(8) 研究型

研究型统计分析报告是着重研究解决问题的办法和进行理论探讨的统计分析报告。它与分析型统计分析报告的主要区别是：分析型统计分析报告对社会现象的认识仍停留在具体状态，而研究型统计分析报告则是把具体的状态上升到理论的高度，提出理论性的见解或新的观点。所以，研究型统计分析报告是一种高层次的统计分析报告。

研究型统计分析报告的写作要点如下。

① 在研究的题目确定之后便可以拟定研究提纲，主要内容是：研究的目的是什么，内容有哪些，需要哪些资料，如何收集，需要哪些参考书籍和文章等。

② 要进行抽象与概括。所谓抽象，就是在具体分析的基础上，将事物的非本质属性抛在一边，而抽出其本质属性来认识事物的方法。所谓概括，就是在抽象的基础上，把个别事物的本质属性，推及为一般事物的本质属性。有了正确的概括，就能认识社会经济现象中的共性、普遍性和规律性。

③ 要多方论证。要做到论述严密、说理充分、没有漏洞。

④ 标题有适当变化，但要做到题文一致，用词准确、郑重。全篇文字以不超过五千字为宜。

（9）预测型

预测型统计分析报告是估量社会经济发展前景的统计分析报告。它与研究型统计分析报告的主要区别是：研究型统计分析报告着重对趋势性、规律性进行定性研究，而预测型统计分析报告是在认识趋势及规律的基础上，着重对前景进行具体的定向和定量研究。通过预测，人们可以超前认识社会经济发展前景，对制定方针和发展策略、编制计划、搞好管理有很大的帮助。因此，预测型统计分析报告的作用很大，也属于高层次的统计分析报告。

预测型统计分析报告的写作要点如下。

① 全文要以统计预测为中心，其他内容都要为预测服务。

② 写推算过程要注意读者对象。如果是写给统计同行或统计专家看的，可以写数学模型的计算过程。如果读者是党政领导和广大群众，数学模型和计算过程可以略写或不写。

③ 应注意预测期的长短。一般来说，中、长期及未来的预测，要体现战略性和规划性，不可能写得那么具体，文字可以概略一些；对近、短期预测（亦称预计），主要是具体地分析和估量一些实际问题，所提的措施和建议要有一定的针对性和现实性，不可写得太笼统，文字应详细、具体。

10.2.4 统计分析报告的选题

1. 选题的意义和原则

统计分析报告的题目来源一般有三种，即任务题、固定题和自选题。任务题是领导布置的或者是上级部门布置的题目。固定题是结合企事业单位定期报表的数据资料进行分析的题目。自选题是作者根据研究需要自行确定的题目。

选题时，特别是自选题，应具备实用价值和新颖性两个基本条件。

选题时应遵守的原则是：要根据社会经济发展的实际情况选择题目；根据服务对象的需要选择题目；根据研究者自身的工作条件、研究条件和研究水平选择题目。

2. 选题的方法

统计分析报告的选题要围绕国民经济和社会发展中的热点、难点和矛盾点。例如，2016年，国家、企业、居民个人都希望了解国民经济发展中波动较大的社会经济现象，如物价变动趋势、股价走势、房地产供求及价格、农业生产资料价格等，这时研究者可以根据需要与可能的原则选择题目，并撰写相关的统计分析报告。

统计分析报告的选题要在明确方向的基础上，注意结合以下"三点"来进行。这"三点"就是热点、矛盾点和发生点。

（1）热点

热点是指在管理过程中，领导和群众比较关注的问题。比如说，就全国来看，第一季度要总结工作，提出新的任务，制订年度工作计划，开一些重要的会议。例如，每年的中央经济工作会议,会议的中心议题就是关注的热点。到了第四季度要预计计划完成情况,做好下一年度的各项准备工作,此时的热点就是本年计划的完成情况。

(2) 矛盾点

矛盾点是指在管理过程中,问题比较集中,事情比较关键,影响比较大或争论比较多的问题。例如,近年来的市场疲软、扩大内需、开拓农村市场、下岗职工再就业、商品房投诉等问题,就是矛盾点。

(3) 发生点

发生点是指在管理过程中,事物处于萌芽状态,还未被多数人认识,也即人们所说的新情况、新问题、新趋势。例如,近年来开展的消费信贷、商品房抵押贷款等。

总之,只要能抓住这"三点"来进行选题,统计分析报告就能发挥积极的作用,取得较好的社会效益。

10.2.5 统计分析报告的基本要求

1. 内容要求

在写作内容上要求数据准确、分析得当、分析方法正确、提供的建议可行。

① 数据要准确。统计数据是用来反映实际情况的统计语言,如果使用的数据不准确,其结论就可能是片面的甚至是错误的。所以,数据资料的来源要可靠。如果是自己调研的结果,则要保证其具有足够的代表性。

② 分析要得当。分析时要坚持实事求是的原则,要反映出现象的本质特征和规律性,要从发展和联系的观点看问题。

③ 分析方法要正确。统计分析方法很多,在分析研究时要根据研究目的和现象自身的特点,采用合适的方法进行分析研究,并注意各种分析方法的结合使用,力求从不同的角度观察和分析问题。

④ 提出的建议要可行。统计分析的基本任务是应用一定的方法对统计数据资料进行分析研究,找出存在的问题,提出解决问题的对策、措施,或者通过分析研究提出预警方案。因此,提出的对策措施、预测方法或者预警方案要实用可行,否则就失去了研究的意义。

2. 格式要求

统计分析报告一般包括:标题、导言、正文、结尾。

1) 标题

统计分析报告同其他的论文、作品一样,必须有标题。标题是统计分析报告的名称,是全篇内容的最简洁概括。所以,标题必须确切、简洁、醒目。标题的主要形式如下。

① 揭示主题的标题,如"农业在中国经济发展中的战略地位"。

② 表明作者观点的标题,如"2016年中国大城市住房价格必跌的十点理由"。

③ 提问式的标题,如"农业生产资料价格为什么总在上涨"。

④ 概括统计分析报告的范围、内容、时间、地点式的标题，如"中国改革开放 30 年来的农民生活水平的变化"。

2) 导言

导言是统计分析报告的开头语，是统计分析报告主要观点的概括。导言的基本要求：一是要能够引起读者的注意和兴趣；二是要为全文的展开做好铺垫，确定格局；三是要短、精、新。

(1) 导言的形式

① 开门见山。其特点是紧紧围绕报告的基本观点，简明扼要，直叙入题。这种开头方式是统计分析报告最基本的导言形式。

② 造成悬念。在分析问题或阐述观点之前，先依据报告要旨提出问题，引起读者的注意和思考，引导读者到报告中去寻找答案。

③ 交代动机。这种开头的主要特点是：起因线索完整，时间、地点俱在，分析动机清楚，命题明显自然。

除以上三种比较典型的形式外，统计分析报告的导言还可以有其他多种形式，甚至可以不写导言，直接进入主体部分。

(2) 导言的语言

导言的语言要精练、新颖，避免用套话。

总之，导言要有吸引力，这样既可以顺利展开分析报告，又能吸引读者继续阅读文章。

3) 正文

正文是统计分析报告的主体，要围绕所要分析研究的中心内容，以基本统计数据为基础，对某项经济活动及其发展变化进行实事求是的分析，既要肯定成绩、总结经验，又要发现矛盾、找出产生矛盾的原因。

正文的写作要注意：对于篇幅较长的统计分析报告，最好分成几个部分，每个部分设置小标题，分析要有层次性，全文结构设置要合理，各部分之间要保持连贯等。

一般地，统计分析报告的结构有以下几种。

(1) 递进结构

递进结构是指文章各部分之间一层套一层，层层深入地衔接。这种结构通常用于整篇文章的结构安排。递进结构的常见形式有按照事物之间的因果关系展开、按照事物的逻辑关系展开和按照读者的理解顺序展开三种。例如，"现状—原因""现状—原因—结果""现状—问题—对策""历史—现状—未来""简单—复杂""具体—抽象"等都是统计分析报告常见的结构。

(2) 并列结构

并列结构是指各层之间是并列关系。并列结构一般是将所要表述的情况分成并列的几部分横向展开来表达主题。

(3) 序时结构

序时结构是指按照事物发展的经过和时间的先后进行表述。统计分析的一个重要任务就是总结过去、把握现在、预测未来，这样才能更好地发挥统计信息、咨询和监督的作用。

要合理安排分析报告的内容，使之具有适当的结构，不仅需要明了有什么样的结构，还要清楚分析研究的成果适合于哪种结构。在文章结构确定后，还要注意各层次的内容怎样前后呼应、怎样突出分析的主题等问题。

4）结尾

统计分析报告的结尾部分，要对全文进行总结。如果是总结性的分析报告，结尾就是得出结论；如果是对策或者建议性的分析报告，结尾部分就要提出对策、建议、意见等。当然，如果在正文的论述中对于论述的内容已经讲具体了，就不必设置结尾部分。

(1) 结尾的种类

一般来说，统计分析报告的结尾有以下 4 种。

① 总括全文式结尾。
② 提出建议式结尾。
③ 首尾呼应式结尾。
④ 篇末点题式结尾。

(2) 对结尾的要求

统计分析报告的结尾应满足以下要求。

① 当止则止。
② 合情合理。
③ 首尾照应。
④ 准确简洁。

阅读材料

统计分析报告的写作怎样入门

可从以下 5 个方面来练习写作，即从报表数字写起、从小的内容写起、从结构简单的写起、从描述写起、从模仿写起。

(1) 从报表数字写起

针对统计报表或历史资料中变化较大的几个数字来写，写作目的就是阐明数字变化所反映的社会经济情况。这样写，课题容易找，目的也比较明确，文意比较集中，根据这几个数字的来源去搞调查，也很容易确定调查单位，因而了解这几个数字的情况和变化原因也比较容易。这种写作比较熟悉之后，就可以开始从社会经济生活中直接寻找课题来撰写统计分析报告。

（2）从小的内容写起

即选择内容不太复杂、涉及范围比较小的课题写起。这种写法，由于事情比较小，也比较单一，因而容易明确文意，抓住中心，调查研究也不难，论述的范围容易控制，便于说明事理，不至于枝蔓太多，漫无边际。这种写作比较熟悉之后，就可以开始写作内容比较复杂、涉及范围比较广、综合性较强的统计分析报告。

（3）从结构简单的写起

即从说明型、快报型、资料型等统计分析报告写起。这几种统计分析报告，由于结构比较简单，格式比较稳定，加之在内容上不要求很深透，因而写作比较简单，易于掌握写作方法。这种写法比较熟悉后，就可以开始写计划型、分析型、信息型的统计分析报告，然后再练习写作研究型、预测型、总结型、综合型、公报型、系列型的统计分析报告。

（4）从描述写起

即运用统计资料和其他事实，就事论事地描述某一个具体社会经济现象的状况，一般不进行研究和议论。这种统计分析报告，虽然没有高深的见解，但它所描述的情况仍有实用价值。这种写法比较熟悉后，就可以逐步学习论述的写法。所谓论述，即通过描述与论理相结合的方法来深刻阐述社会经济问题。显然，论述的写作难度较大，需要掌握一定的理论知识和具备一定的文字功力。

（5）从模仿写起

即参照比较优秀的统计分析报告来写（当然是写内容不同的统计分析报告）。看看人家是怎么抓课题，怎么提出观点，怎么写情况，怎么写分析，怎么写问题，怎么搞研究，怎么提建议，怎么开头、结尾，怎么用统计数字，怎么组织篇章，怎么写得雄辩有力和生动。通过这种学习和模仿，在实践中逐步掌握统计分析报告写作的要领和技巧，形成自己的写作方法。

总而言之，只要平时多写多练，加之多看、多想、多请教，统计分析报告写作的水平就一定能逐步提高。

资料来源：统计工作实务。

 课堂练习与活动

1. 统计分析报告的种类有（　　）。

    A. 统计公报　　　　　　　　　B. 研究型统计分析报告

    C. 综合统计分析报告　　　　　D. 预测型调查统计分析报告

    E. 专题统计报告

2. 以下统计分析报告的说法中正确的有（   ）。
   A. 统计分析报告包括的内容一般要有：标题、导言、正文和结尾四部分
   B. 统计分析报告一般力求避开社会发展中的热点问题
   C. 其数据要准确
   D. 其分析方法要正确
   E. 其提出的建议要可行

案例分析

对最近几年吉林省大学生文化消费情况进行调查，请根据调查写出分析报告。

合理引导大学生文化消费
——吉林省大学生文化消费调查分析报告

1. 大学生文化消费现状（总体）

（1）书籍消费

大学生阅读书籍的种类主要以"文学小说""休闲时尚类图书""专业参考书"为主，分别所占比例为____；其他种类中，"经济类""计算机网络类""哲学心理类"，占有的比例为____；其他诸如"法律""军事""政治"类书籍，大学生的阅读比例为____。

由于所学的专业不同，爱好及兴趣不同，不同学校、不同专业呈现出不同的特点。

另外，书籍消费在文化消费所占的比重并不大，其原因分析如下。

① 书价较高。目前市场上的书籍标价较高，令没有经济收入的大学生"望而生畏"。

② 图书馆、阅览室给大学生提供了较好的环境，使得大学生可以在不花钱的同时能读好书；电子书籍的兴起为大学生提供了更广阔的阅读空间。

（2）艺术与体育支出

（3）网络消费

网络消费主要指大学生用于上网的费用。

（4）旅游消费

相对于上班族，大学生拥有较为充裕的时间，旅游的方式也随经济条件的不同而更为灵活。"欣赏大好河山""增加阅历""锻炼自己的生存适应能力"等成为大学生旅游的多重目标。

（5）信贷消费

2. 大学生文化消费差异分析

大学生文化消费不仅在总体上显示出不同于其他阶层的特点，在其内部结构上也存在差异，现在就此问题进行分析。

（1）城市与农村比较

首先对城市生源和农村生源的文化消费的差别进行分析，在分析差异之前先了解农村生源和城市生源的总消费情况。

（2）年级比较

在文化消费支出比例和绝对数上，年级差别是很明显的，且随着年级的上升呈上升趋势。分析导致这一明显趋势的因素。

（3）男、女生比较

3. 大学生文化消费趋势分析

① 书籍消费。根据调查的数据分析呈现下降趋势的原因。

② 网络消费。根据调查数据从上网费用和上网时间两方面分别分析网络消费情况。

③ 参加各种学习班的花费。从目前的情况来分析在学习班上的花费趋势。

④ 其他。

4. 倡导与建议

① 在书价较贵、学生负担有限的情况下，学校应继续加大对图书馆的投资，使在校大学生有机会阅读更多的好书。具体措施包括：一是追加经费，多订购最新书籍、报刊，并做好旧书清除及换新工作；二是继续改善阅览室的读书环境，提高期刊的质量；三是可以定期举办优惠书展，方便大学生购书。

② 文化艺术消费水平较低。鉴于该类消费价格水平较高、大学生负担较重的情况，校方可以加大此类课程的开设，以弥补大学生在此方面的缺乏，同时校方可协助学生会组织一些艺术演出及展览等活动。

③ 加强体育设施的配备，使大学生有场地、有器材可锻炼；在校内组织有规模、有影响力的体育比赛，提高大学生在体育锻炼方面的兴趣。

④ 由于多数学校还没有实现宽带入舍，所以应加强校方的建设管理，提供好的上网环境。同时广大大学生也应该树立正确的观念，合理规划自己的上网时间和目的，利用好网络。

本章知识结构

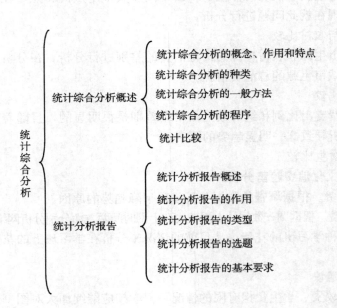

能力训练题

一、单项选择题

1. 从事物发展历程的角度所进行的分析是（　　）。
   A. 专题性分析　　B. 总结性分析　　C. 进度性分析　　D. 预测决策性分析
2. 统计分析必须在（　　）指导下进行。
   A. 经济学　　B. 数学　　C. 统计方法　　D. 哲学方法
3. 统计综合分析的初始环节是（　　）。
   A. 选择并确定研究课题　　　　　　B. 课题研究的设计
   C. 采集、积累与鉴别资料　　　　　D. 运用各种方法进行系统周密的分析
4. 统计综合分析研究中最重要的环节是（　　）。
   A. 选择并确定研究课题　　　　　　B. 课题研究的设计
   C. 采集、积累与鉴别资料　　　　　D. 运用各种方法进行系统周密的分析

5. （　　）是指对整个总体的全部或者若干方面的全面综合评价和比较。
   A. 单项比较　　　B. 综合比较　　　C. 静态比较　　　D. 动态比较
6. 根据有关科学理论确定的正常值、理论值作为比较的标准是（　　）。
   A. 经验数据标准　B. 计划标准　　　C. 理论数据标准　D. 空间数据标准
7. 统计分析报告是指运用丰富的统计资料和科学的统计分析方法，用独特的表达方式和结构特点表现所研究事物本质和规律的一种（　　）。
   A. 应用文　　　　B. 记叙文　　　　C. 论文　　　　　D. 公文
8. 政府统计机关向社会公告重大社会经济情况的统计分析报告是（　　）。
   A. 公报型　　　　B. 总结型　　　　C. 快报型　　　　D. 调查型
9. （　　）是统计分析报告的名称。
   A. 导言　　　　　B. 正文　　　　　C. 标题　　　　　D. 结论

二、多项选择题

1. 统计综合分析的特点有（　　）。
   A. 数量性　　　　B. 综合性　　　　C. 相对性　　　　D. 绝对性
2. 统计综合分析的一般方法有（　　）。
   A. 统计分组与统计指标的结合　　　B. 统计分析阶段的整理
   C. 问题与方法的交错性　　　　　　D. 统计综合分析中质与量的结合
3. 下列属于统计综合分析程序的有（　　）。
   A. 课题研究的设计　　　　　　　　B. 采集、积累与鉴别资料
   C. 得出结论，提出建议　　　　　　D. 根据分析结果形成分析报告
4. 统计比较按照比较的时间状况的不同，可分为（　　）。
   A. 静态比较　　　B. 动态比较　　　C. 单项比较　　　D. 综合比较
5. 统计比较的标准包括（　　）。
   A. 经验数据标准　B. 理论数据标准　C. 时间数据标准　D. 地区数据标准
6. 统计分析报告的特点包括（　　）。
   A. 运用系统的统计分析方法
   B. 应用统计表和统计图描述社会经济现象的发展变化
   C. 定量分析为辅
   D. 统计分析报告是统计工作的中间成果
7. 统计分析报告的类型有（　　）。
   A. 说明型　　　　B. 快报型　　　　C. 计划型　　　　D. 总结型
8. 统计分析报告的题目来源一般有（　　）。
   A. 说明题　　　　B. 任务题　　　　C. 固定题　　　　D. 自选题
9. 统计分析报告常见的结构包括（　　）。
   A. 递进结构　　　B. 并列结构　　　C. 序时结构　　　D. 首尾照应结构

三、判断题

1. 统计综合分析是统计工作的重要内容，是充分发挥统计信息、咨询和监督的全部职能作用的一项重要工作。（　　）
2. 预测决策性分析是就社会经济现实状况某一方面或某一问题而进行的专题调查的研究分析。（　　）
3. 统计综合分析方法不是封闭的，而是开放的。（　　）
4. 统计综合分析的最后程序是得出结论，提出建议。（　　）
5. 对经过审查、鉴别、调整、换算的材料，不需要根据课题研究设计进一步加工了。（　　）
6. 统计比较是对被研究现象的总体规模的大小、发展水平的高低、发展速度的快慢及内部构成状况作出评价和判断，并研究事物之间的联系、结构和比例关系等。（　　）
7. 相对比较是指将比较对象和比较标准相减，其结果表示相差的绝对量。（　　）
8. 在实际应用时可以将统计比较的各种标准结合使用。（　　）
9. 先进水平标准是指以一定范围内的最好水平作为比较标准。（　　）
10. 统计综合分析以定量分析为辅、定性分析为主。（　　）
11. 统计分析报告是统计服务和统计监督的主要手段。（　　）
12. 研究型统计分析报告是估量社会经济发展前景的统计分析报告。（　　）
13. 统计分析报告的选题要结合热点、矛盾点和发生点来进行。（　　）

四、思考题

1. 什么是统计综合分析？它有怎样的特点？
2. 统计综合分析有哪些种类？
3. 进行统计综合分析有哪些程序？
4. 统计比较分为哪几类？
5. 统计分析报告具有哪些特点？
6. 统计分析报告在内容和格式上有哪些基本要求？
7. 统计分析报告有哪些类型？
8. 统计分析报告的每个类型各有什么写作要点？

附录A

正态分布概率表

t	F(t)	t	F(t)	t	F(t)	t	F(t)
0.00	0.000 0	0.22	0.174 1	0.44	0.340 1	0.66	0.490 7
0.01	0.008 0	0.23	0.181 9	0.45	0.347 3	0.67	0.497 1
0.02	0.016 0	0.24	0.189 7	0.46	0.354 5	0.68	0.503 5
0.03	0.023 9	0.25	0.197 4	0.47	0.361 6	0.69	0.509 8
0.04	0.031 9	0.26	0.205 1	0.48	0.368 8	0.70	0.516 1
0.05	0.039 9	0.27	0.212 8	0.49	0.375 9	0.71	0.522 3
0.06	0.047 8	0.28	0.220 5	0.50	0.382 9	0.72	0.528 5
0.07	0.058 8	0.29	0.228 2	0.51	0.389 9	0.73	0.543 6
0.08	0.063 8	0.30	0.235 8	0.52	0.396 9	0.74	0.540 7
0.09	0.071 7	0.31	0.243 4	0.53	0.403 9	0.75	0.546 7
0.10	0.079 7	0.32	0.251 0	0.54	0.410 8	0.76	0.552 7
0.11	0.087 6	0.33	0.258 6	0.55	0.417 7	0.77	0.558 7
0.12	0.095 5	0.34	0.266 1	0.56	0.424 5	0.78	0.564 6
0.13	0.103 4	0.35	0.273 7	0.57	0.431 3	0.79	0.570 5
0.14	0.111 3	0.36	0.281 2	0.58	0.438 1	0.80	0.576 3
0.15	0.119 2	0.37	0.288 6	0.59	0.444 8	0.81	0.582 1
0.16	0.127 1	0.38	0.296 1	0.60	0.451 5	0.82	0.587 8
0.17	0.135 0	0.39	0.303 5	0.61	0.458 1	0.83	0.593 5
0.18	0.142 8	0.40	0.310 8	0.62	0.464 7	0.84	0.599 1
0.19	0.150 7	0.41	0.318 2	0.63	0.471 3	0.85	0.604 7
0.20	0.158 5	0.42	0.325 5	0.64	0.477 8	0.86	0.610 2
0.21	0.166 3	0.43	0.332 8	0.65	0.484 3	0.87	0.615 7

续表

t	$F(t)$	t	$F(t)$	t	$F(t)$	t	$F(t)$
0.88	0.6211	1.13	0.7415	1.38	0.8324	1.63	0.8969
0.89	0.6265	1.14	0.7457	1.39	0.8355	1.64	0.8990
0.90	0.6319	1.15	0.7499	1.40	0.8385	1.65	0.9011
0.91	0.6372	1.16	0.7540	1.41	0.8415	1.66	0.9031
0.92	0.6424	1.17	0.7580	1.42	0.8444	1.67	0.9051
0.93	0.6476	1.18	0.7620	1.43	0.8473	1.68	0.9070
0.94	0.6528	1.19	0.7660	1.44	0.8501	1.69	0.9090
0.95	0.6579	1.20	0.7699	1.45	0.8529	1.70	0.9109
0.96	0.6929	1.21	0.7737	1.46	0.8557	1.71	0.9127
0.97	0.6680	1.22	0.7775	1.47	0.8584	1.72	0.9146
0.98	0.6729	1.23	0.7813	1.48	0.8611	1.73	0.9164
0.99	0.6778	1.24	0.7850	1.49	0.8638	1.74	0.9181
1.00	0.6827	1.25	0.7887	1.50	0.8664	1.75	0.9199
1.01	0.6875	1.26	0.7923	1.51	0.8690	1.76	0.9216
1.02	0.6923	1.27	0.7959	1.52	0.8715	1.77	0.9233
1.03	0.6970	1.28	0.7995	1.53	0.8740	1.78	0.9249
1.04	0.7017	1.29	0.8030	1.54	0.8764	1.79	0.9265
1.05	0.7063	1.30	0.8064	1.55	0.8789	1.80	0.9281
1.06	0.7109	1.31	0.8098	1.56	0.8812	1.81	0.9297
1.07	0.7154	1.32	0.8132	1.57	0.8836	1.82	0.9312
1.08	0.7199	1.33	0.8165	1.58	0.8859	1.83	0.9328
1.09	0.7243	1.34	0.8198	1.59	0.8882	1.84	0.9342
1.10	0.7287	1.35	0.8230	1.60	0.8904	1.85	0.9357
1.11	0.7330	1.36	0.8262	1.61	0.8926	1.86	0.9371
1.12	0.7373	1.37	0.8293	1.62	0.8948	1.87	0.9385

续表

t	$F(t)$	t	$F(t)$	t	$F(t)$	t	$F(t)$
1.88	0.9399	2.12	0.9660	2.48	0.9869	2.84	0.9955
1.89	0.9412	2.14	0.9676	2.50	0.9876	2.86	0.9958
1.90	0.9426	2.16	0.9692	2.52	0.9883	2.88	0.9960
1.91	0.9439	2.18	0.9707	2.54	0.9889	2.90	0.9962
1.92	0.9451	2.20	0.9722	2.56	0.9895	2.92	0.9965
1.93	0.9464	2.22	0.9736	2.58	0.9901	2.94	0.9967
1.94	0.9476	2.24	0.9749	2.60	0.9907	2.96	0.9969
1.95	0.9488	2.26	0.9762	2.62	0.9912	2.98	0.9971
1.96	0.9500	2.28	0.9774	2.64	0.9917	3.00	0.9973
1.97	0.9512	2.30	0.9786	2.66	0.9922	3.20	0.9986
1.98	0.9523	2.32	0.9797	2.68	0.9926	3.40	0.9993
1.99	0.9534	2.34	0.9807	2.70	0.9931	3.60	0.99968
2.00	0.9545	2.36	0.9817	2.72	0.9935	3.80	0.99986
2.02	0.9566	2.38	0.9827	2.74	0.9939	4.00	0.99994
2.04	0.9587	2.40	0.9836	2.76	0.9942	4.50	0.999993
2.06	0.9606	2.42	0.9845	2.78	0.9946	5.00	0.999999
2.08	0.9625	2.44	0.9853	2.80	0.9949		
2.10	0.9643	2.46	0.9861	2.82	0.9952		

参 考 文 献

[1] 梁前德. 基础统计. 4版. 北京：高等教育出版社，2012.
[2] 卞毓宁. 统计学概论. 4版. 北京：高等教育出版社，2012.
[3] 张伟. 基础统计. 北京：中国财政经济出版社，2007.
[4] 周恩荣. 应用统计学. 北京：北京交通大学出版社，2007.
[5] 李国柱. 统计学. 北京：科学出版社，2004.
[6] 王正朋. 实用统计学. 北京：北京交通大学出版社，2010.
[7] 于涛. 社会经济统计学原理. 武汉：武汉大学出版社，1992.
[8] 黄良文，陈仁恩. 统计学原理. 北京：中央广播电视大学出版社，1996.
[9] 全国统计专业技术资格考试用书编写委员会. 统计工作实务. 北京：中国统计出版社，1997.
[10] 卿松. 统计学. 北京：清华大学出版社，2010.
[11] 刘雅漫. 新编统计基础. 大连：大连理工大学出版社，2009.
[12] 李海波，刘学华. 新编统计学. 上海：立信会计出版社，2005.
[13] 陈在余，陶应虎. 统计学原理与实务. 北京：清华大学出版社，2009.
[14] 曾艳英. 应用统计基础. 北京：机械工业出版社，2010.